現代韓国を生きる若者の自立と親子の戦略
― 文化と経済の中の親子関係 ―

尹 鉁喜 著

風間書房

目　　次

序　章 ……………………………………………………………… 1

  1．本書の目的と構成 …………………………………………… 1

  2．本書の意義 …………………………………………………… 2

第1章　韓国の若者と親子関係をめぐる社会的背景 ……………… 5

  第1節　韓国の社会変動と若者の「成人期への移行」の変化 ……… 5

    1．韓国における急速な近代化と家族の変化 ……………………… 5

    2．教育機会の拡大による高等教育の普遍化 ……………………… 7

    3．若者の「成人期への移行」の変化 ……………………………… 7

  第2節　韓国における親子関係の特徴 ……………………………… 12

    1．韓国の親子関係における「家族主義」 ………………………… 12

    2．韓国の親子関係における「孝規範」 …………………………… 13

  第3節　韓国の経済不況による若者の困難経験 …………………… 14

    1．外貨金融危機以降の若者の就職困難 ………………………… 14

    2．若者の就職困難が家族および親子関係に与える影響 ……… 20

第2章　先行研究の検討 ……………………………………………… 23

  第1節　成人期への移行過程 ………………………………………… 23

    1．ライフコースにおける「成人期への移行」…………………… 23

    2．「成人期への移行」における親子関係 ………………………… 25

    3．経済状況による「成人期への移行」の変化 ………………… 27

  第2節　成人移行期における若者の自立と親子の戦略 …………… 30

    1．成人移行期における若者の自立 ……………………………… 30

２．成人移行期における親子の戦略 ……………………………………… 33

第3章　研究課題と調査概要 …………………………………………… 37
第1節　研究課題の設定 …………………………………………………… 37
第2節　調査概要と調査対象者の基本属性 …………………………… 38
　　１．調査Ⅰ：韓国における若者の自立意識に関する調査 …………… 38
　　２．調査Ⅱ：韓国における若者の自立と親子関係に関する調査 …… 47

第4章　成人移行期における若者の自立意識 ………………………… 63
第1節　成人移行期のライフイベントと若者の自立意識 ………… 64
　　１．就職 ……………………………………………………………………… 65
　　２．離家 ……………………………………………………………………… 75
　　３．結婚 ……………………………………………………………………… 83
　　４．自己決定 ……………………………………………………………… 89
　　５．小括 …………………………………………………………………… 98
第2節　成人移行期の親子関係と自立をめぐる葛藤 ……………… 99
　　１．息子の就職に対する親の過剰な期待 ……………………………… 99
　　２．離家による親―娘の葛藤 ………………………………………… 101
　　３．結婚に対する親と息子の認識の相違 ……………………………… 106
　　４．小括 …………………………………………………………………… 110
第3節　結論 ………………………………………………………………… 110

第5章　親―息子関係と自立をめぐる親子の戦略 ………………… 113
第1節　成人移行期における親―息子の意思決定過程 …………… 114
　　１．A家族の事例：息子の人生における親の意思の優位性 ……… 114
　　２．B家族の事例：家族の利益が優先された息子の意思決定 …… 124
　　３．C家族の事例：隠された親の期待と息子の自己決定の困難 … 136

目　次　　iii

　　4．小括……………………………………………………………149

第2節　息子の自立をめぐる親子の戦略……………………………150

　　1．親の戦略…………………………………………………………150

　　2．息子の戦略………………………………………………………159

　　3．小括……………………………………………………………164

第3節　結論……………………………………………………………165

第6章　親―娘関係と自立をめぐる親子の戦略………………………169

第1節　成人移行期における親―娘の意思決定過程………………169

　　1．F家族の事例：娘の人生における親の意思の優位性……………171

　　2．G家族の事例：親の意思決定の優位性に対する娘の戦略………180

　　3．H家族の事例：ジェンダー化された親の自立意識と娘の戦略……187

　　4．小括……………………………………………………………197

第2節　娘の自立をめぐる親子の戦略………………………………198

　　1．親の戦略…………………………………………………………198

　　2．娘の戦略…………………………………………………………205

　　3．小括……………………………………………………………210

第3節　結論……………………………………………………………211

終　章……………………………………………………………………215

第1節　分析のまとめ…………………………………………………215

第2節　結論と今後の課題……………………………………………218

　　1．主体性を持つ個人としての親子の戦略………………………218

　　2．韓国の親子関係における孝規範………………………………222

　　3．若者の自立におけるジェンダー差……………………………222

　　4．経済不況による家族の保守化傾向……………………………224

　　5．今後の課題……………………………………………………225

文　献 …………………………………………………………………………229

巻末資料　各調査における質問紙 ……………………………………241

　　１．調査Ⅰ：韓国における若者の自立意識に関する調査 ……………241

　　２．調査Ⅱ：韓国における若者の自立と親子関係に関する調査 ……245

あとがき ……………………………………………………………………261

序　章

1．本書の目的と構成

　本書の目的は、韓国の成人移行期における若者の自立と親子関係との関連を明らかにすることにある。韓国社会は、1970年代以降、急速な産業化と近代化によって激しい社会変動を経験し、家族の形態や親子関係、個人の生活様式などが大きく変化してきた。特に近年、若い世代において高学歴化、教育期間の延長により、就職や結婚の時期が遅れるなど、成人移行期が年々長期化しており、かつ、そのあり様も多様化している。このような若者における成人移行期の長期化は、親子関係の長期化、つまり、若者が親に依存する時期が長期化しているのだとも言えるだろう。実際に韓国社会では、成人移行期にある若者の親への依存の長期化によって、若者の自立が遅れ、そのことがもたらす親子関係の葛藤が社会的な問題になっている。そこで本書では、韓国の若者が青年期から成人期への移行過程で遭遇するライフイベントに注目し、そこではどのような親子関係が形成されているのかを明らかにするとともに、現代韓国を生きる若者の自立と親子関係について考察を行う。

　本書の構成は以下の通りである。第1章では、韓国における社会経済的な背景について説明を行い、近年の韓国の成人移行期における若者の親子関係と自立に関する問題を提示する。第2章では、成人移行期にある若者の親子関係と自立について、従来の研究ではどのような議論が行われてきたのかを整理し、特に、本書の分析視角である家族戦略論について詳述する。第3章では、問題の背景と先行研究を踏まえた上で、本書における研究課題と研究枠組みを設定し、本書のために行った2つの調査方法、具体的には、韓国の成人未婚男女を対象にしたフォーカス・グループ・インタビュー調査と、韓

国の成人未婚男女とその父親・母親を対象にした親子のマッチング・インタビュー調査の概要について述べ、対象者の基本属性や親子関係の特徴について説明する。

第4章では、韓国の成人未婚男女が、成人移行期で経験する様々なライフイベントを通じて自立をどのように認識しているかを把握するために、フォーカス・グループ・インタビューのデータを用いて分析を行う。先行研究からの知見に基づいて「性別」、「親との同・別居」を組み合わせた4グループに分けて調査を行い、韓国の若者の自立意識に存在する規範や自立の範囲における男女差、そして若者の自立意識における親の影響力を確認する。

以上の結果を踏まえて、第5章と第6章では、若者の成人移行期のライフイベントをめぐる親子関係と自立との関連について、親子のマッチング・インタビューのデータを用いて、男性（息子）と女性（娘）に分けて分析を行う。具体的には、成人未婚子（息子／娘）が青年期から成人期への移行過程に経験する、大学進学、就職、離家、結婚といった4つの大きなライフイベントの選択において、韓国の親子関係の中でどのような意思決定が行われているのかを検討する。また、子どもの自立をめぐる意思決定においてどのような親子間の戦略が存在するのか、韓国の社会背景と関連づけながら解釈を行う。

終章では、分析に当たる第4章、第5章、第6章の各章における結果をまとめて、韓国における成人未婚子（息子／娘）の自立をめぐる親子の戦略構造を提示する。さらに、本研究から引き出される含意と今後の課題を述べる。なお巻末資料では、本書で実施した2つの調査の質問紙を添付する。

2．本書の意義

本書の意義として、以下の3つを挙げることができる。

第1に、韓国における若者の自立と成人移行期の親子関係との関連を明らかにすることで、現在の韓国社会が抱えている若者に関する様々な問題をよ

り多面的に理解することが期待できる。また、韓国の若者における自立の特徴を明らかにすることは、同じく若者の自立問題を抱えている先進諸国の事例との比較を通じて、若者の自立構造における国際的な分析を可能にすると考えられる。特に、韓国と類似する社会状況や親子関係の親密性を持っている日本の若者との比較を通じて、従来の研究では明らかにされなかったアジア文化圏における若者の自立のあり様を理解するための手がかりになるだろう。

　第2に、従来の若者の自立に関する研究では、研究者があらかじめ自立の定義を定めた後に、質問紙調査を通じてその規定要因を探ることが一般的であった。しかし、対象者の主観性を研究や分析に反映すべきだという主張が家族社会学の内部で高まったことで（山田 1986；上野 1991）、研究者が定める概念ではなく、対象者の認識が注目されるようになったのである。本書では、様々な事例研究を通じて、当事者である若者が自らの自立をどのように認識しているのか、また、自立をめぐってどのような困難を経験しているかについて詳細に分析することで、より現実性のある若者の自立像を提示することができると考えられる。

　第3に、かつての家族社会学では、集団としての家族を前提にしており、家族の中で個々の家族成員における認識の相違が存在することを軽視する傾向が存在した（上野 1991；山田 1992）。本書では、家族内の複数の成員の視点に注目し、若者とその親の双方にインタビューを行うことで、若者の自立における親子の認識の相違に注意を払った多面的、かつ、立体的な分析を可能にするのである。

第 1 章　韓国の若者と親子関係をめぐる社会的背景

　本章では、韓国の若者と親子関係をめぐる社会的背景として、韓国の社会変動と若者の「成人期への移行」の変化、韓国における親子関係の特徴、韓国の経済不況による若者の困難経験について検討する。

第 1 節　韓国の社会変動と若者の「成人期への移行」の変化

　本節では、韓国における急速な近代化がもたらした家族の変化、教育機会の拡大による高等教育の普遍化、若者の「成人期への移行」というライフスタイルの変化について確認する。

1．韓国における急速な近代化と家族の変化

　1970年代以降の韓国社会は、急激で圧縮された近代化・産業化が進む中、飛躍的な経済成長を経験してきた。韓国の国民総生産（GDP）を見ると、1970年の2,795億ウォンが、1980年に入り3兆9,471億ウォンと10倍を超え、またソウルオリンピック開催から2年後の1990年には19兆7,712億ウォンへと急速に上昇し、前年度対比経済成長率は、9.8％に至った［図1 - 1］。このような経済成長に伴い、家族も大きく変化してきた。つまり、経済成長による雇用の安定は、親世代の経済力を上昇させるとともに家庭生活にも金銭的・精神的ゆとりをもたらした。また、政府の貧困政策の一環として低出産運動が広まった結果、1970年に4.53だった出生率が、1980年には2.82に、1990年には1.57まで低下した［図1 - 2］。このような親の経済力の上昇と子ども数の減少は、子どもの養育や教育への関心を高める結果となり、特に男性（長男）を中心に行われてきた教育への投資が、子どもの性別に関係な

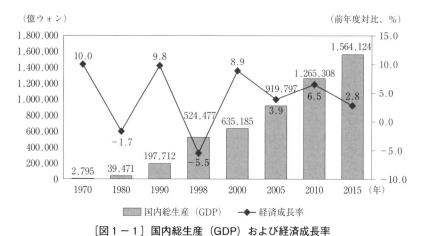

[図1-1] 国内総生産（GDP）および経済成長率

통계청〔統計庁〕，「국내총생산 및 경제성장률〔国内総生産および経済成長率〕」より筆者が作成。

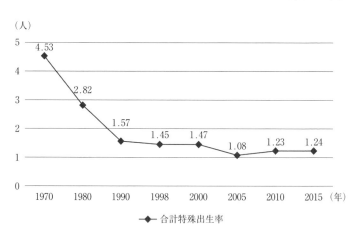

[図1-2] 合計特殊出生率

통계청〔統計庁〕，「합계출산율〔合計出生率〕」より筆者が作成。

く、均等に行われるようになったのである。

2．教育機会の拡大による高等教育の普遍化

　韓国社会では、急激な近代化の中で教育制度も大きな変化を遂げた。韓国政府は経済成長に伴って高等教育の拡大を政策として推進し、その結果、大学や大学院が大幅に増設された（馬越［1989］1993：121）。そして、生活の中で経済的余裕が生まれた親は、子どもの教育により関心を持つようになり、様々なサポートを行うことで、子どもが高等教育機関に進学する機会はより広がったのである。その結果、韓国の大学進学率は、1980年では男性23.9％、女性22.2％だったものが、1990年には男性33.3％、女性31.9％と、男女とも10年間で約10％上昇し、2000年には男性70.4％、女性65.4％とその後の10年間で2倍以上に急増した［図1－3］。男女別の大学進学率を見ると、男性の進学率が女性よりやや高いものの大きな差は見られず、2006年以降は女性の進学率が男性を上回っている。さらに2000年以降は、大学のみならず大学院への進学率も大幅に増加してきた[1]。このように韓国の若者がおかれた教育環境は、近代化の過程の中で「超高学歴化社会」と言われるようになり、若者の高等教育機関への進学が、一般的なライフコースとして定着してきたのである。

3．若者の「成人期への移行」の変化

3.1．モラトリアム期の誕生と就職時期の遅れ

　親世代の安定した経済力および子ども数の減少、子世代の高等教育機関へ

1　大学院進学者数は、2000年に22万9,437人であったが、2005年に28万2,225人、2010年に31万6,633人、2015年に33万3,478人と、この15年間で10万人以上増加した。また学位取得者の場合、2000年に5万3,379人（修士4万7,226人、博士6,153人）であったが、2005年に7万7,041人（修士6万8,439人、博士8,602人）、2010年に8万7,870人（修士7万7,328人、博士1万542人）、2015年に9万4,741人（修士8万1,664人、博士1万3,077人）と、この15年間で4万人以上増加した（교육부・한국교육개발원〔教育部・韓国教育開発院〕2015）。

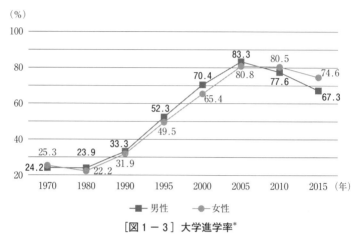

[図1−3] 大学進学率*

교육부・한국교육개발원〔教育部・韓国教育開発院〕、『교육통계연보〔教育統計年報〕』より筆者が作成。
* 当年度の高等学校卒業者の中で、大学（2年制大学を含む）に進学した者の比率。

の進学率の増加は、多くの若者にモラトリアム期をもたらした。つまり大学への進学は、学問の深化や職業としての研究者を目指す道から、質のいい職業を得るための手段として、もしくはライフコースの中で普遍的に選択される道として認識されるようになったのである。また大学生は、親からの様々な制約から自由になる一方、まだ就職していないために親に経済的に依存することが許されるという認識が存在する。そのため若者は、様々な社会的義務から免除される時期として大学生活を満喫することが可能になった。

若者の高学歴化現象は、必然的に就職時期の遅れをもたらした。さらに若者の中では、就業する時期を遅らせるために、休学して学生身分を延ばしたり、大学院に進学することで、成人に至るまでの「猶予期間」をなるべく長くしようとする傾向も見られた（카와이〔河合〕2000）。また、韓国の男性の場合、18歳〜34歳の間に約2年の徴兵義務があり（石坂・福島編［2000］2014）、就職する時期が女性よりもさらに2年〜4年ほど遅れることになる（연합뉴스〔連合ニュース〕2016）。

第1章 韓国の若者と親子関係をめぐる社会的背景 9

このような若年層の高学歴化による就職時期の遅れは、若者における自立の遅れの問題として社会的に注目されるようになった。つまり親世代は、80年代の高度経済成長期を経て、健康で、かつ、安定した経済力を持つ期間が長くなり、子どもに高等教育を受けさせることが可能になった。一方、韓国政府の低出生政策によって家庭内の子ども数が減少し、長男のみならず、次男や娘も同様に教育を受けられるようになったのである。さらに、韓国の教育改革の中で、多くの大学が新設され入学定員も増加されるなど、大学への進学がより容易になった（馬越［1989］1993）。このような大学進学の普遍化は、大学進学を「学問の追求」という本来の意味から、就職するまでの「猶予期間」、もしくは就職のための「資格の獲得」という意味合いを強化させたのである。

3.2. 未婚・晩婚化

　韓国においても未婚・晩婚化が進んでおり、それらは若者におけるもう一つの自立の遅れの現象として認識されている。韓国の平均初婚年齢の推移を見ると、1980年では男性27.3歳、女性24.1歳だったものが、2000年には男性29.3歳、女性26.5歳、2015年には男性32.6歳、女性30歳まで上昇し、男女ともに年々初婚年齢が高くなる傾向にある［図1－4］。このように若者の結婚が遅れる原因の1つとして、上記に述べたような若者層の教育期間の長期化および就職時期の遅れがあり、さらに男性のみならず女性にも高等教育への機会が広がったことも重要な要因としてあげられる。

3.3. 女性の社会進出

　近年、教育機会における男女平等が進み、さらに女性の働く意欲および就職への機会が増えることで、男女ともに職業の獲得が自立における重要な課題になってきた。韓国の経済活動参加率を見ると、実際に女性の社会進出への意識が高まってきたことが分かる［図1－5］。女性の経済活動人口[2]、つ

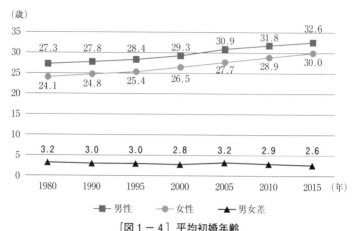

[図1－4] 平均初婚年齢

통계청〔統計庁〕,『인구동태연보 (혼인, 이혼편)〔人口動態年報 (婚姻、離婚編)〕』より筆者が作成。

まり現在、就職しているか、就職活動を行っている者は、1985年には41.9%だったが、2000年には48.8%、2015年には51.8%と、この30年間で9.9%上昇した。また、就業者の教育水準別割合を見ると、女性の高学歴化現象が就職に影響していることがより明確に現れている［表1－1］。女性の就業者において、1980年には小卒以下が66%で一番高い割合を占めており、中卒者が17.1%、高卒者が14.5%、大卒者が2.5%であった。ところが、2000年には高卒者が39.7%で一番高い割合を占めるようになり、大卒者も19.2%と上昇したのである。さらに2015年には、女性の全体就業者の中で、大卒者が40.1%であり、高卒者の38.5%を合わせると、全体の約8割を占めている。言い換えれば、近年では女性が就職するために、高卒以上の学歴が必要になり、学業期間の延長および就職への希望が、結果として結婚の遅れにつながっていると言えるだろう。

---

2 経済活動人口 (Economically active population) は、15歳以上の人口の中で、調査対象期間に商品やサービスを生産するために実際に収入を得る仕事をしている就業者と、仕事をしていないがすぐに仕事をするために求職活動をしている失業者を合わせたものを指す (통계청〔統計庁〕,「통계표준용어 및 지표〔統計標準用語および指標〕」)。

第1章　韓国の若者と親子関係をめぐる社会的背景　11

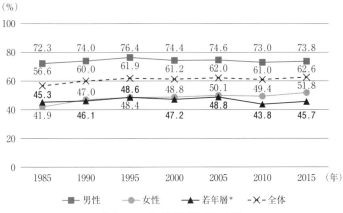

[図1－5] 経済活動参加率**

통계청〔統計庁〕,『경제활동인구연보〔経済活動人口年報〕』より筆者が作成。
* 若年層の範囲は、15歳～29歳である。
** 失業者の基準は、1998年までは「求職期間が1週間」であったが、2000年以降は「求職期間が4週間」へと延長された。

[表1－1] 就業者の教育水準別割合

(単位：%)

性別／年	教育水準	小卒以下	中卒	高卒	大卒以上	合計
男性	1980年	42.3	22.1	26.4	9.3	100.0
	1990年	21.2	19.2	42.2	17.5	100.0
	2000年	11.4	12.9	47.2	28.5	100.0
	2010年	7.6	8.9	41.4	42.0	100.0
	2015年	5.8	7.5	40.3	46.4	100.0
女性	1980年	66.0	17.1	14.5	2.5	100.0
	1990年	40.6	20.1	31.1	8.2	100.0
	2000年	24.8	16.3	39.7	19.2	100.0
	2010年	15.4	11.1	38.9	34.5	100.0
	2015年	11.8	9.6	38.5	40.1	100.0

통계청〔統計庁〕,『경제활동인구연보〔経済活動人口年報〕』より著者が作成。

第2節　韓国における親子関係の特徴

　韓国における親子関係の特徴は、儒教を基盤とする「家族主義[3]」と「孝規範」と言える。現代社会に至るまで家族の規模および形態、家族成員の関係性などが大きく変化してきたにもかかわらず、これらは韓国の社会構造や家族生活を規定する主要な要因として持続してきた（서〔Suh〕2003）。ここでは、韓国の親子関係における「家族主義」と「孝規範」の内実について検討する。

1．韓国の親子関係における「家族主義」

　家族主義とは、「家族がいかなる社会集団よりも重視され、個人はこの家族から独立できず、家族内の人間関係は上下序列によって成り立ち、このような人間関係の原理が外部社会まで拡大された組織形態」と規定される（최재석〔Choi, Jae Suk〕[1976] 1994：23）。このような家族主義の特徴は、「家族の重要性」、「家族構成員の未分化性」、「家族の序列性」としてまとめられる（서〔Suh〕1995：24）。また、家族主義は、「一体の価値が家族集団の維持・持続・機能と関連して決定され、家族集団の団結・永続・共同利益を追求しようとする家族構成員の持続的で集団的な努力」を意味する（신〔Shin〕1998：129）。

　韓国の家族主義は、植民地時代、朝鮮戦争、その後の貧困と混乱を経験する中で、国家からの制度的保障が期待できない社会において家族構成員が家族内での資源を積極的に活用し、家族を維持・拡張するために努力する「生存単位としての家族」という側面が強くなったことにその特徴がある（조혜정〔Cho, Hye Jung〕1985）。そして、生活手段として家族の機能が強化される

3　家族主義（Familism）と類似した用語として「家族中心主義」、「家族集団主義」などがあるが、本書では「家族主義」と統一して述べる。

「道具的（Instrumental）家族主義」では、子どもの出世が家族や親の社会的地位を保障し、階層上昇を可能にする手段になる（장경섭〔Chang, Kyong Sup〕1994）。このような韓国の家族主義の特殊性に基づく親子関係では、親子の密着、子どもの教育に対する親の過剰な関心、強い競争志向といった社会的問題につながる場合がある（손〔Sohn〕2007）。また、家族主義では、男性には道具的役割、女性には情緒的役割が期待されるため、家族主義が韓国社会のジェンダー規範を根強く維持させる要因の１つであると考えられる（김혜영〔Kim, Hea Young〕2003）。つまり、父親は家族の経済的扶養と子どもに対する象徴的な権威を持つ存在として、母親は子どもに献身的な愛を与える役割が強調され、子どもの教育への責任が課せられる。息子の場合、扶養や祭祀といった家を継承する者であると期待されるため、娘に比べて息子により多くの援助が行われる傾向が存在する（이미정〔Lee, Mi Jeong〕1998）。

　一方、韓国社会では、西洋の文化および教育が急速に拡がることで、伝統的価値観である「家族主義」に、西洋的価値観である「個人主義」が混在していく傾向も見られる（한남제〔Han, Nam Jae〕1994；한남제〔Han, Nam Jae〕ほか1994）。その過程で、個人主義的な価値観を受容しながら、家族を中心に凝集して他の集団を排他する利己主義的な性格が強まり、また、都市中産階層では、家族・親族の拡張概念として、地縁・学縁が重要視されるようになったのである（조혜정〔Cho, Hye Jung〕1985）。

２．韓国の親子関係における「孝規範」

　韓国の親子関係のもう１つの特徴である孝規範は、親と子どもとの関係を規定するものであり、特に老親に対する息子の尊敬と扶養を意味する（이성용〔Lee, Sung Yong〕2006）。親は、子どもを産んで養育するため、子どもが老親を敬い、扶養することは当然視される。また、親に対する子どもの扶養には、親が生きている間の世話のみならず、死んだ後の祭祀を勤める意味も含まれている。

14

　孝規範は、家族構成員の個々人の利害関係より家族全体の福祉を優先する家族主義によって維持されてきた。つまり、伝統社会における家族は、生産と消費を共にする経済単位であり、親は家族成員の福祉のために資源を統制する家長であるため、子どもは親の権威に従わなければならなかった（이성용〔Lee, Sung Yong〕2006）。このような孝規範を重視する韓国の親子関係では、親は子どもを独立した人格として認識せず、親子を「同一体」と見なす傾向が強くなったのである（최상진〔Choi, Sang Jin〕1994）。

　しかし、近代化による家族関係の変化により、親子関係も上下関係から水平的関係へ、一方的に尊敬を受ける関係から双方的尊重関係へと変化してきている。この新しい親子関係では、従来の家族主義に基づく孝規範ではなく、個人主義的な関係性に適合される新たな孝規範が求められている（이성용〔Lee, Sung Yong〕2006）。

第3節　韓国の経済不況による若者の困難経験

　本節では、韓国の外貨金融危機以降の若者の就職困難、それらが家族や親子関係に与える影響について検討する。

1. 外貨金融危機[4]以降の若者の就職困難

1.1. 失業者の増加

　1970年代後半から急速な経済成長を達成した韓国は、1997年に外貨金融危機を迎えたことで、深刻な経済困難の状態に陥った。次々と企業が倒産する中、倒産を防ぐために多くの会社で大量のリストラが行われ、結果として国

4　1997年12月、国家倒産危機状態になった韓国が、国際通貨基金（International Monetary Fund：IMF）から救済基金援助を受けた出来事である。IMFの管理体制下に置かれた韓国は、国家信用順位が最下位に下がり、巨額の負債を負うことになった（황〔Hwang〕2000）。その時に始まった社会構造的変化および危機状況を表現する概念として、「IMF事態」、「IMF危機」もしくは「IMF」などの表現が新聞やTVなどに登場した（함〔Hahm〕1999）。

第1章　韓国の若者と親子関係をめぐる社会的背景　　15

家全体の失業者が急増した。韓国の1人当たりの国民総所得（GNI）は、1995年には1万2,282ドルだったものが、外貨金融危機直後の1998年には7,989ドルへと急激に減少した［図1－6］。また1995年に2.1％だった失業率は、1998年には7.0％と急増した［図1－7］。

　このような経済不況の中で、もっとも大きな打撃を受けたのが若者である。若年層の失業率は、1995年では4.6％だったが、1998年には12.2％と約3倍に増加した。この時代の若者は、働くことに対して収入を得るためだけではなく、自己実現への期待を強く持っていた世代である。しかし、彼らは経済不況によって卒業後も就職することができず、希望と現実のギャップに苦しんだのである。ところが、当時の韓国社会では、家族の生計に直接につながる中年層（特に、男性）の失業がより深刻な問題であると認識されていたため、若年層の失業には十分な対応がなされなかった。2000年以降、ようやく若年層の失業率の高さが注目されるようになったものの、2015年の若年層の失業率は9.1％と依然として高い。さらに、就職猶予期間として大学院に進学する者（福島 2006）、就業準備者[5]、もしくは求職断念者[6]など、若年層の失業率のデータには含まれていない失業中の若者が多く存在するため、実際の若年層の失業率は、2割を超えるという推測も存在する（금〔Keum〕2007）。実際に、2015年の非経済活動人口[7]のうち、現在、就職活動を行っていないが就職試験を準備している者は、12.4％を占めていた［表1－2］。

　さらに、2015年に就職試験を準備している者の中で、一般職公務員試験を準備している者は34.9％でもっとも高い割合を占めており、司法／専門職試験の9.8％と教員試験の5.1％を合わせると、約5割が就職のために集中した

5　公務員試験、教員試験、司法試験などの試験勉強をしているために、現在、就職活動を行っていない者。
6　過去1年間は就職活動を行っていたが、仕事が見つからず、過去4週間以内に求職をやめた者。
7　非経済活動人口（Economically inactive population）は、15歳以上人口の中で、調査対象週間に就業でも失業でもない状態にいる人を指す。非経済活動人口は、主な活動状態によって、家事、通学、高齢、心身障害、その他に区分される（통계청〔統計庁〕，「통계표준용어 및 지표〔統計標準用語および指標〕」）。

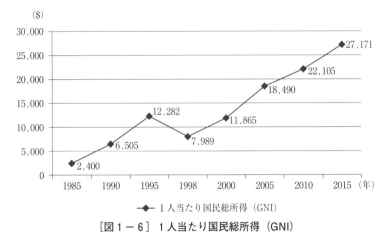

[図1−6] 1人当たり国民総所得（GNI）

통계청〔統計庁〕,「국민총소득（1인당）〔国民総所得（1人当たり）〕」より筆者が作成。

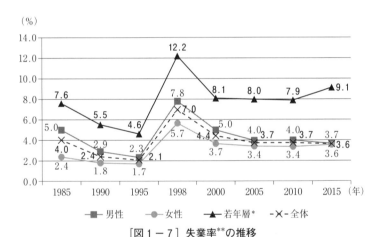

[図1−7] **失業率****の推移

통계청〔統計庁〕,『경제활동인구연보〔経済活動人口年報〕』より筆者が作成。
*　若年層の範囲は、15歳～29歳である。
**失業者の基準は、1998年までは「求職期間が1週間」であったが、2000年以降は「求職期間が4週間」へと延長された。

第1章　韓国の若者と親子関係をめぐる社会的背景　　17

［表1－2］若年層*非経済活動人口（2015年）

(単位：千人、(%))

区分 性別	若年層 非経済活動人口	就職試験を 準備している**	就職試験を 準備していない	分からない
全体	5,130 (100.0)	633 (12.4)	4,495 (87.6)	1 (0.0)
男性	2,619 (100.0)	316 (12.1)	2,301 (87.9)	1 (0.0)
女性	2,511 (100.0)	317 (12.6)	2,194 (87.4)	— (0.0)

통계청〔統計庁〕，「경제활동인구조사〔経済活動人口調査〕」より筆者が作成。
*　若年層の範囲は、15歳～29歳である。
**就職試験準備の基準は、「過去1週間」で就職に関連する試験を準備している者である。

［表1－3］若年層*非経済活動人口の就職試験準備分野**（2015年）

(単位：千人、(%))

区分 性別	一般企業	報道機関 ／公営 企業	教員	一般職 公務員	司法／ 専門職	技能職／ その他	計
全体	120 (18.9)	54 (8.5)	32 (5.1)	221 (34.9)	62 (9.8)	144 (22.9)	633 (100.0)
男性	62 (19.5)	30 (9.4)	10 (3.2)	124 (39.2)	30 (9.4)	60 (19.2)	316 (100.0)
女性	58 (18.3)	24 (7.6)	22 (6.9)	97 (30.6)	32 (10.1)	84 (26.5)	317 (100.0)

통계청〔統計庁〕，「경제활동인구조사〔経済活動人口調査〕」より筆者が作成。
*　若年層の範囲は、15歳～29歳である。
**就職試験準備分野は、「過去1週間」で就職に関連する試験を準備している者に尋ねられている。

勉強をしている状況である［表1－3］。韓国社会の経済不況が続く中で、企業の倒産による失業への不安が高まることで、若者は失業の不安が少ない、より安定的な職業を目指しているのだと考えられる。

　また、就職している若者も貧困状態に落ち込んでいる場合が多い（우・박

18

〔Woo・Park〕2007＝2009）。働いている20代の３割以上が非正規雇用者である
が、彼らの月収が平均88万ウォン（約８万６千円）程度であることから、彼
らは「88万ウォン世代[8]」と呼ばれるようになった。このように、若者の就職
困難は、経済的自立と直結しており、成人移行期における大きな問題になっ
ている。

1.2. 若者の就労状況におけるジェンダー差

　若者の厳しい就労状況は、男女によって異なる影響を与えている。という
のは韓国社会では、経済不況による就労問題に対して、男性の雇用を中心に
議論される傾向があり、政府の雇用対策も男性中心に行われてきたからであ
る（조순경〔Cho, Soon Kyung〕1998）。

　就業者の産業及び従事上の地位を見ると、男性の正規雇用者は、1990年で
は40.7％だったが、外貨金融危機の２年後の2000年に38.0％と減少し、それ
以後、徐々に回復して2015年には52.6％と、この15年間で14.6％上昇した
［表１－４］。一方、女性の正規雇用者の場合、1990年では21.4％だったが、
2000年に19.2％と減少し、2015年には43.1％と、この15年間で23.9％上昇し
た。つまり、男性と女性の正規雇用者の差が徐々に縮まってきていると考え
られる。しかし、非正規雇用者の割合を見ると、男女による就業形態の違い
がより明確に現れている。男性の非正規雇用者の割合は、1990年では14.1％
だったものが、外貨金融危機の２年後の2000年には17.0％と2.9％上昇した。
その後、2015年には13.7％へとこの15年間で3.3％減少した。それに比べて、
女性の非正規雇用者の場合、1990年では22.5％だったものが、経済危機の影
響を受けた2000年には28.4％と5.9％増加した。その後、2015年には27.6％
とこの15年間で0.8％減少しただけであり、女性の非正規雇用者は、男性の

8　月に約1000ユーロ（約10万円）で生活する非正規雇用者の生活を描いたイタリア小説のタイト
　ル『*Generazione Mille Euro*』（Incorvaia・Rimassa 2006＝2007）と、韓国の非正規雇用者の平
　均月収を組合わせた造語である（우・박〔Woo・Park〕2007＝2009）。

第 1 章　韓国の若者と親子関係をめぐる社会的背景　19

[表 1 － 4]　就業者の産業および従事上の地位

(単位：%)

区分 性別／年	雇用者				非雇用者			合計
	正規 雇用者	非正規 雇用者	パート・ アルバイト	小計	自営 業者	家族 従業者	小計	
男性 1990年	40.7	14.1	8.3	63.1	34.4	2.5	36.9	100.0
1995年	44.4	13.1	8.1	65.7	32.7	1.7	34.3	100.0
2000年	38.0	17.0	9.2	64.2	33.8	2.0	35.8	100.0
2005年	41.1	16.4	8.5	66.0	32.6	1.3	34.0	100.0
2010年	48.0	15.0	7.0	70.0	28.7	1.3	30.0	100.0
2015年	52.6	13.7	6.2	72.5	26.6	1.0	27.5	100.0
女性 1990年	21.4	22.5	12.9	56.8	18.7	24.5	43.2	100.0
1995年	25.5	24.2	9.8	59.6	19.4	21.1	40.4	100.0
2000年	19.2	28.4	13.9	61.5	19.2	19.3	38.5	100.0
2005年	25.7	30.2	11.3	67.2	18.9	13.9	32.8	100.0
2010年	34.5	30.0	8.4	72.9	16.2	10.9	27.1	100.0
2015年	43.1	27.6	5.8	76.4	14.5	9.1	23.6	100.0

통계청〔統計庁〕．「경제활동인구조사〔経済活動人口調査〕」より筆者が作成。

2 倍以上の割合を占めているのである。

　また、就業者の賃金及び勤務時間を見ても、男女による雇用状況の差が明確に現れている［表 1 － 5]。男性の賃金及び勤務時間を100%とした場合、女性の勤務時間は、1990年に100.4%から2015年に93.7%と6.7%減少しており、男性の 9 割程度を維持している。しかし、女性の賃金の場合、1990年の53.5%から2015年の65.9%へと12.4%増加したものの、男性の 6 割強の賃金水準にとどまっている。このように女性の就労状況は、男性より不安定な要因が多く、経済不況の影響を受けやすい構造になっていることが推察できる。

[表1−5] 就業者の賃金および勤務時間*

(単位：%)

区分／性別 年	賃金		勤務時間	
	男性	女性	男性	女性
1990年	100	53.5	100	100.4
1995年	100	59.8	100	96.7
2000年	100	64.8	100	94.8
2005年	100	66.2	100	95.3
2010年	100	66.9	100	95.5
2015年	100	65.9	100	93.7

* 1990年は、고용노동부〔雇用労働部〕, 1990,『직종별임금실태조사보고서〔職種別賃金実態調査報告書〕』、1995年は、고용노동부〔雇用労働部〕, 1995,『임금구조기본통계조사보고서〔賃金構造基本統計調査報告書〕』、2000年以降は、고용노동부〔雇用労働部〕,『고용형태별근무실태조사보고서〔雇用形態別勤務実態調査報告書〕』より筆者が作成。また、1990年と1995年のデータは、正規雇用者10人以上の事業体、2000年以降のデータは、正規雇用者5人以上の事業体を対象にしている。

2．若者の就職困難が家族および親子関係に与える影響

　韓国社会における経済不況は、家族および親子関係にも大きな影響をもたらした。家庭内の稼ぎ手の失業による所得の減少、経済的困難による家族の不和と離婚の増加、自殺の増加など、家族関係においても危機的な問題を引き起こした（강〔Kang〕ほか 1998；조혜자・방희정〔Cho, Hye Ja・Bang, Hee Jeong〕1998；안〔An〕2000）。さらに、国家の福祉政策が整っていないゆえに、公的領域における失業問題の制度的対策が論議されないまま、家族がその責任を背負わなければならない状況に追い込まれたのである（안〔An〕2000）。そのため、生存手段として家族資源を積極的に活用する「道具的家族主義」がより強化され、親の権威を中心に家族の維持・繁栄を重視する家父長制が再強化される結果となった（성〔Sung〕1998；백〔Baek〕2001）。ここで問題

なのは、若者は、大学を卒業した後、就職を通じて社会的な地位を獲得し、経済力を身につけ、新しい家族を形成するなど、成人になるための様々なライフイベントを通過する時期にあるにもかかわらず、就職困難によって親に経済的に依存し続けなければならない状況に陥ったことにある。親は、経済不況による家族の困難状況を子どもの成功を通じて切り抜けようとする期待を持つようになり、子どもが大学を卒業した後も公務員試験の準備に集中できるように経済的に支えるなど、子どもへの教育投資をより強化し、かつそれらが長期化する結果となった（김경근〔Kim, Kyung Keun〕2003）。実際、外貨金融危機以後、家庭内の収入が減少したにもかかわらず、子どもの教育に関する支出は他の項目に比べて減少程度が低かったことからもその傾向を読み取ることができる（강〔Kang〕ほか1998）。

　以上のように、成人移行期にある韓国の若者と親子関係をめぐる社会的背景が明らかになったが、従来の若者研究からは、彼らにどのような視点でアプローチすることができるのだろうか。次章で検討しよう。

第2章　先行研究の検討

　かつての社会学において、若者論が成人期への移行や家族関係と結びつけられることは少なかった。イギリスにおいて青年研究を展開したジョーンズとウォーレスは、従来の研究は若者の生活における学校や仲間集団の影響を中心に行われてきたが、80年代後半から、若者を家族との関連で論じる研究が登場し始めたと指摘している（Jones and Wallace 1992＝[1996] 2002）。日本では、90年代に入り、中期親子関係の登場に注目し、成人移行期における若者の親への依存の長さを指摘する議論が行われた。韓国では、心理学を中心に成人移行期にある若者の親との関係性に関する研究が展開された。

　本章では、若者における「成人期への移行」に注目した従来の研究を検討する。第1節では、ライフコース論を中心とした若者の成人期への移行過程について説明し、「成人期への移行」における親子関係および経済状況による「成人期への移行」の変化に関する研究について整理を行う。そして第2節では、成人移行期における若者の自立について説明した後、家族戦略論の観点から成人移行期における親子の戦略を考える。

第1節　成人期への移行過程

1．ライフコースにおける「成人期への移行」

　従来の若者研究においては、人生の発達段階は加齢とともにすみやかに達成できるものと考えられていた（Erikson [1950] 1963＝1977, 1980）。つまり、家族といった「集合体」を主体として、規範的モデルに基づいて青年期[1]から成人期[2]へとスムーズに移行することを前提にしていたため、基準からは

み出た若者を説明するには限界が存在したのである。しかし、現代社会における若者の生活様式は、従来の成人期の定義に当てはまらない場合が多くなってきたのである。それゆえ、従来の規範的なモデルでは「成人期への移行」の現実を十分に把握できないという認識から、多様化・個人化の視点が必要とされてきた。ライフコース・アプローチでは、「個人が自分の人生の時間と歴史の時間のなかをどう動いていくかに関心」を持ち（Hareven, 1982＝2001：9）、「何歳ぐらいでどのような出来事を経験し、どのような役割の移行を経験するか」という発達過程を研究することで、規範的なモデルにとどまらない若者のあり様を分析することが可能になったのである（森岡・青井編［1987］1991：2）。

　グレン・エルダーは、社会変動が人間の発達に与える影響を明らかにするために、ライフコース・アプローチを用いた実証研究を行った先駆者である。彼は、1929年の大恐慌の時にカリフォルニア州オークランドに住んでいる子どもたち（8歳〜9歳）を対象に縦断調査を行い、当時の家族の経済的剥奪という出来事が、その後の人生軌道を大きく規定していることを明らかにした（Elder 1974＝［1986］1991）。日本では、1980年「家族とライフコースに関する日米比較研究」をきっかけにライフコース研究が広がり、その後、「成人期への移行」に関する研究も行われるようになった（正岡ほか編 1990；正岡ほか編 1997）。また韓国では、90年代に入ってから男性の結婚年齢の変化を中心とするライフコース研究が紹介されたのである（한경혜〔Han, Gyoung Hae〕1991, 1993a, 1993b）。

1　青年期（adolescence）とは、「依存する子ども期から自立した成人期への移行」が行われる過渡期的ライフステージである（Jones and Wallace 1992＝［1996］2002：19）。「19世紀後半まで、青年期という概念はほとんど存在しなかったが」、「都市化と技術の発展により、質の高い労働力の需要が高まり、その結果、教育機会が拡大され、労働市場への参入期間も思春期以降」に延長されることで生み出されたものである（Clausen 1986＝1987：131-2）。
2　成人期（adulthood）とは、個人が社会において「一人前」と認められる基準に達した段階を指す。職業と結婚は、成人期における最も重要な出来事とされる（Clausen 1986＝1987）。

2.「成人期への移行」における親子関係

　日本のライフコース研究において、人間の生涯における青年期から「成人期への移行」は重要なテーマである（森岡・青井編［1987］1991；正岡ほか編1990；正岡ほか編1997；安藤2001）。90年代には、幼い子どもと若い親との関係である「前期親子関係」と、高齢の親と成人した子どもとの関係である「後期親子関係」との間に、「中期親子関係」という新たな親子関係が出現したことに注目する研究が現れた（正岡1993；木下1996；岩上編2005）。つまり、高齢化に伴って親子関係も長期化してきたが、元気な親と成人した子どもの関係では親子が双方に成人として対等であるため、「機能的に自立し、情緒的な交流を深め合う」（正岡1993：67）互恵的関係性が期待できるといった、従来の親子とは異なる関係性が指摘されたのである。

　また、青年期と成人期との間に「ユース期（youth）」（Keniston 1970）という新しい段階が出現していることに注目したり、成人期へと移行する時期が長期化するがゆえに「ポスト（＝脱）青年期」（Jones and Wallace 1992＝［1996］2002）と言える新たな人生段階が登場したことを指摘する研究も現れた。宮本みち子らは、ポスト青年期における親子関係を明らかにするために、東京都と長野県に居住する20歳代の未婚男女を対象に、親子の経済関係、相互作用、情緒関係、家族意識と家族規範について調査した。その結果、日本における大都市の上層ミドルクラスを中心とした、親子の同居率の高さ、親から子どもへの経済的・非経済的援助の大きさ、親子の情緒的絆の強さ、特に、母娘関係の濃密さという特徴を明らかにした（宮本1992, 1993, 1995；宮本ほか1997；宮本ほか1994）。また、岩上真珠らは、20歳～30歳代の未婚子の親子関係を中心とした研究を進め（岩上編1996, 1998, 1999, 2005, 2010）、ポスト青年期研究会では、府中と松本に居住する20代の未婚者とその親世代に当たる50代を対象に調査を行ってきた（岩上・宮本編2003a, 2003b, 2004）。これらの一連の研究では、経済的に豊かになった親世代は子ども数が減少したことで子ど

もを「過保護」に扱うようになり、そして子世代では未婚期を享受する若者が生まれたと指摘し、ポスト青年期を「長期化する親への依存」として特徴づけた（宮本 1995, 1999, 2000；宮本ほか 1997）。

特に、成人した未婚の子どもと親の同居という居住形態が子どもの親への経済的依存と結びついていることが注目されるようになった。山田昌弘は、「学卒後もなお、親と同居し、基礎的生活条件を親に依存している未婚者」を「パラサイト・シングル」（山田 1999：11）と定義し、成人未婚子の親との同居の長期化と親子関係の依存性を指摘した。これは親と同居することで、親から経済的な援助と身の回りの世話を受け、自らの給料はファッションや余暇のために自由に使う、未婚の若者の態度への批判であった。また若者は、現状よりも生活水準が低くなるような離家や結婚を避けるため、パラサイト・シングルの増加は未婚化・晩婚化の増加につながっていると指摘された（山田 1999）。パラサイト・シングル論は、その後の若者研究において、親と同居している若者の生活実態を探る「パラサイト・シングル仮説の検証」につながっていく（岩上 1999；寺崎 2000；国立社会保障・人口問題研究所 2001；田中慶子 2003）。その結果、親と同居している未婚者がすべて「経済的豊かさ」、「親子関係の良好さ」、「自己実現上の豊かさ」をもっているとは言いがたいため、「親同居未婚者≒パラサイト・シングル」と見なす山田の主張への疑義が提示された（田中慶子 2003）。その一方で、成人未婚子のみならず、その親をも対象にした調査から、子どもの自立に対する親の強い希望が子どもの自立を拒む要因として働いていること、親子が一定の距離を保つことが子どもの自立意識を高めることも指摘された（米村 2008）。さらに、子どもの自立に対して、家族＝親の責任が中心になる社会制度や社会的風潮によって、親に課せられる責任の重さを指摘する議論も現れた（宮本 2004）。

韓国社会においても、90年代から経済成長に伴う親世代の経済力の安定さと子どもに対する過剰な援助、子世代の高学歴化などによって、若者の成人期への移行が長くなる現象が注目されるようになった。モラトリアム期とし

ての大学生活を延長させるために休学と復学を繰り返し、学校を卒業した後も就職せずに親に生活を依存している若者は「カンガルー族」と呼ばれ、一度は親元から離れたものの、自ら経済的に自立することができず、再び親元に戻る若者は「ブーメラン族」と言われるなど、若者の成人期への移行における親への依存の長期化が問題視されたのである。しかし韓国において、若者の成人期への移行と親子関係に関する研究は、主に心理学を中心に行われており、社会学的な視点に基づく研究は依然として少ない。

　一方、「成人期への移行」の議論で大きく変化してきたのは、ジェンダーに関する視点である。つまり、「男性は仕事、女性は家庭」という性別役割分業規範のように、成人期に期待される内容が男女によって異なっていた近代的モデルから、「脱ジェンダー化」への変化が見られた。近年の若者におけるライフコースモデルでは、性別分業を前提としなくなったため、女性も従来の男性と同じ出来事（高卒・大卒、就職など）を経験することが想定されるようになったのである（岩上 2010）。しかし、男性には学校から仕事へのストレートな移行が一般的であるのに対して、女性の場合、学歴、地域、労働市場などの要因によってその移行パターンがより複雑になっている（宮本 2004）。さらに経済不況下では、男性の就職困難がより注目される傾向があり、それゆえ女性の社会進出に対する様々な問題が見えにくくなっていることも事実である。実際に、経済不況の影響で就職が困難になった女性には、専業主婦指向が見られ、安定した経済力を持っている男性との結婚を希望する傾向も存在する（山田・白河 2008）。

3．経済状況による「成人期への移行」の変化

3.1. 経済不況と若者の就職困難

　若者が仕事を得ることは社会的に自立の基本と考えられ、それゆえ「学校を終えた若者が適切な職に就けること、もしくはその支援」（岩上 2010：13）は、「成人期への移行」における重要な論点であった。従来の研究では、若

者に対して学校卒業直後に仕事に就いて収入を得ることで、離家、結婚など他のステップへの移行が可能になるという規範的モデルが想定されていた（宮本 2004）。そして、この規範的なモデルから逸脱したフリーターやニート[3]は、モラトリアムとしての自由な働き方の選択、もしくは親への甘えや自立意識の欠如という観点から議論されていた。しかし、90年代後半以後の世界的な経済不況に伴い、若者の就職困難が社会的な問題になるにつれ、若者の成人期への移行の長期化は、若者の雇用をめぐる社会構造的な問題に起因していると認識されるようになった。つまり、若者の働き方の変容について指摘され（玄田 2001）、学校から仕事への移行問題に対する議論がなされるようになったのである（乾編 2006）。また、若者における雇用状況のグローバル化、社会的排除、貧困といった格差問題が注目されるようになり（岩田 2008）、若者の自立を支援する社会政策の必要性が提起された（乾 2002；武石 2002；田中恒子 2002；社会政策学会編 2005）。しかし、このような議論は、若者の自立問題に対して「個人の責任」から「社会構造の変化」によるものであるという認識の変換には成功したが、結果としてその議論を若者の雇用の安定などに焦点を集中させることになったとも指摘できる（岩上 2010）。

　韓国では、1997年の外貨金融危機以降、若年層失業者と非正規雇用者が急増し、韓国社会の経済組織と雇用制度の構造的な欠陥に注目がなされるようになった。つまり、労働市場の需要の不足、経済構造の変化に対する政府や教育機関の対応の遅れなどが、若年層の失業や雇用の不安定を増加させた原因であると指摘された（이효선〔Lee, Hyo Sun〕2003）。これは、若者の自立困難に対して、個人の選択や能力の問題ではなく、社会構造の変化との関連で理解すべきであるという認識の転換として捉えることができる（우・박〔Woo・Park〕2007）。

3　NEET: Not in Employment, Education or Training の略。職業に就かず、教育・職業訓練も受けていない若者を指す（本田ほか 2006）。

3.2. 経済不況と親子関係の変化

　経済不況による若者の「成人期への移行」の困難という状況は、若者を取り巻く家族や親子関係にも大きく影響を与えている。若者が学校から仕事へのスムーズな移行が困難になった時、欧米社会では若者への支援に対する公的責任と家族責任が対立する議論がなされていたが、日本では不安定な状況に投げ出された若者を保護する責任がもっぱら家族＝親に課せられた。それゆえ、「若者にとって親の家は補給基地、あるいは保養地としての機能を強めている」（宮本 2004：123）ことが指摘されている。韓国の場合、大学を卒業しても就職先が見つからない多くの若者が、「失業者」というレッテルを付与されるのを防ぐために大学院に進学することで高学歴の失業者が量産されるようになったが（福島 2007）、実際に彼らの生活や教育費を支えていたのは親であった。

　このように若者が、経済不況による「成人期への移行」の困難を解消するために、家族の援助を必要不可欠とする構造は、若年層における格差問題を引き起こす。経済が成長期にある際は、親の経済力による影響のみならず、若者自身の努力や能力の発揮によって人生を切り開くことが可能である。しかし、低成長の時代には、親の経済力が子どもの生活水準を規定することで、若者の二極化が進む可能性がある（宮本 2002）。こうした社会では、仕事の獲得が困難である若者に対して社会的な施策が必要とされるが、現実は、韓国や日本のように家族規範が強い国では、その援助を家族＝親が背負っている状況にある。このような社会状況の中で、若者研究の問題関心が社会構造の変化や社会的支援を促すマクロな視点にシフトすることで、若者を取り巻く家族や親子関係の現状が見えにくくなっている傾向も存在する。

第2節 成人移行期における若者の自立と親子の戦略

1. 成人移行期における若者の自立

　若者が青年期から成人期へと移行する過程において、「成人＝大人」になった指標として考えられるのは、就職、離家、結婚といったライフイベントの達成である。これらのライフイベントが意味するのは、「親からの自立」、もしくは「社会的な自立」の獲得である。つまり、若者が就職して収入を得ることで、親への経済的な依存状態から脱皮し、離家や結婚をきっかけに親から生活面での分離が可能になる。また、これらのライフイベントの達成過程で、若者は自身を一人前の大人として自覚し、精神面での成熟を実感するようになる。さらに、この経済的・精神的・生活的自立は、相互に影響を与えて相乗効果をもたらす（尹 2007）。ここでは、就職、離家、結婚という3つのライフイベントを中心に、若者における経済的自立・精神的自立・生活的自立と親子関係に関する研究を整理する。

1.1. 経済的自立

　成人移行期の若者に求められるもっとも重要な自立の課題は、経済力の獲得である。若者は、自らの経済力を獲得することで、親の関心や統制から自由になり、親は、子どもに対する経済的援助が減少することで、子どもを一人前の成人として認めるようになる（차・한〔Cha・Han〕1999）。また若者は、自らお金を稼いで金銭管理を行うことによって、自分に対する責任意識が生まれ、社会への理解が深まるなど、精神的自立の達成にもつながる（Aronson et al. 1996）。さらに、若者が経済力を身につけることは、離家や結婚といった他のライフイベントへの移行が可能になることを意味する。このように成人移行期の親子関係は、若者の経済力の獲得によって新しい段階へと発

展することが可能になるが、就職困難や雇用の不安定、低賃金といった問題
は、若者の成人期への移行における大きな制約条件になっていると考えられ
る。

1.2. 精神的自立

　青年期から成人期への移行における大きな特徴は、若者が自分を他人から
独立した存在として認識することにあり、それは主に親からの分離によって
達成される。ホフマンは、精神的自立について今まで自分が属していた親と
の関係から離れ、自分の行動に責任感を持つことで自らの人生を尊重する状
態であると定義し、自立尺度[4]を作成した（Hoffman 1984）。成人移行期にあ
る親子が過度に密着している場合、若者の精神的自立に負の影響を与える
（권・김〔Kwon・Kim〕2004；이진하・최연실〔Lee, Jin Ha・Choi, Youn Shil〕2004,
2006；생활자원개발연구소〔生活資源開発研究所〕2005）。また、親からの精神的
自立度が高い若者は、大学生活や社会生活への適応の度合が高いが（김은영
〔Kim, Eun Young〕1993）、精神的自立水準が低い若者は、将来への進路決定
の程度が低い場合が多い（김은진・천성문〔Kim, Un Jin・Cheon, Seong Moon〕
2001；이기학〔Lee, Ki Hak〕ほか2004；장지선〔Chang, Ji Sun〕2005；김수임・김
창대〔Kim, Soo Im・Kim, Chang Dai〕2009）。さらに、精神的自立には性別によ
る差異が存在し、女性よりも男性の方が精神的自立度が高い傾向が見られる
（정〔Chung〕1993；차・한〔Cha・Han〕1999；박영신・김의철〔Park, Young
Shin・Kim, Ui Chol〕2003；생활자원개발연구소〔生活資源開発研究所〕2005；尹
2007）。このような男女差は、青年期において男女によって異なる大人へ社
会化が期待されていることが影響していると考えられる（岩上2003）。

4　ホフマンは、自立尺度と関連して以下の4つ概念を提示した（Hoffman 1984：171-2）。
　　機能的自立：親の助けや介入を求めず、自分のことを管理・主導する能力があること。
　　情緒的自立：親から承認、親密感、情緒的な支持を得る過度な欲求から自由であること。
　　葛藤的自立：親に対する怒り、罪悪感、復讐感、不信がない状態であること。
　　態度的自立：親と区別した自分の態度、価値、信念などを主張し、維持すること。

1.3. 生活的自立

　離家は、就職、結婚とともに「成人期への移行」における重要なライフイベントとして考えられ、自立の標準的基準となってきた。若者が親元を離れることで親子の物理的な距離が生じ、親の保護や統制から解き放たれ、若者自ら意思決定を行う過程を通じて自己への責任を認識するようになる（Goldscheider and Davanzo 1986）。また、若者が結婚前に親から独立して生活する経験は、家族に対する伝統的価値観を弱め、個人主義的な態度を強めるなど、親子関係にも影響を及ぼす（Waite et al. 1986）。

　欧米諸国では、自由やプライバシーを重視する意識から高校卒業後に親元を離れて暮らす若者が多いが、日本では、一般的に成人未婚子が親と同居し続ける状況に対して、親への経済的・生活的依存の長期化と結びつけて若者の自立の遅れとして指摘された（山田 1999；宮本 2000）。しかし、親と離れて暮らしている若者も親から金銭的、物理的なサポートを受けているため、親子の別居状態が必ず自立を意味しているとは言えない（北村 2002）。また、日本社会における若者の離家と自立との関係について、従来の日本の家族では「未婚の若者（特に、女性）は結婚するまで親元で暮らす」という規範が維持されてきたが、60年代以降「子どもは成長して一定の年齢になれば親元を離れて『独立』すべき」（岩上 2010：7）という夫婦家族・核家族規範が広く受容されることで、この両者の「文化衝突」が生じているという見解もある。韓国社会においても成人未婚子と親の同居率は日本同様に高いが、近年では実家から離れた地域への大学進学、海外での語学研修や留学など若者が親と別居する機会が増えてきたのである。若者にとって親との別居経験は、親からの精神的自立や自我の確立に正の影響をもたらす（옥〔Ok〕1998；차・한〔Cha・Han〕1999）。さらに、親と同居しながら経済的・生活的に親に依存している未婚の成人子が社会的にも注目されるようになり、その実態や親子関係を探る研究が現れるようになった（이영분〔Lee, Young Bun〕ほか 2011）。

一方、経済不況により若者の失業率が高まり、非正規雇用が増加し、住宅不足が解消しない状況の中で、若者が自らの経済力で離家を遂行するのは、ますます難しくなってきている。それゆえ、成人移行期の若者の居住形態は、若者と親の社会階層、職業の安定性と賃金水準など社会構造との関連を十分考慮すべきである（宮本 2004）。

結婚の場合、かつては若者が定位家族から離れて新しい生殖家族を形成するという成人移行期における重要な課題であったが、近年では、未婚・晩婚化の傾向にあり（大橋 1993；山田 1996）、結婚が必ずしも「成人期への移行」の指標とは言えなくなった（岩上 2010）。さらに、女性の高学歴化による教育期間の長期化は若者の結婚を遅らせる原因の１つになっており（福田 2007）、伝統的な家族規範が根強い韓国においても、伝統的な結婚観に対する若者（特に、女性）の自立意識の変化が見られる（박민자〔Park, Min Ja〕2003）。

２．成人移行期における親子の戦略

成人移行期の若者が「親への依存」から「親からの自立」という新しい親子関係に転換する際に、この時期を無事に通過するための親子の様々な交渉が行われる（Jones and Wallace 1992＝[1996] 2002）。ここでは成人移行期の親子関係を戦略（Strategy）の観点から分析した家族戦略論を紹介し、家族戦略論における「規範」のとらえ方、そして家族における集合的な家族戦略と、家族内の個々の成員の行為に注目した戦略といった戦略の「主体」について整理する。

2.1. 家族戦略論

従来の社会学研究では、人間の行為に与える社会構造の影響を重視する構造決定論に対して、人間の行為を功利主義的な視点から説明しようする動きが生まれた。家族社会学研究もまた、家族の行動を合理的な行為として説明

できるという認識から、社会構造や環境に対する家族の主体性について考察しようとしてきた。このような研究潮流の1つとして、家族行動の能動的・合理的な側面を強調する家族戦略論が登場してきたのである（田渕 1999b）。

マイケル・アンダーソンは、家族が「現在の自分たち自身のために、また、ある種の状況下では、未来の自分たち自身と自分たちの子孫のために、通常の生活水準を維持しようとする家族構成員によって取り入れられていた、しばしば無意識的な『戦略』（strategies）を、その中心概念として採用して」きたと説明している（Anderson 1980＝1988：110）。彼は、19世紀英国のランカシャー地方を対象に、産業化・都市化が進んだ時に親子の同居が増え、家族および親族関係が重視されたことに着目し、社会変動が一方的に家族生活に影響を与えていたのではなく、家族が利益を最大化するような合理的な選択が行われていたという視点を提示した。「結婚戦略」という用語を用いたピエール・ブルデューは、フランスのベアルンという農村地方における婚姻パターンを分析し、家産の維持・拡大という経済的目的によって人々の婚姻行動が決まっていくことを明らかにした（Bourdieu 1972＝1976）。つまり、結婚が規則への従属ではなく、家族の経済的・象徴的再生産のために選択された戦略であることを示したのである。また、韓国においても、産業化における韓国男性の結婚年齢の変化は、社会変動への対処として子どもの結婚年齢の統制が行われた家族の戦略的行為によるものであると分析されている（한경혜〔Han, Gyoung Hae〕1990）。

以上のように、戦略概念を用いた家族研究では、家族を社会の影響を受けるだけの受動的な存在ではなく、生存のために主体的、かつ、能動的に行動するものとして見なすことで、家族研究に新たな展開を生み出したのである。

2.2. 家族戦略論における「規範」

一方、家族戦略論を用いて家族の行動を説明する際に注意すべきなのは、「規範」といった非合理的行為に対してどのような説明を行うのかという点

にある。従来の家族研究では、家族は様々な義務や責任を伴う領域であり、人々は規範といった社会の規則に受動的に従うものであるととらえていた。しかし、家族戦略論において規範は、行為に意味を付与することを可能にする「資源」とみなされ、自身の行為を正当化するために動員される「言説的方略」として考えられる（田渕 1999a）。田渕六郎は、家族戦略論を「人々の合理性あるいは能動性を前提としつつ、経済合理的な効用最大化基準には回収できないような、言説水準の行為と意味の操作にまで着目した行為理論」（田渕 1999a：51）であると述べている。つまり家族戦略論は、当事者の言説における規範の運用過程に注目することで、経済的な状況に制約され、文化・規範に拘束されても、なお、そのような状況に対して主体性を発揮している家族成員の行為を捉えることが可能になるのである（田渕 1999a, 1999b）。

2.3. 家族戦略における「主体」

　家族戦略という概念を用いて分析する際にもう１つの重要な論点は、誰にとっての戦略なのかという戦略の「主体」についての問題である（田渕 1999b）。家族戦略において、戦略主体は家族であっても実際に行為するのは個人であり、家族戦略が個別の家族成員の戦略と必ず一致しているわけではないため、世代間や夫婦間の争いが存在する場合もある。宮本は、成人移行期の親子関係を分析する際に、様々な社会変動の中で親子がそれぞれ「個人としての戦略」を持っていることを指摘し、「親子双方でウェルビーイングを高めるために意図的無意図的に行使されている目標達成の方策」（宮本 2004：3）が「親子戦略」であると概念化した。

　実際、家族内では、意思決定過程や分配過程において不平等や抑圧など権力関係が存在し（田渕 1999b）、家族内の地位や性別によって体系的な不利益を被ったり、選択の自由が制限される（한경혜〔Han, Gyoung Hae〕1990：104）場合があるため、家族戦略は一連の交渉過程と葛藤を含む概念であると考えられる。成人移行期の親子関係においても、子どもは自立に向かっていたと

しても、ある程度は親に依存しなければならないため、親子間の力関係は不平等であることが想定される（正岡 2001）。それゆえ、親子の行為を個人の経済合理主義的行為として分析するには注意が必要である（宮本 2004）。

　以上の先行研究を踏まえて、本書では韓国における成人移行期の若者とその親が、経済不況という社会変動に制限され、文化・規範に影響を受けるだけではなく、その状況を乗り越えるために限られた資源を積極的に利用する能動的・主体的存在であることを確認する。また、親子は「依存から自立へ」という新しい関係性にむけて絶えず交渉するプロセスの中にあり、時には親子が家族という集団としての戦略を持つこともあれば、状況によって個別の利益を求める場合も存在すると考えられる。特に、親子の異なる戦略が、家族内の地位や性別によって不平等や抑圧を生じさせている可能性に注目する必要がある。さらに、親子が戦略を資源として遂行する際に、物的資源のみならず、韓国社会における文化や規範、感情なども利用可能な資源として活用していると考えられるのである。

第3章 研究課題と調査概要

　本章では、第1章の韓国の若者と親子関係をめぐる社会的背景と、第2章の先行研究の検討を踏まえた研究課題の設定、また、本書の分析に用いる2つの質的調査の概要についての説明を行う。

第1節 研究課題の設定

　本書で設定する研究課題は、以下の3つである。第1の研究課題は、韓国の若者が、成人移行期に経験する様々なライフイベントを通じて、自立をどのように認識しているのかを明らかにすることである。若者の「成人期への移行」が長期化し、移行への手段や経路も多様化、かつ、複雑化している中、韓国の若者における自立意識の実態を明らかにすることで、成人移行期にある若者が置かれている状況をより精確に理解することが可能となる。

　第2の研究課題は、韓国の親が、成人移行期の子どものライフイベントをめぐる意思決定にどのような影響を与えているのかを明らかにすることである。先行研究では、成人移行期にある親子は、「依存から自立へ」という新しい関係性に向けて絶えず交渉を行っており、親子間の力関係や認識の相違によって、葛藤が生じる場合があることが示唆されていた。それゆえ、家族主義や孝規範という文化的規範が強い韓国社会において、子どもの自立をめぐる親の影響力やそれによる親子関係の葛藤を探ることは、韓国の成人移行期の親子関係を理解するために非常に重要であると考えられる。

　第3の研究課題は、韓国の親子関係では、成人移行期の子どもの自立をめぐってどのような親子の戦略が用いられているのか、経済状況や文化規範といった社会構造との関連から検討することである。成人移行期にある子ども

38

とその親が、社会経済的な状況や規範に影響されながらも、「自立」という目的に向かって、限られた資源を能動的に利用する姿を描き出すことで、韓国の成人移行期の親子関係についてより現実に近い理解を深めることが期待できる。

そして、これらの研究課題は、すべてジェンダーによる相違を意識しながら分析を行う。先行研究では、若者の教育や社会進出の機会、期待されるライフコースや自立の内容について、ジェンダー差が縮まっているという見解も見られるが、依然として親との関係性や自立意識などにおいてジェンダーによる相違が存在すると考えられる。特に、長男によって家の継承や祭祀が引き継がれる韓国の家族文化では、子どもの性別によって異なる自立への期待や戦略が必要になることが予測される。それゆえ、韓国の若者の自立において、ジェンダー的視点を導入した分析は非常に重要である。以上を踏まえた研究枠組みは、［図3－1］の通りである。

第2節　調査概要と調査対象者の基本属性

本節では、調査概要と調査対象者の基本属性について説明を行う。本書の分析に用いたデータは2つの調査に基づいており、それぞれの調査概要は［表3－1］の通りである。

1．調査Ⅰ：韓国における若者の自立意識に関する調査

1.1. フォーカス・グループ・インタビュー

若者の自立に関する従来の研究では、研究者があらかじめ自立の基準を設定し、質問紙調査などを通じて若者の自立を規定する要因や自立の程度などを分析することが主流であった。質問紙調査を用いる場合、若者の自立意識や実態の動向が明確に示されるという利点がある。しかし、この場合、研究者が用いた定義に基づいて分析がなされるため、多様化、かつ、複雑化して

第3章 研究課題と調査概要　39

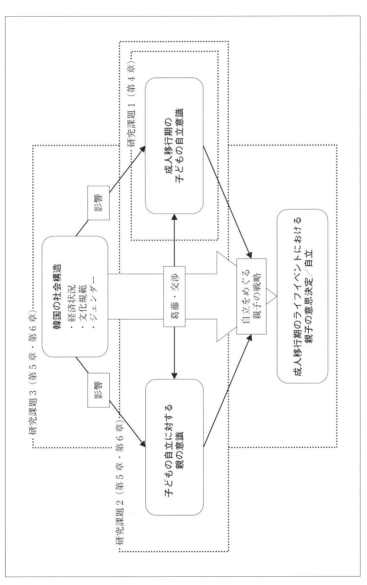

[図3−1] 研究枠組み

[表 3 - 1] 調査概要

区分	調査 I	調査 II
調査名	韓国における若者の 自立意識に関する調査	韓国における若者の自立と 親子関係に関する調査
調査時期	2006年 9 月	2008年 8 月
調査地域	韓国（ソウル、京畿道）	韓国（ソウル、京畿道）
調査方法	フォーカス・グループ・ インタビュー	親子のマッチング・ インタビュー
サンプリング	スノーボール方式	スノーボール方式
調査対象	20代～30代前半の 未婚男女	両親と同居している 20代～30代前半の 未婚男女とその父親・母親
対象者数	男性10人、女性 6 人 （計16人）	男性 5 人、女性 5 人 父親10人、母親10人（計30人）
データの特性	性別／居住状況別 グループ・ディスカッション	親子マッチング・データ
分析手法	KJ 法	「羅生門」式手法による 事例分析

いる現代の自立概念を精確に理解するには限界が存在する。それゆえ、インタビュー調査を通じて、若者自身が自立をどのように認識し、どのような困難を経験しているのか、そのリアリティの詳細を描き出すことが重要であると考えられる。

　そこで調査 I では、韓国の若者の自立意識を探るための探索的研究として、フォーカス・グループ・インタビュー（Focus Group Interview、以下、FGI）を実施した。FGI は、通常 6 人～12人のメンバーが集まり、リラックスした雰囲気の中で、ある特定の話題について率直で包括的な内容のデータを得ることを目的とする（Vaughn et al. 1996＝1999）。そのため、調べたい情報や関連した知識を集め、仮説を立てるといった探索的なアプローチとして有効で

ある。また、FGI を他の調査手法（量的調査、質的調査）と組み合わせること
で、研究対象についてより多面的で深い理解が得られると考えられる（千
年・阿部 2000）。集団面接では、面接者が予め用意した質問に 1 人 1 人順番
に定型的な回答を引き出すのに対して、FGI の場合、参加者が主体となって
自発的に議論を進めるディスカッション方式であることが特徴である（千
年・阿部 2000）。

1.2. 調査概要

　調査 I では、韓国における若者の自立意識を把握するために、2006年 9 月
に韓国のソウルと京畿道で FGI 調査を行った。研究地域をソウルと京畿道
に設定した理由は、この 2 つの地域に韓国の全人口の 4 割以上[1]が居住して
おり、韓国の都市部における若者の自立の傾向や特徴を把握するのに適切だ
と考えられたからである。

　対象者の選定は、まず筆者の人的ネットワークを用いて20代〜30代前半の
未婚男女を対象者として紹介してもらい、さらにその対象者自身の人的ネッ
トワークから他の対象者を探すというスノーボール方式を用いた。そして、
インタビュー対象者を構成する際に、なるべく知人同士が集まるようにグル
ープを設定した。なぜなら、ディスカッションを行う対象者同士が日常生活
でも関わりを持っている場合、「ディスカッションの対象に関してやりとり
をしてきた歴史を共有しており、そのために共同の行動形式とその基礎にあ
る意味のパターンをもっている」（Flick 1995＝2002：147）ため、より率直な
会話が行われ、議論が深まると考えられるからである。

　また、FGI のグループは、男女によって社会から求められる自立の内容の
違い（岩上 2003）や親との居住状況による若者の自立度の差（尹 2007）が生

1　具体的には、2015年時点で、ソウルの人口は994万100人、京畿道の人口は1,242万300人で、合
　わせて2,236万400万人であり、韓国の総人口5,101万人の43.8％を占めている（통계청〔統計庁〕
　2015）。

42

じるという先行研究を参考に、「性別」と「親との居住状況」の2要因を軸に分類した。具体的には、親と同居している男性（以下、「親同居男性グループ」）、親と別居している男性（以下、「親別居男性グループ」）、親と同居している女性（以下、「親同居女性グループ」）、親と別居している女性（以下、「親別居女性グループ」）の4グループを設定した。各グループの人数は、「親同居男性グループ」が5人、「親別居男性グループ」が5人、「親同居女性グループ」が3人、「親別居女性グループ」が3人、の計16人である。

　FGIを実施した場所は、対象者の勤務先の会議室や大学のゼミ室、喫茶店などであり、所要時間は約1時間～2時間であった。FGIを始める前に、まず個々の対象者から、調査・研究についての同意書への署名および基本属性に関する質問紙（巻末資料参照）への回答をしてもらった。FGIの中で筆者は、あらかじめ用意したガイドラインに沿って質問を行い、参加者同士のディスカッションを促す進行役を務めた。ただし、今回の調査では、成人移行期にある若者の自立意識を探索的に把握することが目的であったため、進行役が対象者の会話に介入するのは最小限になるように心がけた。なお、調査Ⅰはすべて韓国語で行われた。

　ガイドラインでは、まず当事者が考える自立のイメージという抽象的な質問からはじまり、成人移行期のライフイベントにおいて彼らが実際に経験した出来事、自立をめぐる親子関係、自立の達成をめぐる困難について、彼らを取り巻く社会構造と関連づけながら質問を行った。具体的なガイドラインは、以下の通りである。

1．一般的に、自立として考えられるライフイベントは何か。
2．自分が考える自立の基準とそれを達成するためのライフイベントは何か？また、自らの経験の中で自立を意識した出来事は何か。
3．自分の自立をめぐる出来事において、親との関係がどのように関わっていたのか。

第3章　研究課題と調査概要　43

４．自分が考える自立を達成する際に、現在、直面している困難は何か？

　FGIで得たデータは、韓国語ですべて文字起こしを行った後、分析に必要な部分を日本語に訳した。分析では、グループごとに対象者同士のやりとりからキーワードになる発言を「KJ法」（川喜田 1967, 1970）に基づいて分類した。その結果、４グループに共通して、「就職」、「離家」、「結婚」という３つのライフイベントに関するカテゴリーと「自己決定」という行為に関わるカテゴリーが抽出された。また、自立の内容として、「経済的自立」、「精神的自立」、「生活的自立」の３つの概念が抽出された。そこで、成人移行期の若者が経験する「就職」、「離家」、「結婚」という３つのライフイベント項目と「自己決定」という行為項目を主軸にして、これらが「経済的自立」、「精神的自立」、「生活的自立」の３つの自立概念とどのような関連性を持っているか、グループ別の類似点と相違点に注意しながら分析した。

1.3. 調査対象者の基本属性

　FGIを行った４グループの基本属性については、［表3－2］にまとめた。まず「親同居男性グループ」の場合、対象者の年齢は、25歳〜33歳であり、学歴は、５人のうち２人は短大で、３人が大学であった。このグループの対象者は、全員がソウル、あるいは京畿道で生まれ育ち、５人ともソウルやソウル近郊にある大学を卒業した後、ソウルで正規職を得て働いていた。年収は、５人のうち３人が１千万〜２千万ウォン未満で、２千万〜３千万ウォン未満と３千万〜４千万ウォン未満がそれぞれ１人ずつであった。

　また、「親別居男性グループ」の場合、対象者の年齢は、27歳〜32歳で、学歴は５人のうち４人が大学、１人が大学院（修士）であり、「親同居男性グループ」と比べるとやや学歴が高い。このグループの対象者は、実家がソウルから２時間〜５時間ほど離れた地方にあり、４人は大学に進学する際、fは中学に進学する際に、親元を離れた。現在は、５人とも就職のための資

44

[表3−2] 調査対象者の基本属性（調査Ⅰ）

区分	名前	年齢*	兵役	学歴	就労状況	年収（単位：ウォン）	親の状況	きょうだい関係	居住地
親同居男性グループ	a	31歳	終了	大学	正規	1千万〜2千万未満	両親とも健在	姉1人	京畿道
	b	25歳	終了	短大	正規	1千万〜2千万未満	母親のみ健在	姉2人	ソウル
	c	33歳	終了	大学	正規	2千万〜3千万未満	母親のみ健在	兄1人姉2人	ソウル
	d	30歳	終了	大学	正規	3千万〜4千万未満	両親とも健在	妹1人	京畿道
	e	27歳	終了	短大	正規	1千万〜2千万未満	両親とも健在	弟1人	京畿道
親別居男性グループ	f	27歳	終了	大学	パート・アルバイト	1千万未満	両親とも健在	姉2人弟1人	ソウル
	g	27歳	終了	大学	パート・アルバイト	1千万未満	両親とも健在	弟1人	ソウル
	h	32歳	終了	大学院（修士）	パート・アルバイト	1千万未満	母親のみ健在	妹1人	ソウル
	i	28歳	免除	大学	—	—	両親とも健在	兄2人姉2人	ソウル
	j	29歳	終了	大学	パート・アルバイト	1千万未満	両親とも健在	弟1人妹1人	ソウル
親同居女性グループ	k	29歳	—	大学	契約	1千万〜2千万未満	両親とも健在	弟1人	京畿道
	l	30歳	—	大学院（修士）	パート・アルバイト	1千万未満	両親とも健在	兄1人姉1人妹1人	ソウル
	m	29歳	—	大学	正規	2千万〜3千万未満	父親のみ健在	一人っ子	京畿道
親別居女性グループ	n	26歳	—	大学	正規	2千万〜3千万未満	両親とも健在	姉1人弟1人	京畿道
	o	27歳	—	大学院（修士）	正規	2千万〜3千万未満	両親とも健在	姉1人弟1人	京畿道
	p	27歳	—	大学	正規	2千万〜3千万未満	両親とも健在	姉1人妹1人	京畿道

* 年齢は、調査実施時の満年齢である。韓国では通常「数え年」を使用しているため、語りの中では表の記載より1歳多い場合がある。

格試験勉強をしており、そのうち4人は、勉学とパートタイムの仕事を両立していた。それゆえ年収は、5人とも1千万ウォン未満であり（1人は、無収入）、経済面において「親同居男性グループ」より厳しい状況にあり、生活のために親から金銭的なサポートを受けている状況であった。

　次に、「親同居女性グループ」の場合、対象者の年齢は、29歳～30歳であり、学歴は、2人が大学で、1人が大学院（修士）であった。このグループも「親同居男性グループ」同様に、全員がソウルおよび京畿道に実家があり、3人ともソウル近郊の大学を出た後に家から通える距離で働いていたため離家を経験していなかった。また、3人とも収入を伴う仕事をしていたが、正規職を得ている者は1人で、残りの2人は契約やパートとして働きながら正規職になるための就職活動をしている状況であった。年収は、それぞれが1千万ウォン未満、1千万～2千万ウォン未満、2千万～3千万ウォン未満であった。

　最後に、「親別居女性グループ」の場合、対象者の年齢は、26歳～27歳で、学歴は、3人のうち2人が大学、1人が大学院（修士）であった。このグループの中で2人は、実家がソウル市内であるが、勤務地が京畿道の郊外であるため、親元を離れて職場の近くで一人暮らしやルームシェアをして暮らしていた。もう1人は、ソウルにある大学に進学する際に地方にある実家を出て以降、ずっと一人暮らしをしていた。全員が正規職を得ており、年収は3人とも2千万～3千万ウォン未満であった。それゆえ、調査を行う際に親から経済的援助を受けている者はいなかった。

　きょうだい関係をみると、「親同居男性グループ」と「親別居男性グループ」は、どちらも5人のうち4人が長男であり、「親同居女性グループ」は、3人のうち2人が長女（1人は一人っ子）であった。男性グループについては長男の割合の高さ、年収の偏り、女性グループについては職業の偏りに注意すべきである。

46

1.4. 調査対象者とその親の生活水準

　調査Ⅰでは、FGIの際、若者と親の経済状況と自立の関連を見るために、調査対象者に自分と親の生活水準について尋ねた。調査対象者とその親の生活水準をまとめたのが［表3－3］である。生活水準の尺度は、「上」、「中の上」、「中」、「中の下」、「下」の5項目であり、「上」は生活水準が高い、「下」は生活水準が低いことを意味している。

　グループ別にみると、「親同居男性グループ」の場合、親の生活水準については、5人のうち2人が「中の上」、3人が「中」と答えたのに対して、

[表3－3] 調査対象者とその親の生活水準（調査Ⅰ）

区分	名前	親の生活水準	対象者の生活水準
親同居 男性 グループ	a	中の上	中の上
	b	中	中
	c	中	中
	d	中	中の上
	e	中の上	中の上
親別居 男性 グループ	f	中	中の下
	g	中	中の下
	h	中の下	中の下
	i	中	下
	j	中	中
親同居 女性 グループ	k	中	中
	l	中	中
	m	中	中
親別居 女性 グループ	n	中	中
	o	中	中
	p	中の上	中

自分の生活水準については、5人のうち3人が「中の上」、2人が「中」と答えた。ｄの場合、他の対象者より年収がやや高く、親より自分の生活水準が高いと評価していた。

　次に、「親別居男性グループ」の場合、親の生活水準については、5人のうち4人が「中」、1人が「中の下」と答えたが、自分の生活水準については、5人のうち1人が「中」、3人が「中の下」、1人が「下」と答えた。

　また、「親同居女性グループ」の場合、3人とも親の生活水準と自分の生活水準について「中」と答えていた。一方、「親別居女性グループ」の場合、親の生活水準について、3人のうち1人が「中の上」、2人が「中」と答えたが、自分の生活水準についてでは、3人とも「中」と答えた。つまり、親と同居している場合、親と自分の生活水準を同一視する傾向があり、親と別居している場合、親よりも自分の生活水準を低いと認識する傾向がみられた。

2．調査Ⅱ：韓国における若者の自立と親子関係に関する調査

2.1.「羅生門」式手法[2]

　若者の自立に関する初期の研究では、彼らの親子関係が成人移行期の自立に大きく関連していることに注目しながらも、調査の対象者は若者のみに限定される場合が多かった（宮本ほか 1994；岩上編 1996, 1998, 1999）。その後、成人移行期の若者をより精確に理解するためには、若者のみならず親側の視点も入れる必要があるという認識から、親世代をも対象にした研究が現れた（岩上・宮本編 2004；岩上編 2005；米村 2008）。これらの研究によって、若者の自立に対する親側の認識と子ども側の認識をそれぞれ把握することが可能になったが、同一家族の親子を対象にしたわけではなかったため、家族内にお

2　芥川龍之介の小説『藪の中』を黒澤明監督が映画化した『羅生門』から名づけられた調査手法である。人類学者のオスカー・ルイスは、ある殺人事件に対して全く異なった証言が提示されるその映画の内容から、現実に関する多元的なバージョンを並置する調査手法を「羅生門」式手法と命名した（Lewis 1959＝2003；小林 1994；浜 1995, 2006）。

ける親子の相互行為を分析するには限界が存在した。しかし、成人移行期における親子間の交渉や戦略を分析するためには、同一家族の親子を対象にした調査を行う必要がある。それゆえ本書では、「羅生門」式手法を用いて、1つの家族内における複数の成員、つまり、若者とその父親、母親をも対象にしたインタビュー調査を実施した。

オスカー・ルイスは、「羅生門」式手法の利点について、「家族生活における同一の事件を、個人個人の立場から独自に説明するという点」にあると述べている（Lewis 1959＝2003：21）。また、質的研究においては、「同じ出来事についての複数の目撃者や当事者の証言は、しばしば利害関心の違いや記憶の不確かさによって大きく食い違ったものになる」（佐藤 2002：164）ために、質的データにおける「主観性」問題を問われることが多いが、「羅生門」式手法の視点は、「データの信憑性をチェックできる」（Lewis 1959＝2003：21）という意味でも重要である。

本書では、若者とその父親、母親という複数の視点を用いることで、成人移行期におけるライフコースの順序、時期、期間といった基本的な情報に対する信憑性をチェックすることができた。ただし、親と子、もしくは親同士間の語りにズレが生じている場合、真実を追究するより、むしろ、ズレを持った主体同士が交渉する過程に意味があるという立場で分析を行った。なぜなら、インタビューを通じて家族成員が異なる物語を再構築する過程そのものが、主体的、かつ、戦略的な行為であると解釈できるからである。

2.2. 調査概要

調査Ⅱでは、韓国における若者の自立と親子関係を探るために、2008年8月に韓国のソウルと京畿道で、若者とその父親、母親をマッチングしたインタビューを行った。調査対象者は、親と同居している20代〜30代前半の未婚男女とその父親、母親であるため、両親とも健在である家族が対象となった。親と同居している未婚者を対象にした理由は、親子が同じ生活空間にいる状

況において、半依存・半自立の状態にある若者の自立をめぐって親子の交渉や戦略がより明確に見られると判断したためである。

対象者の選定は、調査Ⅰと同様にスノーボール方式を用いて、成人未婚男性（以下、息子）の家族5組と成人未婚女性（以下、娘）の家族5組にインタビュー調査を実施した。対象者の人数は、息子5人、娘5人、父親10人、母親10人の、計30人である。

インタビューを実施した場所は、対象者の自宅、職場、公園、喫茶店などであり、1回のインタビューに約1時間〜2時間を要した。調査者と対象者が1対1でインタビューを行ったため、家族全員が同じ場所で集まっていた場合、お互いのインタビュー内容が聞こえないように、別室でインタビューを行った。

インタビューの手順としては、まず対象者ごとに、調査・研究についての同意書に署名を得た後、基本属性と親子関係に関する質問紙（巻末資料参照）に回答してもらってからインタビューを開始した。インタビューの流れは、基本的に筆者があらかじめ用意したガイドラインに沿って順番に質問して対象者が答える形式で行ったが、対象者の関心や話の流れによって質問の順番を入れ替えたり、対象者の語りにさらに踏み込んだ質問を行うなど、半構造化されたインタビューを遂行した。調査Ⅱにおいてもすべて韓国語で行われた。

ガイドラインは、調査Ⅰで得られた結果を踏まえて、成人移行期のライフイベントをめぐる親子関係に注目したものとなっている。具体的な内容は、以下の通りである。

〈親への質問のガイドライン〉
1．子どもの「成人期への移行」に関するライフイベントについて
　　・大学進学、就職、離家（息子を持つ親の場合、軍隊の経験を含む）、結婚に関する出来事や親子の意思決定過程

50

2．成人移行期の親子関係について

　・親子の経済関係、情緒関係、同居生活について

　・現在の子どもと比べて、親自身はどのように成人期へ移行したのか？

　・親が考える子どもの自立とは何か？

　・自分の老後と子どもの扶養に対する考え

〈成人未婚子への質問のガイドライン〉

1．自身の「成人期への移行」に関するライフイベントについて

　・大学進学、就職、離家（息子の場合、軍隊の経験を含む）、結婚に関する
　　出来事や親子の意思決定過程

2．成人移行期の親子関係について

　・親子の経済関係、情緒関係、同居生活について

　・自分が考える自立とは何か？

　・親の老後や扶養に対する考え

　インタビューから得たデータは、韓国語ですべて文字起こしをした上で、分析に必要な部分を日本語に訳した。分析においては、まず、息子家族と娘家族ごとに、大学進学、就職、離家、結婚といったライフイベントでの出来事に関する息子／娘、父親、母親の語りを対比させながら事例をまとめた。そして、ライフイベントをめぐる親子の言説から、韓国の親子関係の構造、規範、戦略について分析を行った。さらに、息子と娘、父親と母親のジェンダーに注意を払いながら、その類似点と相違点について比較した。

2.3.　調査対象者の基本属性

2.3.1.　息子家族の場合

　調査Ⅱの対象者のうち、息子とその父親、母親の基本属性については、［表3－4］の通りである。息子の場合、年齢は、22歳〜33歳であり、学歴

は、5人のうち1人が短大、2人が大学（そのうち1人が休学中）、2人が大学院（1人が修士課程在学中、1人が博士課程修了）であった。また、全員が兵役の義務を終えていた。

就労状況は、5人のうち2人は正規、1人は自営、2人はパート・アルバイトであった。正規職についている2人のうち、1人の年収は5千万～6千万ウォン未満であったが、もう1人はインタビューを行った時点で、正規雇用として就職が決まったばかりであったため、年収が1千万ウォン未満であると回答していた。自営業の1人の年収は、5千万～6千万ウォン未満、パート・アルバイの2人の年収は1千万ウォン未満であった。

対象者の居住地をみると、5人のうち4人がソウルや京畿道の生まれ育ちで、5人全員がソウルあるいはソウル周辺にある大学を出て、実家から通える距離で働いていた（もしくは、通学していた）。彼らの主な離家経験は、軍入隊であった。ただし、Cは大学時代に1年ほど先輩と一緒に暮らした経験があった。一方、Bの場合、地方都市にある高校に進学するために田舎の実家を離れて一人暮らしをはじめ、大学進学の時にソウルに移動したが、その後、家族全員がソウルへ引っ越して同居するようになった。きょうだい関係については、5人とも長男であった。

父親の年齢は、53歳～64歳であり、学歴は、1人が高校、1人が短大、2人が大学、1人が大学院（修士）であった。現在の就労状況については、5人のうち2人が正規、3人が自営であると答えており、年収は、5人のうち1人が定期的な収入を得ておらず、3人が2千万～3千万ウォン未満、1人が7千万～8千万ウォン未満であった。一方、母親の場合、年齢は、48歳～58歳で、学歴は、1人が中学、2人が高校、1人が短大、1人が大学であり、父親よりやや学歴が低い。就労状況については、5人のうち2人が専業主婦、1人が正規、1人が自営、1人がパート・アルバイトであった。年収は、専業主婦である2人は記入しておらず、5人のうち3人は1千万～2千万ウォン未満であった。母親は、就業形態に関係なく、全体的に年収が低い傾向が

52

[表3－4] 調査対象者（息子家族）の基本属性（調査Ⅱ）

区分	名前	年齢*	兵役	学歴
A家族	A	33歳	終了	大学院 （博士）
	Aの父親	63歳	－	大学院 （修士）
	Aの母親	58歳	－	短大
B家族	B	32歳	終了	大学院 （修士在学中）
	Bの父親	62歳	－	高校
	Bの母親	54歳	－	中学
C家族	C	31歳	終了	大学
	Cの父親	64歳	－	大学
	Cの母親	54歳	－	高校
D家族	D	28歳	終了	短大
	Dの父親	54歳	－	短大
	Dの母親	48歳	－	高校
E家族	E	22歳	終了	大学 （休学中）
	Eの父親	53歳	－	大学
	Eの母親	49歳	－	大学

* 年齢は、調査実施時の年齢である。韓国では通常「数え年」を使用しているため、語りの中では
表の記載より1歳多い場合がある。

就労状況（職種）	年収 （単位：ウォン）	きょうだい 関係（年齢） 婚姻・居住状況	居住地
パート・アルバイト →正規（研究所研究員内定）	1千万未満	妹（30歳） 未婚・同居	ソウル
正規（軍人）→正規（会社員） →退職後、自営（不動産）	7千万～8千万未満		
専業主婦	－		
パート・アルバイト	1千万未満	妹（29歳） 既婚・別居	ソウル
自営（建築）	不定期	妹（27歳） 未婚・同居	
パート・アルバイト（美容師）	1千万～2千万未満		
自営（塾経営）	5千万～6千万未満	妹（29歳） 既婚・別居	京畿道
正規（会社員）	2千万～3千万未満		
自営（不動産）→専業主婦	－		
正規（会社員）	5千万～6千万未満	妹（26歳） 未婚・同居	ソウル
自営（販売）	2千万～3千万未満**		
自営（販売）	1千万～2千万未満	弟（21歳） 未婚・同居	
パート・アルバイト	1千万未満	妹（20歳） 未婚・同居	京畿道
正規（会社員）	2千万～3千万未満		
正規（販売）	1千万～2千万未満		

** D家族の場合、夫婦2人で家族経営を行っているが、年収について父親は2千万～3千万ウォン未満、母親は1千万～2千万ウォン未満と回答している。

54

見られた。

2.3.2. 娘家族の場合

　調査Ⅱの対象者のうち、娘とその父親、母親の基本属性は［表3－5］に記載した通りである。まず娘の場合、年齢は26歳～30歳であり、学歴は5人のうち2人が短大（3年制）、2人が大学、1人が大学院（修士）であった。

　就労状況は、5人のうち3人が正規であり、2人はパート・アルバイトの仕事をしながら就職活動を行っていた。正規職についている3人のうち、2人の年収は2千万～3千万ウォン未満であったが、もう1人はインタビューを行った時点で、正規職の就職が決まったばかりだったため、年収を1千万～2千万ウォン未満であると回答していた。パート・アルバイトの仕事をしている2人は1千万ウォン未満であった。

　居住地については、5人のうち4人がソウルや京畿道で生まれて育ったが、Hの場合、小学校の時に家族全員が地方から京畿道に移動した後、数回ほど地域移動を経験している。離家経験について、Gの場合、地方にある全寮制大学であったため、4年間、親元を離れて暮らした。その他、F、H、Ｉも、語学研修、ワーキングホリデー、下宿などで半年～1年間の離家経験がある。現在は、全員とも実家で生活しながらソウル近郊で働いていた（もしくは、就職活動をしていた）。きょうだい関係については、5人のうち2人が長女であった。また、5人のうち3人が女きょうだいのみの家庭であり、2人が男きょうだいのいる家庭であった。

　次に、父親の場合、年齢は55歳～66歳で、学歴は3人が高校、2人が大学であり、息子の父親と比べて学歴がやや低い。就労形態については、5人のうち3人が正規、2人が自営であり、年収は、就労形態に関係なくそれぞれ1千万ウォン未満、3千万～4千万ウォン未満、4千万～5千万ウォン未満、5千万～6千万ウォン未満、7千万～8千万ウォン未満と多様であった。一方、母親の場合、年齢は、51歳～60歳で、学歴は、5人のうち3人が中学、

第3章　研究課題と調査概要　55

1人が高校、1人が大学であり、父親同様に母親においても息子の母親と比べて学歴がやや低い傾向が見られた。就労状況および年収については、5人のうち3人が専業主婦であるため収入を得ておらず、正規職である1人が1千万〜2千万ウォン未満、1人が夫婦で自営を行っており夫婦合計で5千万〜6千万ウォン未満であった。

2.4. 調査対象者の親子関係
2.4.1. 息子家族の場合

　調査Ⅱでは、息子とその父親、母親それぞれに親子の会話の頻度、親子関係の良好さ、生活費の負担、家事分担、生活水準といった親子関係および生活状況に関する質問を行った。その内容については、［表3 - 6］、［表3 - 7］にまとめた。

　まず、親子の会話について、「とてもよくする」、「よくする」、「普通」、「あまりしない」、「全くしない」、「分からない」の6項目から選択してもらった。息子の場合、父親との会話について、5人のうち1人が「よくする」、2人が「普通」、2人が「あまりしない」と答えた。一方、母親との会話については、5人のうち1人が「とてもよくする」、2人が「よくする」、2人が「普通」と答えており、父親よりも母親と会話をよくする傾向が見られた。息子との会話について、父親の場合、5人のうち1人が「とてもよくする」、2人が「よくする」、2人が「普通」と答え、母親の場合、5人のうち3人が「とてもよくする」、1人が「よくする」、1人が「普通」と答えており、息子よりも父親・母親の方が親子の会話の頻度が多いと認識していた。

　次に、親子関係の良好さについて、「とても良い」、「良い」、「普通」、「あまり良くない」、「非常に良くない」、「分からない」の6項目から選択してもらった。息子の場合、父子関係について、5人のうち3人が「良い」、2人が「普通」と答えたのに対して、母子関係については、全員が「良い」と答えており、父子関係より母子関係が良好であると認識していた。一方、親子

[表 3 − 5] 調査対象者（娘家族）の基本属性（調査Ⅱ）

区分	名前	年齢*	学歴
F家族	F	27歳	大学院（修士）
	Fの父親	56歳	大学
	Fの母親	56歳	大学
G家族	G	26歳	大学
	Gの父親	61歳	高校
	Gの母親	58歳	高校
H家族	H	30歳	短大（3年制）
	Hの父親	62歳	高校
	Hの母親	60歳	中学
I家族	I	27歳	大学
	Iの父親	55歳	高校
	Iの母親	51歳	中学
J家族	J	30歳	短大（3年制）
	Jの父親	66歳	大学
	Jの母親	60歳	中学

* 年齢は、調査実施時の年齢である。韓国では通常「数え年」を使用しているため、語りの中では表の記載より1歳多い場合がある。

第3章　研究課題と調査概要　57

就労状況（職種）	年収 （単位：ウォン）	きょうだい 関係（年齢） 婚姻・居住状況	居住地
パート・アルバイト	1千万未満	妹（17歳） 未婚・同居	ソウル
自営（流通）	5千万～6千万未満**		
自営（事務）			
正規（公務員）	1千万～2千万未満	姉（33歳） 既婚・別居	京畿道
正規（会社員）	4千万～5千万未満		
正規（看護師）	1千万～2千万未満	弟（24歳） 未婚・同居	
正規（看護師） →正規（医療コーディネーター）	2千万～3千万未満	姉（36歳） 既婚・別居	京畿道
自営（農業）→正規（警備員）	1千万未満	兄（34歳） 既婚・別居	
自営（農業）→契約（生産） →専業主婦	—	妹（27歳） 未婚・同居	
正規（事務） →パート・アルバイト	1千万未満	妹（25歳） 未婚・同居	京畿道
正規（会社員）	7千万～8千万未満		
専業主婦	—		
契約（看護師）→契約（看護師） →正規（看護師）	2千万～3千万未満	姉（36歳） 未婚・別居	ソウル
正規（教員） →退職後、自営（不動産）	3千万～4千万未満	姉（33歳） 既婚・別居	
専業主婦	—		

** F家族の場合、夫婦2人で家族経営を行っているため、年収は2人で合わせた金額である。

58

[表3-6] 息子から見た親子関係（調査Ⅱ）

名前	父親との会話	母親との会話	父子関係	母子関係	生活費の負担	家事分担	生活水準
A	あまりしない	とてもよくする	普通	良い	親が主に負担、子どもが少し負担	親が全部担当	中
B	普通	普通	良い	良い	―	親が全部担当	中の下
C	よくする	よくする	良い	良い	親が全額負担	親が全部担当	中
D	普通	普通	良い	良い	親が全額負担	親が主に担当、子どもが少し手伝う	中
E	あまりしない	よくする	普通	良い	親が全額負担	親子が半分ずつ分担	中

　関係について、父親の場合、5人のうち2人が「とても良い」、1人が「良い」、2人が「普通」と答え、母親の場合、1人が「とても良い」、3人が「良い」、1人が「普通」と答えていた。父親の方が息子より親子関係を良好であると認識しているのに対して、母親の回答にはばらつきが見られた。

　また、生活費の負担について、「親が全額負担」、「親が主に負担、子どもが少し負担」、「親子が半分ずつ負担」、「子どもが主に負担、親が少し負担」、「子どもが全額負担」、「その他」の6項目から選択してもらった。息子の場合、収入の高低に関係なく、5人のうち3人が「親が全額負担」、1人が「親が主に負担、子どもが少し負担」と答えていた（1人は無回答）。一方、父親の場合、5人のうち3人が「親が全額負担」、1人が「親子が半分ずつ負担」と答えており（1人は無回答）、母親の場合、5人のうち4人が「親が全額負担」、1人が「親子が半分ずつ負担」と答えていた。

　さらに、家事分担について、「親が全部担当」、「親が主に担当、子どもが少し手伝う」、「親子が半分ずつ分担」、「子どもが主に担当、親が少し手伝う」、「子どもが全部担当」、「その他」の6項目から答えてもらった。家事分

第3章　研究課題と調査概要　59

［表3－7］息子の親から見た親子関係（調査Ⅱ）

	名前	息子との会話	親子関係	生活費の負担	家事分担	生活水準
父親	Aの父親	よくする	とても良い	—	—	中の上
	Bの父親	よくする	良い	親子が半分ずつ負担	親が主に担当、子どもが少し手伝う	中
	Cの父親	とてもよくする	とても良い	親が全額負担	親が全部担当	中の上
	Dの父親	普通	普通	親が全額負担	親が全部担当	中の上
	Eの父親	普通	普通	親が全額負担	親が主に担当、子どもが少し手伝う	中
母親	Aの母親	とてもよくする	良い	親が全額負担	親が全部担当	中
	Bの母親	よくする	良い	親子が半分ずつ負担	親が全部担当	中
	Cの母親	とてもよくする	とても良い	親が全額負担	親が全部担当	中の上
	Dの母親	普通	普通	親が全額負担	親が全部担当	中
	Eの母親	とてもよくする	良い	親が全額負担	親が主に担当、子どもが少し手伝う	中

担について、息子の場合、5人のうち3人が「親が全部担当」、1人が「親が主に担当、子どもが少し手伝う」、1人が「親子が半分ずつ分担」と答えていた。一方、父親の場合、5人のうち2人が「親が全部担当」、2人が「親が主に担当、子どもが少し手伝う」と回答しており（1人は無回答）、母親の場合、5人のうち4人が「親が全部担当」、1人が「親が主に担当、子どもが少し手伝う」と答えていた。この結果から、対象者の息子の場合、生活に関する経済的なサポートや身の回りの世話を受けやすい状況にいることがうかがえる。

60

　最後に、生活水準について、「上」、「中の上」、「中」、「中の下」、「下」の
５項目から選んでもらった。自分の生活水準について、息子の場合、５人の
うち４人が「中」、１人が「中の下」と答えていたのに対して、父親の場合、
５人のうち３人が「中の上」２人が「中」と、母親の場合、５人のうち１人
が「中の上」、４人が「中」と答えていた。生活水準においては、息子は父
親・母親より生活水準がやや低いと認識しており、また母親は父親よりも生
活水準が低いと考える傾向が見られた。

2.4.2. 娘家族の場合

　娘の家族においても、娘、父親、母親それぞれに親子の会話の頻度、親子
関係の良好さ、生活費の負担、家事分担、生活水準の５つの項目について質
問を行った。その内容については、［表３－８］、［表３－９］にまとめた。
　まず、父親との会話について、娘は、５人のうち１人ずつが「とてもよく
する」、「よくする」、「普通」と答え、２人が「あまりしない」と回答した。
一方、母親との会話については、５人のうち２人が「とてもよくする」、３
人が「よくする」と答えており、息子同様に娘の場合も父親より母親と会話
をよくしていると認識していた。次に、娘との会話について、父親の場合、
５人のうち２人が「よくする」、２人が「普通」、１人が「あまりしない」と、
母親の場合、５人のうち４人が「よくする」、１人が「普通」と答えており、
親側においても父親より母親の方が娘との会話頻度が高いと認識していた。
一方、父親は、娘より会話の頻度をやや高く認識していたのに対して、母親
は、娘より会話頻度をやや低く認識していた。
　また、親子関係の良好さについて、娘の場合、父子関係について、５人の
うち１人が「とても良い」、３人が「良い」、１人が「普通」と答えているの
に対して、母子関係については、５人のうち２人が「とても良い」、３人が
「良い」と答えていた。一方、父親の場合、５人のうち１人が「とても良い」、
３人が「良い」、１人が「普通」と、母親の場合、５人のうち４人が「とて

[表 3 − 8] 娘から見た親子関係 （調査Ⅱ）

名前	父親との会話	母親との会話	父子関係	母子関係	生活費の負担	家事分担	生活水準
F	普通	よくする	普通	とても良い	親が全額負担	親が主に担当、子どもが少し手伝う	中の上
G	よくする	とてもよくする	良い	良い	親が全額負担	親が主に担当、子どもが少し手伝う	中の上
H	あまりしない	よくする	良い	良い	親が全額負担	親が主に担当、子どもが少し手伝う	中
I	とてもよくする	とてもよくする	とても良い	とても良い	親が全額負担	親が主に担当、子どもが少し手伝う	中
J	あまりしない	よくする	良い	良い	親が全額負担	親が主に担当、子どもが少し手伝う	中

も良い」、1 人が「良い」と答えていた。つまり、父親より母親の方が親子関係について良好であると認識している傾向が見られた。

　次に、生活費の負担については、収入の高低に関係なく、娘、父親、母親の全員が「親が全額負担」と答えていた。また、家事分担についても、Gの父親のみ「親が全部担当」と答えた以外、娘、父親、母親の全員が「親が主に担当、子どもが少し手伝う」と回答していた。これより対象者の娘の場合、息子より親から生活面における経済的サポートを受けやすい一方、家事分担では息子より手伝う部分が多い状況がうかがえる。

　最後に、生活水準については、娘の場合、5 人のうち 2 人が「中の上」、3 人が「中」と答えており、父親と母親は、どちらも 5 人のうち 1 人が「中の上」、3 人が「中」、1 人が「中の下」と答えていた。生活水準に関しては、娘の方が父親・母親より生活水準がやや高いと認識している傾向が見られた。

[表3−9] 娘の親から見た親子関係（調査Ⅱ）

	名前	娘との会話	親子関係	生活費の負担	家事分担	生活水準
父親	Fの父親	あまりしない	普通	親が全額負担	親が主に担当、子どもが少し手伝う	中の上
	Gの父親	よくする	とても良い	親が全額負担	親が全部担当	中
	Hの父親	普通	良い	親が全額負担	親が主に担当、子どもが少し手伝う	中の下
	Ⅰの父親	よくする	良い	親が全額負担	親が主に担当、子どもが少し手伝う	中
	Jの父親	普通	良い	親が全額負担	親が主に担当、子どもが少し手伝う	中
母親	Fの母親	よくする	とても良い	親が全額負担	親が主に担当、子どもが少し手伝う	中の上
	Gの母親	よくする	とても良い	親が全額負担	親が主に担当、子どもが少し手伝う	中
	Hの母親	普通	良い	親が全額負担	親が主に担当、子どもが少し手伝う	中の下
	Ⅰの母親	よくする	とても良い	親が全額負担	親が主に担当、子どもが少し手伝う	中
	Jの母親	よくする	とても良い	親が全額負担	親が主に担当、子どもが少し手伝う	中

第4章　成人移行期における若者の自立意識

　本章では、韓国の若者が成人移行期で経験する様々なライフイベントを通じて、自立をどのように認識しているのかについて探索的な検討を行う。若者の自立に関する従来の研究（Hoffman 1984；Goldscheider and Davanzo 1986；Aronson et al. 1996）では、「就職＝経済的自立」、「自己決定＝精神的自立」、「離家・結婚＝生活的自立」というように、研究者が成人移行期におけるライフイベントとそれぞれの自立を組み合せて、各自立の度合いについて分析するのが一般的であった。しかし近年の若者が認識する自立は、ライフコースの多様化によってより複雑になっており、その基準も複雑化している。それゆえ、研究者があらかじめ設定した基準で若者の自立を分析するだけでは、若者が実際に認識する自立とズレが生じる可能性があり、彼らが自立について抱える問題を明確に理解することには限界があると考えられる。そこで本章では、成人移行期のライフイベントと若者自身が認識する自立との関連を検討することで、今日の若者が抱えている自立の困難についての理解を深めることを目指す。

　本章の分析は、調査Ⅰの FGI（「親同居男性グループ」、「親別居男性グループ」、「親同居女性グループ」、「親別居女性グループ」の4グループ）によって得られたデータに基づいている。分析で引用される語りでは、必要に応じて「（括弧）」で補足を行い、省略を「（略）」で、沈黙を「…」で示した。そして、引用された語りがどのグループであるか分かるように、語りの末尾に【グループ名】を付記した。

第1節　成人移行期のライフイベントと若者の自立意識

　調査Ⅰでは、すべてのグループに共通して、成人移行期における重要な自立の要素として、「就職」、「離家」、「結婚」という３つのライフイベント項目と「自己決定」という行為項目が抽出された。そして、これらのカテゴリーは、「経済的自立」、「精神的自立」、「生活的自立」といった３つの自立概念を中心に議論が行われていた。そこで、「就職」、「離家」、「結婚」、「自己決定」の４つのカテゴリーを軸に自立内容を分類した結果、親子の居住状況よりも性別による差がより明確に現れた。よって、以下の論述は、各カテゴリーの内容について、男女差に留意しながら述べていく。

　グループ別の特徴を見ると、「親同居男性グループ」では、全員が正規職として勤めており、就職による経済的自立に関する話題よりも、就職を通じた社会的地位の獲得や他の自立への発展について語られる傾向が見られた。また、離家については、重要な論点としては扱われておらず、むしろ、結婚や親子関係の葛藤に関する話題が対象者同士の大きな共感を得ていた。

　次に、「親別居男性グループ」では、対象者の中に正規の就職をしている者がいない状況であったため、就職による経済的自立が中心的な内容になった。また、対象者同士が親に対する孝規範と自己決定との関連についても積極的に議論を行っていた。しかし、結婚に関しては、経済面での負担については述べられていたものの、対象者同士の体験などの具体的な言及は行われなかった。

　また、「親同居女性グループ」では、就職と経済的自立の範囲、自己決定と精神的自立の範囲を中心に話題が活発に展開された。特に、自己決定における親の影響力については、対象者間で異なる見解が見られた。一方、離家や結婚については、具体的な事例ではなく抽象的な話にとどまっていた。

　最後に、「親別居女性グループ」の場合、全員が実家から離れた地域に就

職した理由で離家をしている状況から、就職による経済的自立と離家による生活面での自立を中心に議論が行われた。特に、「親別居男性グループ」と比べて、離家による親子関係の変化や葛藤により敏感に反応しており、親との情緒的つながりをめぐる悩みについて語る様子が見られた。また、厳しい就職状況を乗り越えた経験から、就職における社会構造の問題について議論を進めていた。

1. 就職

4つのグループに共通して、成人移行期の自立におけるもっとも重要なライフイベントだと考えられていたのは、就職であった。彼・彼女らにとって就職とは、収入を得ることで獲得できる経済的自立のみならず、自己決定を行うことで得られる精神的自立を可能にするものであり、加えて離家や結婚の基盤になるという点で生活的自立にまで影響を与えているものであると認識されていた。一方、「親同居女性グループ」の中では、現在の就職困難という社会状況に対する不安も語られていた。

1.1. 就職による経済的自立の達成
1.1.1. 収入の獲得と親子の経済分離

多くの対象者は、自立においてもっとも重要なライフイベントとして、経済的自立が達成できる就職をあげていた。そして、彼・彼女らが考える経済的自立とは、単に「収入を得る」という意味だけではなく、「親から経済的に分離する」ことで自立につながると認識されていた。次は、就職についての対象者の語りである。

　f：一般的に大学生活をしても、軍隊に入っても、家族からの金銭的な援助は避けられないと思うんですよ。（略）だから、職業を持つということが自分の中で本当の自立を形成するのではないかと思います。【親別居男性】

ａ：やはりお金が、自ら生きるのに多くの影響を与えるので。たくさん稼ぐということより、ある程度、自ら生活ができる程度の経済的な余裕があるという、（略）もう親の手を借りなくても１人で立てるという。【親同居男性】

ｎ：職業を持つことで、経済的な自立、ちょっと自立ができたと思います。その前は、親に小遣いをずっともらっていたんですよ。（教員採用試験のために）勉強する間は。だけど今は一切ないです。もうすべて（自分で）払っているんですよ。ご飯を食べること、生活費の一切、そういったもののすべてを。【親別居女性】

ｋ：経済的自立。具体的には、親からお小遣いをもらって支出するのではなく、自分で稼いで、自分で小遣いを使って、まぁ、親にお小遣いをあげるとか、そういったような自立。【親同居女性】

　彼・彼女らは、経済的自立について、「自分で小遣いを使って」いる程度から、「生活費の一切、そういったものすべてを」「（自分で）払っている」状態まで、その範囲は様々であったが、就職することで経済力を獲得し、「家族からの金銭的な援助」を減らせることを期待していた。つまり、就職というライフイベントは、親子の経済分離を通じた経済的自立を意味していたのである。また、男性対象者のみならず、女性対象者においても、こうした就職による経済的自立が述べられており、経済面における自立意識の男女の相違は大きく見られなかった。

1.1.2. 親子の経済分離の範囲における男女差
　一方、親からの経済分離の範囲においては、対象者によって様々な見解が述べられており、特に、男女による差が大きく現われた。まず、男性対象者では、親子が対等な経済関係にあるか、もしくは親子の援助関係が逆転している状態を、経済的自立として認識する傾向が見られた。次は、ａの語りである。

第 4 章　成人移行期における若者の自立意識　67

　a：（自分の収入で）買いたいものも買えるし、食べたいものも食べられるし、そして、まぁ、ある程度の文化的な欲求も充足しているけど、それは、私が支出しているもっと大きな経済生活の一部であって、（略）それを両親がサポートをしてくれているので、まだ、そうだ（＝経済的に自立している）とは思いません。【親同居男性】

　この語りでは、就職して、「買いたいもの」、「食べたいもの」、「文化的な欲求」といった身の回りにかかる費用を自らの収入でまかなっているが、「私が支出しているもっと大きな経済生活」（たとえば、家賃、車代など）を「両親がサポートをしてくれている」状況であるため、経済的に自立しているとは言えないと述べられていた。ここで言う経済的自立とは、少なくとも親子の経済的関係が対等であることを意味しているのである。
　さらに、男性対象者の中では、親子の対等な経済関係を超えて、経済的な援助関係が逆転する状態を経済的自立として考えている語りも見られた。次は、ｂとｇの語りである。

　b：1 年半前までは学生だったので、お小遣いをもらって、すべてが母親のお金だったけど、今は自分でお金を稼いでいて、自分で（親に）お金をあげているので、それを考えると自立していると思います。【親同居男性】

　g：親はいつか歳を取ると、仕事から引退するようになるでしょう。だから、時期に差はあるけど、どうせ経済的自立はしなければならない状況になるんですよ。（親を）扶養するようになるから。【親別居男性】

　母親と 2 人で暮らしているｂの場合、自分が支出する「すべてが母親のお金」であった状態から、「（親に）お金をあげている」状態へと親子の経済関係が逆転したことで、経済的に自立したと認識していた。また、ｇの語りにおける経済的自立は、「（親を）扶養するようになる」という意味が含まれていることが読みとれる。この「経済的自立＝親への扶養」という認識は、韓

国社会における家族主義的な側面から理解することができる。つまり、彼らが経済的自立に対して、自分の身の回りの生活に限定せず、親の経済的状況までその範囲を広げていることは、自らの自立を個人の問題ではなく、家族の問題として認識しているためだと考えられる。また、このような経済面における親への扶養が男性対象者を中心に語られているのは、親への扶養が男性（特に、長男）に強く義務づけられていることが背景にあると考えられる。

　一方、女性対象者の場合、男性対象者に比べて親子の経済分離の範囲がやや曖昧な傾向が見られた。さらに、男性対象者では経済的な自立として認識されていた「（親に）お金をあげる」という行為が、女性対象者では逆に経済的に自立していないという根拠として表明されていたのである。次は、「親同居女性グループ」のｌとｍの会話である。

　　ｌ：反対に、親をサポートする場合を、自立していると言えるかな。私が親からサポートしてもらっていれば自立ではないけど、私が親をサポートしなければならない立場を、自立とは必ずしも言えないんじゃないかな。（略）（お金を）自分のために使えなくて、結局は家族を扶養しなければならないから。ある意味では（親に）従属して、責任感（を負う）という。【親同居女性】

　　ｍ：うん…、私も初めて就職して、最初の年は、嬉しい気持ちで親に給料の半分以上をあげたけど、ずっと続いたら、あ、自分が１ヶ月間一所懸命に働いたから、自分で全部使いたいのに、「あげなければならない」という義務感が生まれたら（略）まるで当たり前のように（お金を）あげなければならないことになったら、自分の親であるにもかかわらず、悔しい気持ちもあって、「これはちょっと違う」という感じもして、何か取られる気もして。だけど、（略）「自分が親からしてもらったことは、測れないぐらいなのに、たったこれぐらいで」という気持ちもある。その２つの相反する気持ちがずっと共存している。【親同居女性】

　ｌは、「親をサポートしなければならない」状況について、「（親に）従属して、責任感（を負う）」ことであり、「自立とは必ずしも言えない」と認識

していた。つまり、彼女にとって経済的自立は、親子が経済的に分離した状況であるが、親子の経済関係が逆転する「家族を扶養しなければならない」状態は、親子の経済分離が達成できていないと理解されていたのである。また、lの語りに同意していたmは、同居している親に定期的にお金を入れる行為への違和感を、「悔しい気持ち」、お金を「取られる気もして」という言葉で表現していた。これは彼女が、親にお金をあげる行為を、「生活費の支払い」ではなく「親への扶養」として認識することで、経済的自立の範囲を超える行為として解釈しているのだとも考えられる。さらに、7年前から親と別居しており、すでに生活面における親子の経済関係が分離しているoも、次のように親子の経済分離の範囲に対する葛藤を語っていた。

> o：昔は（収入が）不安定だったけど、今は安定しているので、何か親にしてあげなければならないという気がして、親もそれを望んでいるんじゃないかと思って…。（略）心の中で、そういった負担が（就職してから）もっと大きくなったと思います。何かをしてあげなければならないという負担が。（略）ある意味では恩返しになるけど、違う意味では重荷になるのだと思います。【親別居女性】

oは、就職して安定的な収入を得ることで、「何か親にしてあげなければならない」気持ちが強くなったが、その行為に対して「恩返し」という気持ちと「重荷」という感情の間で葛藤を抱えていた。oの場合においても、親への金銭的な扶養を「負担」として認識していることが分かる。

　以上の事例から、女性対象者が就職を通じて達成するものと期待している経済的自立は、自分の身の回りの生活に限定されたものであり、親への経済的サポートまでは含まれていないと考えられる。このような女性対象者における「経済的自立≠親への扶養」という考えから、経済的自立に対する認識の範囲が男女によって異なっている可能性が提示できる。つまり男性の場合、経済的自立を家族の問題として認識しているのに対して、女性の場合は、自

70

らの経済的自立は個人の問題であると認識しているとも考えられる。

　かつての韓国社会では、親への経済的扶養に対する社会的な規範は男性に偏っており、女性に対する経済的自立への義務は強くなかった。しかし、女性の就職機会が徐々に増え、彼女たちが経済力を身につけるようになり、女性の経済的自立と親への経済的扶養をめぐって葛藤が生じるようになったと考えることができる。

1.2. 経済的自立による他の自立の獲得
1.2.1. 自分の人生に対する自己決定

　対象者の多くは、就職による経済力の獲得は、親からの経済的自立を可能にするだけではなく、他の自立の達成にもつながるため、非常に重要であると述べていた。その中でも、もっとも大きな影響を与えているのが、自分の人生に対する自己決定への認識であった。つまり彼・彼女らは、就職をすることで社会的地位を獲得し、親から経済的に分離するようになるにつれて、自分の人生に対する自己決定が可能になると考えていたのである。そして自己決定という行為は、親からの精神的な自立を判断する基準になっていた。以下は、経済的自立と自己決定についてのｏ、ｍ、ｈの語りである。

　　ｏ：経済的に自立すると（親から）精神的に離れると思います。自分のお金を自ら稼いで使うようになると、親から言葉通りに「自分の決定権」が大きくなるから、ちょっとずつ「もう自分の人生は自分のものだ」と。【親別居女性】

　　ｍ：働く生活をしてから、もう本当に重要なことじゃない限り、自分からは親と相談しなくなった。だから、相談しないことで、自分が自立しているんだと深く感じたのかな。昔だったら何か小さいことでも、母親に「これをやるべきか、あれをやるべきか」と聞いたりしたので。【親同居女性】

　　ｈ：経済的に早く自立した人は、（略）重要な家族の問題において父親や母親の

意見に引っ張られません。絶対に。自分が引っ張っていく立場であって、そして
父親や母親が（子どもに）ついていく立場で。（略）私がどの程度の経済力を持
っているのか、それが（自立の）一番の大きな要因だと思います。【親別居男性】

　対象者たちは、親子が金銭的に分離することで、「自分の決定権」が大き
くなり、「もう自分の人生は自分のものだ」という考えから「本当に重要な
ことじゃない限り、自分からは親と相談しなくなった」と、経済的自立によ
る自己決定の獲得を説明していた。そして、まだ就職を果たしていないｈも、
経済力を獲得することで、親を「自分が引っ張っていく立場」になることを
期待していた。つまり、就職というライフイベントの達成は、経済的自立の
みならず、自己決定を求める認識にも影響を与えることで、精神的自立につ
ながっているのだと考えられる。

1.2.2.　社会生活の運営能力の獲得（男性）

　一方、男性対象者を中心に経済的自立による他の自立への発展について語
られたのは、社会生活を運営できる能力の獲得であった。つまり彼らは、就
職して経済力を獲得することで、身の回りのことを適切に処理できるように
なったことを意識していた。次は、経済的自立と社会生活についての男性対
象者の語りである。

　　ｃ：自立というと、お金がもっとも重要な部分ですが、それによって自ら社会生
　活ができる能力を得られることが本当の自立じゃないかと思います。例えば、
　（略）人とつきあったり（略）人を集められるようになるとか…。【親同居男性】

　　ｈ：（経済的に）自立している人が、自分の人生についてしっかりしている気も
　して…。（略）経験やノウハウから、問題にぶつかった時、状況を解決していく
　方法もよりよく知っているし、迷ってもその時間を最小限にできるんですよ。
　【親別居男性】

ａ：お金を稼ぐ能力があると、自分で結婚もできるし、社会生活の全般が（可能になる）…。だから自らある程度の収入を得る能力のあることが自立だと思います。【親同居男性】

彼らが語る「社会生活ができる能力」とは、人間関係の維持と管理といった日常生活での管理能力、問題にぶつかった時にそれを解決する「経験やノウハウ」といった対処能力というように、人生を生きる様々な場面における行動力や判断力を意味していた。つまり彼らは、今までは親に頼っていた様々な判断や選択に対して、経済的に自立することで自らが行為の主体であることを認識するようになると考えられる。さらに経済力を獲得することで、「自分で結婚もできる」というように、次のライフイベントに進める機会にもつながっていることが想定されていた。これは、自分の人生を自らの能力や意思で設計できるという意味では、広い範囲の運営能力の獲得として理解することができる。

1.3. 就職困難による経済的自立への不安（女性）

「親別居女性グループ」では、対象者の３人とも大学を卒業した後、大学院に進学したり、塾の講師として働きながら長年にわたって教員採用試験の勉強を続けており、インタビューを行った年に中学校教師として採用されていた。それゆえ、就職について語る際は、韓国社会における就職困難の問題を中心に議論が展開されていた。彼女らは、近年の若者の就職問題の原因について、就職枠の減少、大学卒者の増加、大学院進学による就職時期の遅れ、求職者の公務員採用試験への集中による悪循環などを挙げていた。以下は、「親別居女性グループ」の会話である。

ｐ：昔に比べて（働く）人がいらなくなったのに、大学を卒業する人はもっと多くなったじゃないですか。誰もがホワイトカラーになるのを望んでいるけど、

第4章　成人移行期における若者の自立意識　73

（略）ホテル勤めや会計士とか、それぐらいはなりたいと思っているけど、たとえば地方にある大学を出たとか、首都圏にある4年制大学を出たとしても、そのような職業は、事実上、みんながなりたいと思う職業であっても、それに就くことはできないと思います。【親別居女性】

o：（大学）4年生になっても、行く（＝働く）ところがないから、逃避の場所として大学院に行かなければならないし、（略）語学研修も必修のようにみんな行くから、だから自然と卒業も遅くなるし、（略）最近は、大学を卒業していない人はいないじゃないですか。大学院を出ても…、大学院を出た人も多いですよね。博士も多いし、最近は。（略）そうすると、また、みんな公務員試験を準備したりして…。【親別居女性】

p：そう、仕方なく公務員試験の勉強をしなければならなかったりするんですよね。【親別居女性】

n：それで、会社もどんどん倒産したりするから。昔は一度（会社に）入ると、ずっと（同じ会社に）いたじゃないですか。だけど、最近はすぐクビになるんですよ。だから就職しても、また公務員試験の勉強をするんですよ。（略）（倍率が）何百対1だとか言われていても、みんな（公務員に）なろうとするから、もっと、もっと（就職は）厳しい状況になるに違いないと思います。【親別居女性】

　上記の語りでは、まず、仕事の口が減っているにも関わらず、大学卒業者は年々増加しているため、大卒という資格だけでは希望する職業を獲得できなくなったことが指摘されている。また、「逃避の場所」として大学院に進学することで就職時期を遅らせても、大学院修了者が増加しているため、学歴や希望に見合った仕事を得ることはさらに難しくなっている。しかも、就職しても「最近はすぐクビになる」ために、安定した職業であると思われる公務員を希望する傾向が強くなっているが、公務員試験の勉強をする者も急増しているため、「もっと（就職は）厳しい状況になる」という現実に直面せざるを得ない。つまり、ここでは大学や大学院を卒業しても就職できない現

実を突破するための「公務員試験」という選択が、さらに就職できない状態を長引かせてしまう悪循環に陥る結果になっているという、現代韓国の若者の現実が浮かび上がっている。しかし、そのような状況を認識しながら、それでもなお教員採用試験の勉強をしていた対象者らは、その理由について次のように語っていた。

　　o：塾の先生は、悪くはないけど、とても不安定ですよね。それに塾の先生は、塾長に気にいられなかったら、いつでもクビになるし。（略）ずっとこんな生活をしなければならないかという思いがあって。【親別居女性】

　　n：塾の先生を悪く言うわけではないけど、不安定じゃないですか。とても不安でしたので…。教師になると、私の経済的な、何か安定を保証してくれると思って。【親別居女性】

　oとnは、契約社員として働いていた塾の講師の経験について「不安定」であったと述べていた。すなわち、経済不況による職業への不安が高まる中で、彼女たちは「経済的な、何か安定を保証してくれる」と思われる職業を目指さざるを得ない状況におかれていたのである。このような職業に対する不安は、「親同居女性グループ」のｌの次の語りにも現れている。

　　ｌ：私が持っている不安は、経済的なことが一番大きいです。（略）安定した仕事だと思っていた職場がつぶれたり、あるいは結局クビになって、職業を仕方なく変えなければならなくなったり。また、ある場合は、お金を取られたりして。（略）昔に比べてはるかに安定を感じられなくなっているんです。【親同居女性】

　以上のように、FGIでは、就職困難と経済的自立への不安について、男性対象者よりも女性対象者の方から多く語られていた。その理由は、韓国の経済不況という状況の中で、男性よりも女性の方が、より厳しい就職困難を経

験しているからだと考えられる。また、就職を果たしたとしても、女性の雇用形態が男性より不安定であるため、経済的な不安をより敏感に感じやすいことも言えるだろう。一方で、全員が正規職に就いていない「親別居男性グループ」の場合、男性に課せられた経済面における規範から、むしろ経済的に自立できていない自分の現実を言語化することができなかった可能性も考えられる。

2．離家

　FGIでは、「現在、親と同居しているか、別居しているか」という親子の居住状況によってグループを分けていたが、過去の離家経験の有無が現在の親子の居住状況に反映される結果となっていた。つまり、「親別居男性グループ」の場合、ソウルや首都圏にある大学に進学するために、早い時期に地方から出てきた対象者が多く、結果として親との別居期間も長かった。それに対して、「親同居男性グループ」の場合、軍入隊を除いて、継続して親元で暮らしている対象者が多かった。また、「親別居女性グループ」の場合、3人中2人が、親との別居と同居を繰り返しており、親元を離れて暮らした期間も長かった。一方、「親同居女性グループ」では、対象者全員が親元からの離家を経験していなかった。

　ところが、離家に対する自立意識をグループごとに分析した結果、親との居住状況による大きな意識の相違は見られなかった。4グループの対象者は、離家による生活的自立を達成すべき重要な自立として認識しており、特に、男性の場合、軍入隊による離家経験が精神的自立を自覚するようになった重要なきっかけであったと語っていた。その一方で、若者が結婚するまでは親と同居するのが一般的である韓国の慣習や、実際に離家することが困難である韓国社会の構造的問題について指摘する意見も見られた。

2.1. 離家による生活的・精神的自立の達成

2.1.1. 親子の生活分離

　対象者の多くは、就職による経済的自立、自己決定、社会生活の運営能力の獲得のみならず、離家からなる生活的自立についても意識していた。特に、親と別居している対象者の場合、実際に一人暮らしをしながら、身の回りの家事や生活に関わることを自ら行うことで、親から自立していることを実感していた。次は、「親別居女性グループ」および「親別居男性グループ」の対象者による離家を通じた生活的自立についての語りである。

　　p：（自立というと何を考えるかという質問に対して）家事。（自分で）家事をしなければならないので。（略）今、（離家）して6ヶ月間暮らしてみたら、家事やそういったことをすべて自分でやらなければならないことを、自立と考えるようになったので…。（略）（1人で）家で暮らしてみたら、人が生活するのに必要なものが、あまりにも多いことを思い知らされました。自立してみたら。（略）例えば、綿棒やそういうことも（自分で）用意しなければならないことに、とても戸惑いました。初めは。【親別居女性】

　　f：私の場合は、中学校3年間、親と別々に暮らしました。なぜなら、（略）島には中学校がなかったので、親は島に残って、友達もみんな都市の中学校に行って。（略）それ以降、だから今、28歳、29歳になった現在の姿を見ると、もう親と一緒に暮らしている友達はほとんどいないです。（略）税金とか、自立していない状態だと、そういったすべての部分を親がやってくれるけど、（略）（今は）一人暮らしをしているから、いつも月末になると税金に関する部分とか、私がどれほど節約して、どれほど使ったか（管理できる）、そういった部分が（略）自立した姿だと思います。（略）もちろん、経済的な部分で（親に）依存することもあるでしょう。だけど、体が物理的にすでに（親と）離れてしまった状態では、そういったことに対する負担感がとても大きいというか…。【親別居男性】

　pとfの語りでは、家事や生活用品の購入といった雑務から、税金の支払いといった金銭管理まで、一人暮らしをする中で生じる様々な課題を自ら遂

行することで生活的自立を認識していることが分かる。特に f の場合、幼い頃の離家経験が現在の居住形態を規定しており、生活面での分離のみならず親からの経済分離に対する意識にも影響を与えていた。つまり離家という行為は、生活的自立を意識させる重要なきっかけになっていると考えられる。

　一方、親と同居している対象者も離家による生活的自立を重要な自立の課題として言及していた。彼・彼女らは、親との同居という現在の居住形態に満足しながらも、生活面で親に依存している自らの状況を明確に意識していた。次は、親との同居と生活的自立に関する「親同居男性グループ」と「親同居女性グループ」の語りである。

　　e：一番重要なのは衣食住でしょう。そういう、ご飯を食べて、寝て、そういうことのすべてが（親に）影響されているので、まだ自立していると思いません。【親同居男性】

　　d：もちろん、私も稼いでいるけど、（親の）家に住んでいるし、母親が作ってくれたご飯を食べているし、まぁ、そういう状況でしょう。だから、まだ（自立）できていないと思います。【親同居男性】

　　m：もし私が家を出て暮らすとしたら、今よりもっと生活費がかかって、今以上にたくさんの時間を使わなければならないけれど、（略）（今は）おばあさんがご飯を作ってくれて、おばあさんが洗濯をしてくれて、おばあさんが掃除をしてくれて、おばあさんがすべて私の時間をチェックしてくれているから。（略）意識の面では、うちの家にあるすべての意思決定は私がするけど、些細な部分はすべておばあさんがしてくれているから。だから、私は自立しているとは思わない。【親同居女性】

　彼・彼女らは、「（親の）家に住んでいる」がゆえに衣食住に関わることや家事などを親（特に母親、祖母）に依存している現在の状況から、自分は「自立しているとは思わない」と述べていた。つまり、離家を経験していない対

象者においても、生活的自立の達成は、経済的自立や精神的自立とともに達成すべき重要な課題として認識されているのだと考えられる。

2.1.2. 軍入隊による精神的自立への認識（男性）

　兵役の義務がある韓国人男性の場合、軍入隊を通じて約2年間、強制的に親元から離れる経験をしなければならない。入隊の時期は、18歳〜34歳の間に自己申請によって決まるが、就職する前に兵役を終えるのが一般的であるため、大学に進学しない場合は、高校を卒業してすぐ入隊し、大学に進学する場合、1年次や2年次を終えた後に休学して入隊する者が多い[1]。男性対象者の場合、1人を除いた全員が兵役の義務を終えており、軍隊を通じた離家経験が、精神的自立を認識するようになった大きなきっかけであったと述べていた。次は、hとcの軍隊に関する語りである。

> 　h：私達の場合は、軍隊です、軍隊。軍隊に行って、兵役を終えた人と、終えなかった人とは…。その（＝軍隊）中で、本当にたくさんつらい思いをして、何を続けるべきか、やめるべきか、何をすればいいのか、たくさん悩んで…。【親別居男性】

> 　c：（自立の）もっとも大きなきっかけになるのは、やはり私達は、韓国人男性、未婚男性の話だから、軍隊ではないかと思います。だから、軍隊に行く前と行った後で本当に大きな差があるけど、何しろ親元から一番長く離れているのが、韓国の男性の場合、一般的なきっかけは軍隊になると思うのです。もちろん、その前に旅行に行ったり、留学に行ったりする場合もあるけど、軍隊に行った後は、お金を稼いでいない状態でも、精神的には軍隊に行く前に親に頼っている状況とは大きく変わっていると思います。【親同居男性】

1　大学院へ進学する者は、国防部に事情届けを提出して入隊時期を延期することができる。また、大学在学中に学内で軍事訓練を受け、卒業後に将校として入隊する場合もある（병무청〔兵務庁〕2018a：배〔Bae〕2014）。

第4章　成人移行期における若者の自立意識　79

　彼らの軍隊での経験は、長期間に親元を離れて、日常生活から隔離された集団生活を行いながら、毎日厳しい訓練を受けることである。特に、戦後の貧困時代を生きながら貧しい家計を助けるために口減らしとして軍入隊を選択した親世代とは異なり、不自由のない日常生活を過ごしていた若者世代には、軍隊での厳しい経験が、親や家族の存在を再認識し、自分の将来について真剣に考えるきっかけになると考えられる。ｈは、実際に軍生活の中で「本当にたくさんつらい思い」をしたり、「何を続けるべきか、やめるべきか、何をすればいいのか」について、「たくさん悩んで」いたと語っていた。またｃも、兵役を終えた後、たとえ経済的に自立していない状態であっても「精神的には軍隊に行く前に親に頼っていた状況とは大きく変わっている」と説明していた。

　つまり、男性対象者の軍入隊を通じた離家経験は、単なる生活面での自立ではなく、親から精神的に分離して個人としての自分に気づくと同時に、家族への責任感を認識するライフイベントとしての意味を持っていると考えられる。このような軍隊での経験は、男性対象者の親子関係において家族主義的な側面が強く見られることと関係していると思われる。

2.2.　「離家＝自立」という認識に対する違和感

2.2.1.　離家に対する家族主義的な規範

　FGIの対象者は、離家による生活的自立の達成を重要な課題として認識する一方で、親子の居住状況が必ずしも自立の判断基準になるわけではないという考えも抱いていた。つまり彼・彼女らは、離家とは西洋的な慣習に基づいた自立の概念であり、東洋的な自立概念と異なるという認識を持っていたのである。次は、離家に対する文化的相違についてのｌの語りである。

　　ｌ：西洋で、そっちでいう自立と、こっち（＝東洋）で考える自立がとても違うじゃない。この間ハワイに行ったとき、（私が）両親と一緒に暮らしていること

に対して、（アメリカ人が）とてもショックをうけたみたいなの。だけど、私達はそうじゃないでしょう？結婚しなければ、親と一緒に暮らすのは全然自然でしょう？彼らには、親と一緒に暮らすこと自体が自立ではないのよ。だけど、私達はそうは思わないでしょう。【親同居女性】

　１は、ハワイに行った時の出来事を例としてあげながら、西洋では「親と一緒に暮らすこと自体が自立ではない」と思われるが、東洋では「結婚しなければ、親と一緒に暮らすのは全然自然」であると説明していた。彼女の語りでは、離家を若者が必ず達成しなければならない自立であるわけではないと考えていることがうかがえる。つまり対象者の中では、個人主義に基づく西洋的な自立を目指しながらも、東洋的な規範を重視して家族共同体としての親密さを維持するという、異なる文化規範が共存していることが推測できる。このような離家に対する個人主義と家族主義に基づく自立の共存は、次のｍとｉの語りにも現れている。

　　　ｍ：私は、必ずしも自立する必要はないと思う。本人が望めば自立すればいいし、望まなかったら（親と）一緒に住めばいいし、依存してもかまわないと思う。（略）住む場所とか、そういう援助を受けているからといって、自立していないとは思わない。（略）自分でお金を稼ぎながら、自分の意思を述べることができていれば…。【親同居女性】

　　　ｉ：みんな地方から、親と別々に、物理的にはちゃんと離れている状態でしょう。にもかかわらず、精神的には（親に）頼っているというか、そういう部分があると思うんですよ。（親と）物理的に離れているので、確かに他人から見たときは自立しているように見える、外から見るとそういう状況だけど…。【親別居男性】

　ｍの場合、先述の語りでは、祖母が身の回りの世話をしてくれるため、自身が「自立しているとは思わない」と述べていた。ところが、そうした発言に加えて「必ずしも自立する必要はない」、「依存してもかまわない」という

考えも述べており、離家に対する相反する気持ちが現れている。つまり、彼女の中には、離家を通じて生活的自立を果たすべきであるという個人主義に基づく自立への認識と、親子の居住分離が必ずしも自立の基準ではないという家族主義に基づく自立への認識が共存し、時には葛藤していることが推測できる。そして、意識面においては離家による生活的自立を目指していても、実際の親子関係では離家や生活的自立を強く要求されないため、「自分でお金を稼ぎながら、自分の意思を述べる」という経済的自立と精神的自立の達成が、より現実性の高い自立として認識されていると考えられる。

　また、親と別居しているｉの場合、親元から離れて暮らしていても「精神的には（親に）頼っている」部分があると述べており、離家という親子の物理的な距離だけでは、自立を判断することはできないと捉えていた。

2.2.2. 離家が困難な社会状況の認識

　対象者の語りの中には、韓国の住宅事情を考えると、特に若者がソウルや首都圏で一人暮らしをするためには、親の経済的援助が必要不可欠となるため、離家を自立の条件として考えるのは適切ではないという意見が見られた。韓国の賃貸システムでは、「不動産の所有者に一定金額の保証金（住宅価額の５割から８割）を前もって払う」「伝貰（チョンセ）」という韓国独自の家賃方式と、「保証金と毎月の家賃を組み合わせた支払」である「月貰（ウォルセ）」方式がある（石坂・福島編［2000］2014：123）。伝貰の場合、月ごとに払う家賃は約20万〜50万ウォン（約２万〜５万円）で、日本と比べて比較的安いが、最初に部屋を借りる際に保証金としてまとまった金額を払わなければならない。特に、ソウルや首都圏の場合は、全国の中でもっとも物価が高く、賃貸状況が厳しいため、保証金が１億ウォン（約１千万円）を超える場合が多い（金 2018：109）。それゆえ若者は、実家と離れた場所にある大学への進学や就職といった事情がない限り、結婚するまで親元で暮らすのが一般的なのである。ｂは、離家を自立として考えることが難しい韓国の社会状況について、

次のように語っていた。

> ｂ：私は自立しない方がいいと思います。結婚するまでは。（略）例えば、仕事のためにソウルへ（行って）、住んでいる町を離れなければならない時は理解できるけど、（略）親がソウルに住んでいるのに（実家を）出て暮らすのは理解できません。（略）私の会社を見ても、私の会社の給料で一人暮らしをするのは、それはあり得ないと思うのです。正直に言って。（略）経済的に能力があるとしても、金銭的に考えると、家賃を計算してみると、そういう能力もないのに（略）親の助けを受けながら一人暮らしをするのは、私は、それは違うと、自立ではないと思います。【親同居男性】

　彼は、ソウルの賃貸と若者の賃金水準を考えると、離家を若者の自立と関連づけて考えるのは難しいと述べていた。というのは、「私の会社の給料で一人暮らしをするのは」「あり得ない」ので、離家をするためには親の経済的援助が必要になるが、「親の助けを受けながら一人暮らしをするのは」「自立ではない」と考えていたからである。つまり、韓国の社会構造を考えると、親の経済的援助を受けない離家は現実的に不可能であるため、韓国社会において離家を自立概念として考えることはできないと理解されていたのである。実際、「親別居男性グループ」の対象者の場合、就職準備のためにパートタイムの仕事しかできず、親から家賃や生活費などの経済的なサポートを受けざるを得ない状況であった。また、「親別居女性グループ」の対象者の場合は、正規職についていても、３人中２人は離家する際に親から賃貸の保証金などの経済的援助を受けており、親からの支援を最小限にするために２人〜３人が１つの部屋で一緒に暮らすなどの工夫をしていた。
　つまり、離家に対する対象者の認識は、生活的自立と精神的自立の達成という個人主義に基づく自立への希望と、親子の物理的な距離を重視する家族主義的な規範、そして、親から経済的な援助を受けないと離家ができない社会状況の壁が共存して構成されていたのである。

第 4 章　成人移行期における若者の自立意識　83

3．結婚

　FGI の対象者は、全員が未婚であり、近いうちに結婚する予定を持っている者はいなかった。ところが、彼・彼女らの多くは、自ら新しい家族を形成することで親から完全に分離することが可能になるため、結婚は自立を完成させる重要な行為であると説明していた。つまり、離家は親からの生活的な分離という意味が強いのに対して、結婚の場合、経済的・精神的・生活的に親元から完全に離れる意味が含まれているため、総合的な自立が達成できる象徴的なライフイベントであると考えられていた。また、結婚で求められる自立の内実には男女による相違が見られ、男性対象者は経済的・精神的に家族を支えること、女性対象者は情緒面で家族を支えることをより強く認識していた。

　その一方で、結婚を自立の指標として見なすのは社会的規範にすぎないという意識や、結婚した後も親への依存が続くという現実から、結婚という行為だけで自立を判断するのは難しいという見解も存在した。また男性対象者の中には、結婚費用や家計を支える経済的な負担感から結婚を躊躇するという一面も見られた。

3.1.　結婚による総合的な自立の完成
3.1.1.　新しい家族の形成と親への経済的・精神的・生活的自立
　対象者の多くは、結婚について、親に従属していた家族から完全に分離し、自らが主体となる新しい家族を形成する行為として認識していた。そして、結婚による親からの自立は、単に親子の物理的な分離だけではなく、親子が互いを大人として認めることを意味していると考えていた。次は、結婚と自立についての e 、p 、l の語りである。

　　e：私が考える自立は、結婚してからこそが自立だと思います。（略）お金もも

84

ちろん必要でしょう。だけど結婚して親から離れてからこそ、まぁ、外国の場合は高校を卒業すると1人で生活できるけど、私達の場合は結婚をしてからが自立だと思います。（略）結婚をしてから分別がつくようになります。男性は。今はみんな親元にいて、だから結婚すべきですよ。男性は。【親同居男性】

ｐ：結婚するのが一番、自立するものではないかと。その前までは精神的に家族に従属していたとしたら、結婚すると新しい家族ができるのだから、もうある程度（親から）分離できることになるのだと思います。（略）親に従属されている状態で、ちょっとだけ自由がある状態だったのが、もし結婚すれば、完全に家から出られたと考えられるのだと思います。【親別居女性】

ｌ：結婚も一種の自立として考えられるでしょう。その結婚が親と一緒に住むことではなくて、完全に独立して、（実家を）出て、自分の家族を、私の家族のメンバーを自らが新しく作った時、そのことを自立と言えるのだと思います。【親同居女性】

　彼・彼女らは、結婚について語る際、「親から離れてからこそ」、「（親から）分離できる」、「完全に独立して」というように、親から分離する行為に重要な意味を与えていた。そして、「完全に家から出られた」というのは、生活空間が親から物理的に分離されるだけではなく、親からの経済面と精神面での分離という意味も含まれていた。
　つまり、成人した子どもが離家をすることで、自然に親子の分離が遂行される西洋文化とは異なり、親と成人未婚子の同居が一般的である韓国では、結婚は親子が分離するもっとも大きなきっかけになっていると考えられる。特に、子どもの離家による生活的分離に対して親が抵抗感を表していたｐの場合、結婚は親を納得させる形で親子が分離できる、絶好のライフイベントとして認識されているのだと思われる。

3.1.2. 結婚で求められる自立の男女差

　ところが、結婚するために必要であると考えられる自立の内容においては、男女による相違が見られた。つまり、結婚において求められる自立の内実が男女によって異なっている可能性が考えられる。まず男性対象者の場合、結婚に対して家族を維持するための役割を強く意識する語りが多く見られた。次は、結婚に必要とされる自立の内容についてのｊとｇの語りである。

　　　ｊ：私の考えでは、家庭を築いて、愛する妻と、そして、子どもが何か希望することがあるとき、私がその要求を、過剰にならないようにしながらも、適切に対処できるような、ある種の精神的な力を持ち、経済的に支えられるようにならなければいけないし、精神的にも家長としての役割を、過剰でもなく、少なすぎでもなく、足りなくもなく、適切な線を維持しなければならないと思っていて。すべての面において、こうやってバランスを保つように、自らそういう能力を備えるのが自立なのではないでしょうか。【親別居男性】

　　　ｇ：家長として自ら家計を支えて、（略）家長になると、まずは家長でしょう。だから、一家の意思決定をする時には、家長が決定しなければならない部分があると思います。【親別居男性】

　彼らは、結婚するためには、「家計を支え」る経済的な能力と、妻子の希望に「適切に対処できる」精神的な力や「一家の意思決定をする」判断能力を「バランス」良く備えることが必要であると述べていた。つまり彼らにとって結婚は、「家長として」家族メンバーを扶養できる経済的自立と、意思決定からなる精神的自立の達成を意味していると考えられる。

　一方、女性対象者の場合、結婚に対して経済的・精神的自立への義務感よりも、家族に対する情緒面でのサポートの役割を意識する語りが多く見られた。次は、結婚に求められる自立の内容についてのｐの語りである。

　　　ｐ：私が考える自立は、自分がある程度、一人前としての人格が完成できて、私

86

を守ってくれる家族にある種の癒やしの場になってあげて、その家族を私が支え
てあげられることが、本当の自立ではないかと思います。精神的にも、身体的に
も、まぁ、経済的にももっと成熟して、（略）彼らを世話することができれば、
それが本当の自立ではないかと思います。【親別居女性】

　彼女は、結婚に求められる自立について、家族の「癒やしの場になって」、
「支えてあげられる」、「世話することができ」る行為や状態であると述べて
いた。男性対象者が結婚において家族を維持するための役割に注目するのに
対して、女性対象者は、家族構成員の情緒面のケア役割をより強く認識して
いると考えられる。このような結婚における自立認識の男女差は、男性には
家族の生計を支える経済的能力や家庭内の問題に対して適切な判断を下す意
思決定能力が期待され、女性には家族のメンバーを情緒面で支える役割が要
求されるなど、社会から結婚を通じて求められる自立の内実が男女によって
異なっていることに起因しているのだと推察される。

3.2. 「結婚＝自立」という認識に対する違和感
3.2.1. 結婚に対する個人主義的な思想
　ところが上記のように、結婚を総合的な自立として見なす考えの一方で、
結婚という行為に内在された社会規範に対する違和感を示す対象者も存在し
た。つまり彼・彼女らは、結婚について、大人になるために必ず達成しなけ
ればならないライフイベントではなく、あくまでも個人の選択として考える
べきであると説明していた。次は、結婚に対する社会的認識と個人の認識の
ズレについてのｄの語りである。

　　ｄ：必ずしも、結婚が自立と関連しているとは思いません。結婚も別で、自立も
　　別でしょう。だから、昔の、年配の人が持つ価値観では（結婚と自立を）同一の
　　ものだと考えるかもしれないけど。まぁ、時代が変わったせいか、私は、個人的
　　には結婚と自立は別だと思います。結婚というのは、社会的な慣習の１つに過ぎ

ず、自立と同じものだとは思いません。【親同居男性】

　dは、結婚と自立を同一のものとして見なすのは、「昔の、年配の人が持つ価値観」であり、自分が考える結婚は「社会的な慣習の１つに過ぎず」、「結婚と自立は別」のものだと説明していた。従来、結婚が自立の基準として考えられた社会規範の中には、経済的・精神的・生活的自立の達成のみならず、子孫による家の継続や繁栄という家族主義的な意味も含まれていたと考えられる。しかし近年は、結婚における家の継承という意識は弱まりつつあり、「愛情に基づく男女の結合」という意味合いがより強くなっている。それゆえ、若者にとって結婚は遂行しなければならない自立の課題というよりも、ライフスタイルにおける個人の選択として考えられるようになったと思われる。このように、結婚を家族主義的な規範から離れた個人の選択として見なす考え方から、韓国の若者における西洋的な個人主義の影響をうかがうことができる。
　また、女性における結婚と自立の結びつきについて、違和感を表す対象者も見られた。次は、女性において結婚が持つ自立の意味についてのｌの語りである。

　　ｌ：私の妹の場合は自立を早くしたのよ。（略）だから、あの子は彼氏を通じて
　　自立したの。だけど私から見ると、それは自立ではなく、もう１つの依存なの。
　　だから家族からは独立したけど、自分は依存していて、自分のそういうこと（＝
　　自立）を他人を通じてしているのよ。【親同居女性】

　ｌは、妹の結婚に対して「家族からは独立した」ものの、それは「彼氏を通じて自立した」に過ぎず、結局は、「もう１つの依存」であると説明していた。つまり彼女は、妹が結婚を通じて親から分離することはできても、依存する対象が親から彼氏（夫）に移行しただけであり、本当の意味での自立

を達成したとは考えにくいと言うのである。これは、若者が男女ともに自ら経済的・精神的自立を達成することが期待されるようになり、伝統的な意味で結婚を自立として考えることに違和感を抱くようになった帰結として理解することができる。

3.2.2. 結婚後も続く親への依存

さらに結婚という行為が、必ず自立の完成を意味するわけではないことを指摘する対象者の語りも見られた。つまり彼・彼女らは、結婚した後も親から経済的・精神的・生活的な援助が続く現実から、結婚という表面的な行為のみで自立を判断することは難しいと認識していたのである。次は、結婚後の親の援助についての「親別居男性グループ」の会話（jとh）と「親同居女性グループ」の会話（lとk）である。

j：1つの家庭が、親の助けを受けずに築くことなので、それ（＝結婚）が私達が考える完全な自立の形態だと考えられるでしょう。【親別居男性】

h：そうやって結婚して、結婚した新婚夫婦の中で、実質的に経済的な能力がなくて、まだ両方の親に小遣いをもらって生活する人が思ったより多いんですよ。【親別居男性】

l：私の考えでは、結婚してからこそが完全な自立になると思うんです。なぜなら、未婚男性や女性の場合、1人で暮らしていると親がおかずを作ってくれたりして、そのように依存する部分があるでしょう。だけど結婚したら、そうじゃない場合が多いから。だから、私はやっぱり結婚が一番大きいと思うんですよ。【親同居女性】

k：だけど、生活面で、結婚して（家を）出ても、親が来て料理を作ってくれたりするじゃないですか。【親同居女性】

「親別居男性グループ」の会話では、結婚は「親の助けを受けずに築く」ものであるというjの見解について、hは結婚した後に「親にお遣いをもらって生活する人」を例としてあげながら、結婚が親からの完全な経済的自立を意味するとは言えないと指摘していた。また、「親同居女性グループ」の会話においても、結婚すると「親がおかずを作ってくれ」るなどの生活面での依存がなくなるため、「結婚してからこそが完全な自立」であるというlの考えに対して、kは「親が来て料理を作ってくれ」るといった結婚後も続く生活面での親の援助を指摘していた。つまり彼・彼女らは、結婚という表面的な行為ではなく、実際の親子関係における依存／分離状態から自立を判断しようとしていたのである。このような語りから、結婚後も親家族と子ども家族との区別が曖昧である家族主義的な思想と、自らが新しく形成した家族と親家族を明確に区別しようとする個人主義的な意識が混在している様子がうかがえる。

4．自己決定

4グループの対象者において、先述した「就職」、「離家」、「結婚」といったライフイベントと同様に、自立に関する重要な行為として多く語られていたのは、自分の人生に対する自らの意思決定、つまり、「自己決定」であった。彼・彼女らは、親からの影響や情緒的な支えという面において親から完全に分離するのは不可能であるが、一方で、自分の人生における自己決定を行う面では親からの精神的自立が達成できると説明していた。また自己決定という行為は、就職、離家、結婚といったライフイベントを獲得することで具現化させることができると考えられていた。

4.1. 自己決定による精神的自立の達成

対象者の多くは、自分の人生に対する意思決定を自ら行うことで、親からの精神的自立が達成できると考えていた。次は、自己決定と精神的自立に関

90

する対象者の語りである。

　d：誰かの助けを受けずに何でも対処できること、そういう状態が自立だと思います。まぁ、だから自分でお金を稼いで、自分でお金を管理して、どこに使うか、といったことを計画したりして。あと、お金に関係ないことでも、人生を設計したり、誰に会うか、誰に会わないかということや、この会社に勤めていたけど、辞めて他の会社に行くとか、そういったすべての決定を。だから決定権が自分にあることでしょう。【親同居男性】

　f：私がどのような道を歩んで行くのかについての確信があって、また私が歩むこの道に関して、親の決定、親による決定ではない自らの選択である。そういった部分において十分に自立していると。完全に自立しているとは言えないけど自立していくところであると…。とにかく、まだ自立できていない段階からは離れていると思います。【親別居男性】

　g：私の場合も（精神的に）自立しているとはっきり言えると思います。なぜなら、経済的な部分はさておいて、私がこれから何をして、どんなことを進めていくかとか、私がどんな人と結婚するか、どのような仕事をするか、これからどのように歩んでいくかについて、もう自ら意思決定をする時期になったと思いますので。【親別居男性】

　m：私は、何か重要な決定を自分1人でできる時期が来たとき、本当に自分が自立したと思う。（略）例えば、職場を選択する問題とか、単純に会社に入るかどうかということではなくて、どの仕事に就くかを選択したり、あるいは家に何かの問題がある時、それについて私が重要な発言をして、それが受け入れられるような状況だとしたら、私はそれが精神的自立だと思う…。【親同居女性】

　彼・彼女らは、職業選択、金銭管理、人生設計といった自らの人生における様々な選択に対して、「親による決定ではない自らの選択である」、つまり、「自ら意思決定をすることが、親からの精神的自立であると認識していた。つまり対象者は、男女ともに自らの人生において「決定権が自分にある」こ

とを自覚することで、自分を親から分離した1人の大人として認識することが可能になり、その状態を精神的自立として受け止めているのだと考えられる。

　一方、対象者が想定する自己決定は、親の影響を受け入れることが前提となるという条件付の側面も見られた。次は、自己決定における親の影響についてのｄ、ｇ、ｋの語りである。

　　ｄ：精神的には自分のやりたいようにしているんです。もちろん親の意見を無視することはできないけど、多くの部分を自分の意思で…、自分に関係する部分においては、ある程度自立していると思います。【親同居男性】

　　ｇ：どうせ親との関係が、関係はつながっていて、結婚しても、自立しても、その関係は結ばれているから、私が決定することに関して、その人（＝親）の影響は続いていくから、どうやっても仕方なく（親に）同意や助言は求めざるを得ないです。（略）だから、大きな輪の中で自分で意思決定ができて、自ら決定するのが可能なので、自立したと言えると思います。【親別居男性】

　　ｋ：誰かに助言を求めることもあるけど、自分で選択したから、ある意味では精神的な自立のはじまりではないかと思う。（略）完全に理性的にすべてを判断することはできないけど、（略）母親に尋ねるか、両親に尋ねるか、誰かに（助言を）求めたりするけど、とにかく決定は自分でするから。【親同居女性】

　対象者は、自分の人生における意思決定を行う際、「親の意見を無視することはできない」、「その人（＝親）の影響は続いていく」、「両親に尋ねるか、誰かに（助言を）求めたりする」というように、完全に自分の意思に基づいた選択はできないことを理解していた。しかし彼・彼女らは、自己決定における親からの影響力を認めた上で、「自分に関係する部分においては」、「大きな輪の中で」のように制限された範囲の中で、「とにかく決定は自分でする」といった形での自己決定を評価していた。つまり彼・彼女らは、意思決

定における親からの影響力を受容した上で、条件付きの自己決定を親からの精神的自立として認識していたのである。これらは、対象者が韓国社会における親子の親密さを重視した結果であると考えられる。

4.2. 自己決定と精神的自立をめぐる認識の相違
4.2.1. 精神的自立に対する家族主義的な規範

　対象者の中には、自己決定を精神的自立と関連づけながら語る際に、その定義や具体的な範囲を想定することに戸惑いを示す者も見られた。それは、経済的自立の場合、「就職」、「経済力の獲得」、「親への金銭的扶養」といった可視化できる行為を通じて説明することができるが、精神的自立の場合、人々の意識の状態について議論することになるため、精神的自立を具体化することに困難が生じていたためであると考えられる。特に、精神的自立が親子関係と結びついて語られる時、精神的自立の定義はより複雑になっていた。次のｉ、ｋ、ｊの語りでは、親からの精神的自立に対する対象者の認識がよく現れている。

　　　ｉ：情緒的な面において、私達は死ぬまでずっとつながっている親と子ども…、（略）どうせ家族という面においては離れることができないけど、自立という意味では、家族、親、親子の関係の中で成長するにつれて、経済面や生活面から分離していくでしょう。それが自立だと思います。【親別居男性】

　　　ｋ：人は（親から）自立できないと思うよ。経済的に自立したとしても（略）私達の国では家族という輪があるから、（親子は）ずっとつながっているし、（略）結婚してもその輪の関係性の中にあるわけだから、自立したとは永遠に言えないと思います。【親同居女性】

　　　ｊ：私の考えでは、永遠に自立はないと思います。（略）親が生きているだけでも、自分には（親が）頼りになると思うのです。（略）精神的な部分では、親が生きている限りずっと依存するのだと思うけど、経済的な面では、早く自立しな

ければならないという考えがあって…。（略）私達が親になっても、完全に自立することではなく、親として、また子どもに頼るわけですよ。だから自立はできないのです。（略）精神的には、親も子どもに依存していて、子どもも親に依存しているのです。【親別居男性】

　上記の語りでは、就職や結婚を通じた経済面・生活面での親からの自立は可能であるが、精神面における親からの自立は不可能であると述べられていた。それは、親子は「家族という輪」から離れることができないため、「死ぬまでずっとつながっている」という認識から起因していると考えられる。さらにｊの場合、子どもが親に依存しているだけではなく、親子が相互依存関係にあるため、「永遠に自立はない」と説明していた。つまり、「親から子への影響」、「子どもの親への依存」、「親の子どもへの依存」のように、連鎖的につながっている親子の関係性の中で、親からの精神的自立は、若者が達成すべき課題として認識されない場合もあるのだと考えられる。

4.2.2. 自己決定と精神的自立の定義の問題

　対象者が自己決定と精神的自立について具体的に理解しようとする過程で、その定義をめぐって認識のズレが生じる場面も現れていた。次の「親同居男性グループ」の中での、以下の一続きの会話では、精神的自立の定義をめぐって対象者が競合している様子がうかがえる。

　ａ：はっきりと定義できないと思います、精神的な自立というのは。親に頼るというのは、自分の考えでしょう？だから物理的には親から自立をしたとしても、ある部分では親に大きく影響されていることがあるんですよ。それは精神的に自立したとは言えないでしょう。私の親を見てもそうだけど、いつも（自分の）親のことを気にしています。おじいさん、おばあさんが亡くなっても、「昔、おじいさんがこう言った、おばあさんがこう言った」と。それは精神的な自立ではないと思います。【親同居男性】

（略）

　ｃ：時期的なことを考えれば、精神的自立は来る（＝できる）と思います。なぜ
なら、「分別がつく」と言うでしょう？分別がつく時期を平均的に見ると、遅い
人は大学に入ってから、まぁ、軍隊に入ってからの人もいるし、早い人は中学生、
高校生の時にも分別がつくと言うでしょう？【親同居男性】

　ａ：だけど、それがとても曖昧なのが、分別がつくって何？【親同居男性】

　ｃ：私は、その分別がつくのが精神的自立だと思うけど…。【親同居男性】

　ａ：だから、精神的な自立というのが、その定義がとても曖昧なのが、私、32歳
ですよ。だけど、親の前で踊ったりするんですよ。そうしたら、それは分別がつ
いていないってこと？（略）親と親密であるということは、ある程度、親に精神
的に依存しているということでしょう？【親同居男性】

（略）

　ｃ：うん…、死ぬまで精神的に自立できないかもしれませんね。だいたいの人は。
【親同居男性】

　精神的自立についてｃは、「分別がつく」という言葉で理解しようとして
いたのに対して、ａは、「親からの影響」や「親子の親密さ」という観点か
ら解釈していた。つまりａは、親子が親密である場合、「親の前で踊ったり」
といった子どものような振る舞いや、「親に大きく影響され」る、あるいは、
「親に精神的に依存している」部分が存在するため、「分別がつく」といった
言葉では、親子関係における精神的自立を説明することが難しいと考えてい
た。その後ｃは、ａとやりとりを行った後、親からの精神的つながりという
観点からは「死ぬまで精神的に自立できない」と結論づけていた。
　また、「親同居女性グループ」の対象者においても、自己決定に対して親

子関係の中でどのように位置づけるべきかという疑問が生じていた。つまり
彼女らは、親からの影響力が大きい韓国の親子関係の場合、自己決定を行う
際に親の意思が反映されることが多いため、自己決定を精神的自立として見
なすことができないと考えていた。次は、「親同居女性グループ」の自己決
定と親の影響力に関する一続きの会話である。

l：親が、自分の子どもを離さない親がいるのですよ。（略）特に、うちの母親
の場合、（私は）一生（親から）自立できないと思いますよ。（略）だいたいの韓
国の親は、東洋圏にある親は、一生そうだ（＝子どもを離さない）と思うよ。
（略）私は、正直に言うと、親が亡くなるまでは本当の自立ができないんじゃな
いかな？結局は、（親に）意見を求めるようになるんですよ。私が決定するとし
ても、親の影響や、親のアドバイスや、そういったことを無視できなくて…。も
ちろん私がすべて決めるけど、自分でするけど、だけど影響を受けざるを得ない
んですよ。【親同居女性】

m：だけど、影響を受けるのと、親が主導権を握って決めてしまうことは違うで
しょう。【親同居女性】

l：だから、自立というのを、完全に親の影響を受けないことだという意味で考
えると、（親が）亡くなるまでは（自立）できないのです。（人生に対する）自分
の役割が大きくなったり、自分の意見が大きくなるということなら、経済的な自
立とか、親から離れて暮らすとか、もしくは結婚をするという意味でも考えられ
ると思うけど。【親同居女性】

（略）

k：影響と自立を同じ水準で考えてるの？【親同居女性】

l：私はそう思っている。【親同居女性】

m：だから、さっきも言ったけど、影響を受けるのと、とにかく最終的な決定者

が自分であることは、ちょっと違うと思うけど、○○（＝ l ）は、影響を受ける
だけでも自立ではないと…。【親同居女性】

　自己決定について l は、「私が決定するとしても、親の影響や、親のアド
バイスや、そういったことを無視できな」いため、「一生（親から）自立でき
ない」と述べていた。それに対して m は、親から影響を受けても「最終的な
決定者が自分である」ため、自己決定を通じた親からの精神的自立は可能で
あると反論していた。このような自己決定と親からの精神的自立についての
認識の相違は、彼女たちの実際の親子関係から理解することができる。 l の
場合、大学院への進学や就職といった人生における大きな選択から、海外旅
行の可否、さらには日常の支出といった生活に関わる部分まで、母親の同意
を求めなければならない親子関係にあった。一方、 m の場合、母親から常に
「自分のことは自分で決めなさい」と言われており、就職してから「本当に
重要なことじゃない限りは親と相談しなくなった」と自らの親子関係を説明
していた。つまり、意思決定における親の影響力が大きいほど、対象者の自
己決定を通じた精神的自立に対する期待値が低いことが推測できる。
　さらに対象者の中では、自己決定という行為が孝規範とぶつかった場合、
戸惑いを感じる場面も見られた。次の「親別居男性グループ」の一続きの会
話では、自己決定と親子関係における孝規範の衝突が現れている。

　　h：私が言いたいのは、精神的というのが、自分が大事なことを意思決定する時、
　　親に依存しているのか、（略）（親が）精神的な面で支えになっていることなのか、
　　それ以外に、（親と）情緒的に（関係を）持っていることなのか、その部分をは
　　っきりさせる必要があると思って。【親別居男性】

　　j：この部分では、私達が（親に）依存しているわけではなくて、だから、私達
　　の国の慣習では目上の人を敬う態度が、（略）だから私達が知らなくて、すごく
　　依存しながら助言を求めているわけではなくて、知っていても、礼儀上、尋ねて

いることがあるんですよ。だから…。【親別居男性】

　h：いや、違う。自立していたら、私が親の意見を尊重するとしても、最終的には、決定する瞬間には自分の意思で決めると思うよ。（略）私が考えるにはそれが自立だよ。だけど、その反対だと自立できていない状態だし、自立できていない状態だと、意見がぶつかると、結局、最後は（親の意見に）合わせざるを得ないことになるよ。【親別居男性】

（略）

　i：だから、こっちがすでに決定を下していても、もう一度（親に）尋ねてみるでしょう。だから、お互いに関係を築いていることに意味があって、決定については（意味は）ないと思います。【親別居男性】

　hは、精神的自立を判断する際、「親に依存している」状態で意思決定が行われているのか、もしくは親が「精神的な面で支えにな」る程度の影響であるのが、自己決定における親からの影響力の程度を区別して考えなければならないと述べていた。一方、hの語りに対してjは、自己決定をする際に、親に助言を求める行為は、「目上の人を敬う態度」であり、親に対する「礼儀」であるため、親に依存しているとは考えにくいと判断していた。またiも、親子が「お互いに関係を築いていることに意味があ」るため、自らすでに決定を下した状態であっても、「もう一度（親に）尋ねてみる」と述べていた。つまり彼らは、親を敬うという孝規範を侵害しない範囲で、自己決定が行われるべきだと認識していることが分かる。しかしhの場合、韓国の親子関係に存在する「親の意見を尊重する」という孝規範が、「自分の意思で決める」という意識を曖昧にさせてしまうと考えていた。つまり、孝規範に基づいて意思決定が行われると、親子の意見がぶつかる時に「最後は（親の意見に）合わせざるを得ない」と判断していたのである。このような孝規範と自己決定をめぐる葛藤は、韓国の親子関係における家族主義的な意識と、

個人主義的な意識の衝突がもっとも明確に現われるものであると考えられる。

5．小括

以上、分析から得られた知見は以下の通りである。まず FGI の対象者は、就職をすることで自ら経済力を獲得し、親子が経済的に分離するだけではなく、自分の人生における自己決定能力と社会生活の運営能力を獲得することができると考えていた。しかし経済的自立の範囲については、男性は親の扶養までを想定する一方、女性は親の扶養を経済的自立に含まない、といった男女差が見られた。

また、離家による親子の物理的な分離（特に、男性の軍隊経験）は、自立への認識を高めるきっかけとなっており、さらに結婚は、新しい家族を形成することで親からの自立を完成させるものであると認識されていた。しかし、離家や結婚を達成した場合でも、親からの影響力や様々なサポートが続いているという現実から、ライフイベントの達成が必ずしも自立の達成につながるわけではないことも指摘されていた。一方、結婚を通じて達成すべき自立に対して、男性の対象者は経済的自立と意思決定能力を、女性対象者は家族への情緒的サポートを重視するなど、自立の内実において男女差が大きく現れた。

さらに対象者は、自分の人生における自己決定を行うことで、親からの精神的自立が達成できると認識している一方、親子関係の情緒的つながりや親からの影響力、孝規範との関係の中で、親からの精神的自立は不可能だと考えるなど、対立する規範がぶつかる場合があることも確認された。

結果として、成人移行期における韓国の若者は、就職、離家、結婚といったライフイベントにおいて、親からの経済的自立、精神的自立、生活的自立がそれぞれ緊密につながって互いが影響し合い、他の自立へと発展しながら完成していくものであると認識していた。また、このような就職、離家、結婚を通じた経済的自立、精神的自立、生活的自立の達成は、男女双方に期待

されていたが、自立の内実やその範囲には男女差が存在することが明らかに
なった。そして、ライフイベントの選択における自己決定は、もっとも重要
な自立の要因として認識される一方で、韓国の親子関係の文化的特徴との葛
藤も存在していた。これは自立における個人主義的な規範と家族主義的な規
範が衝突することで生じるものであると考えられる。

第2節　成人移行期の親子関係と自立をめぐる葛藤

　以上、調査ⅠのFGIのデータ分析から、韓国の成人未婚男女の自立意識
には、家族主義的な規範と個人主義的な規範が共存しており、その2つの規
範がお互い影響し合ったり、交差する場合も存在することが確認できた。そ
こで第2節では、対象者の自立をめぐる親子関係に注目し、彼・彼女らが実
際の親子関係の中でどのような自立についての葛藤を経験しているかについ
て検討する。

1．息子の就職に対する親の過剰な期待

　男性対象者の中では、就職に対する親の期待を強く感じており、それゆえ
職業選択において自分と親の希望のズレに悩む姿がしばしば見られた。特に、
「親別居男性グループ」の場合、定職に就いていない者が多かったため、就
職に対する親の期待をプレッシャーとして感じる傾向が存在した。次は、就
職に対する親の期待についてのgとjの会話である。

　　g：私達の国の構造が学歴社会だから、（略）大学を必ず出なければならないし、
　　良い大学に行かなければならないので、（略）多分に出世志向的な考えがあると
　　思います、私達の国には。だから子どもを必ず出世させなければならないという
　　気持ちがあると思います。（略）お金をたくさん稼ぐとか、地位の高い職に就く
　　とか、司法試験に受かるとか、必ず出世させなければならないという、名誉をす
　　ごく望んでいると思います。（略）だから教育熱もすごく高いし、子どもに対す

る援助もとても長いと思うんですよ。そのことで、自立においてちょっと遅れる
部分があるのではないでしょうか。【親別居男性】

j：今の話と似ているけど、（略）（教会で教えている）学生の1人は、美容師に
なりたいと言っていて、（略）（だけど）子どもがやりたいことがあるにもかかわ
らず、（親は）「それはお金にならないからだめ」だと、「学校の先生になりな
さい」、あるいは、「公務員になりなさい」と。子どもが関心のある分野を応援して
くれると、もっと早く就職もできて自立できる状況が作れるのに、それに反対に
するから難しいですよね。（略）普通、親はそうでしょう。もし、私が教会を立
ち上げると言っても、たぶん親は、「私の息子にはもっと大きな教会を立ち上げ
てほしい」と。だから、能力主義、能力社会を望んでいるのよ、親は。もちろん、
それが親の気持ちだということだけど、実際は子どもが自立する環境を一番最初
に妨げているのが出世志向ではないかと…。【親別居男性】

　gとjの語りでは、若者の就職が遅れる状況について、韓国の「学歴社
会」や「能力主義」からなる親の「出世志向」がその原因の1つであると指
摘されていた。つまり彼らは、「子どもを必ず出世させなければならない」
という親の気持ちが、親の高い教育熱や子どもに対する親の援助の長期化に
つながっており、子どもに経済力や高い社会的地位が獲得できる就職に就く
ように働きかけていると説明していた。
　また男性対象者は、このような親の過剰な子どもへの期待が、職業選択に
おける親子の意思が異なる場合には、「子どもが自立する環境を一番最初に
妨げ」る要因になっていると認識していた。次の「親別居男性グループ」の
jとgの一続きの会話では、職業選択における親の影響力がよく現れている。

　j：私が見るに、（略）親の積極的な支持、援助を受ける人が早く（自立できる）。
（略）最近、プロゲーマーが芸能人のように有名になっているでしょう？それは
親の積極的な支持が、私達の国では環境的に後ろで支えてくれるサポートがなか
ったら、1年に億（ウォン）単位の年収を得ることはできないでしょう。だから
自分がやろうとしていることに対して、親の絶対的な援助が（必要です）。【親別

第4章　成人移行期における若者の自立意識　101

居男性】

　g：それについては他の面もあって、私の後輩の場合、（略）彼はプロゲーマー
の才能があるのに（略）家がそれを許さないんですよ。（略）先の話のように家
が全力で応援をしてくれる場合もあるでしょうけど、（略）職業を選択すること
において、経済的に自立する場合において、自立しようとしても親が妨げになる
場合がまだ多いと思います。【親別居男性】

　このjとgの会話では、職業選択における親子の意思が一致する場合、子
どもが就職するために「親の積極的な支持」や、「親の絶対的な援助」を得
ることができるが、一方で、親子の意思が異なった場合、子どもが希望する
職業を得るには「親が妨げになる」ことが示されていた。つまり、成人移行
期の若者が将来的に経済的自立を果たすためには、親の支持や援助といった
サポートが必要であるが、それと同時に、親の存在は乗り越えなければなら
ない障害物となる場合も存在する。このように、職業を通じて自己実現を果
たそうとする若者は、子どもの就職を家族の繁栄に関わるものとして考える
親の家族主義的な意識とぶつかることで葛藤が生じていると考えられる。さ
らに、男性の職業選択においては、親の意思が優先された形で意思決定が行
われる可能性が高いと考えられる。

2．離家による親－娘の葛藤

　前述のように離家は、親子の居住空間が物理的に分離することで、若者が
親から経済的・精神的・生活的に自立できる重要なライフイベントであると
考えられる。しかし、韓国社会における慣習や社会経済的状況から、実際の
親子関係では、離家と結婚が同時に行われることが一般的である。特に成人
未婚女性の場合、特別な理由がない限り、結婚するまで親元で暮らすことが
望まれる傾向がある。それゆえ、「親別居女性グループ」の対象者では、離
家によって親子関係の中で様々な葛藤を経験していることが多く語られてい

た。彼女らは、離家した娘に対して子離れができず苦しんでいる母親との関係で悩んだり、経済的・生活的自立を達成した後に、自己決定を行うようになった娘の行為に抵抗する親の態度に苦悩を抱いていた。その中で、対象者自身が親から精神的に自立することに不安を感じる場合も存在した。

2.1. 子離れに苦しむ親に対する娘の悩み

「親別居女性グループ」の対象者の場合、進学や就職のために親元を離れており、親から離家を反対された者はいなかった。しかし彼女らは、親子の物理的な距離が生じることで親子関係をめぐる様々な変化を経験しており、「親別居男性グループ」では見られなかった親子の葛藤が語られていた。次の語りでは、娘の離家に苦しむ母親に対するpの苦悩がよく現れている。

> p：妹も新しい生活をはじめて、私も（一人暮らしの）生活をして、家にいた子ども2人が一度に出てしまったので、本当に大変でした。（略）母親がとても深刻なうつ病になって…。（略）ずっと家族だけを考えて生きてきたのに、みんな出て行ったので、とても寂しかったみたいです。だけど、それが私達にはとてもストレスになるんです。私もここでの仕事が本当に大変で死にそうなのに、（略）週末に（実家に）帰ると遊びたいじゃないですか。だけど、友達と出かけようとすると、（母親は）人生が虚しいと落ち込んでいるし…。だから（実家に）帰ると、職場でもないのに、母親の機嫌を取るために母親が好きなイベントをして、（略）デパートに一緒に行って母親の服や私達の服を選んだり…。（略）以前は、自己中心的に母親が私達のために生きて欲しいと思っていました。以前は。だけど、私達が家を出て見たら、母親にとても申し訳なくて、母親が家族のために尽くしていたことがわかって…。しかし、（略）母親に対する負担もとても大きいです。（略）今は自分が（母親を）面倒くさいと思うんですよ。（略）どうせ結婚すると自然に（親と）分離できたのに、私達はそれが一気に進行したので。私の家族の場合、それがとても大変でした。【親別居女性】

pは、就職するまでずっと親元で暮らしており、家を1ヶ月以上離れた経

験もなかったため、彼女の就職による離家は、本人だけではなく、親にとっても非常に大きな変化であったと考えられる。彼女は、初めての就職や一人暮らしの生活に適応しながら自立を意識するようになったが、その一方で、自らの自立についての葛藤も抱いていた。つまり、親から経済的・生活的に分離し、精神面においても親から離れていくという一連の自立行為が、結果として母親を苦しめることにつながったため、親からの自立に対して後ろめたさを感じていたのである。さらに、今まで「家族のために尽くしていた」母親に対する「申し訳な」い気持ちと、その一方で、子離れができない母親を「ストレス」、「負担」、「面倒くさい」と思う自らの感情に対する罪悪感が、親からの精神的自立に対する否定につながっていた。次は、親からの精神的自立についての p の語りである。

　　p：私は、まだ自立できないと思います。そして、自立するのが嫌です、怖いです。自立しようと考えるのが嫌です。そして、私が自立するのを誰よりも母親が望んでいないので、とても申し訳ないです。私が自立しようと思っているのが。今も思っていますが、私が果たして自立できるかな、そういう考えがあって。もし私が自立するとしたら、私は経済的自立からで…。まあ、精神的自立も…とても重要でしょう。そうしなければならないけど…。【親別居女性】

　p は、親からの精神的自立について、「自立できない」、「自立するのが嫌」、「怖い」、「とても申し訳ない」といった否定的な言葉を述べていた。というのは、親から精神的に離れていくのを「誰よりも母親が望んでいない」と認識しているために、彼女にとって親からの精神的自立は、親の望みに反する行為として解釈されていたのである。
　このように、女性対象者は、「自立すべき」という社会から求められる規範と、「自立しないでほしい」という親から求められる規範の、2つの相反する規範がぶつかる中で、時には自立に対する認識の修正が行われているのであった。

2.2. 娘の自己決定に対する親の抵抗

　また、「親別居女性グループ」の中では、娘の自己決定をめぐって親子関係に葛藤が生じていたことが多く語られていた。ｎの場合、就職と離家をきっかけに親と相談しないで自己決定を行うようになったが、その行為に対する親の抵抗や干渉に悩んでいた。ｎは、自己決定をめぐる親とのトラブルについて、次のように語っていた。

　　　ｎ：今、５回目の離家をしているけど、（家を）出て暮らすたびにちょっとしたトラブルがあります。（略）私が自分で勝手に決めようとしていることについて、（親が）寂しがっています。私は、自分のお金があるから、もう自ら決めて、自分の人生は自分のものだという考えがとても明確になって。だから、すべての決定を親と相談しないで、自分で決めた後で（親に）知らせるように徐々に変わったので、親がそれについて寂しがっているんですよ。（略）（親に）干渉しないで欲しいです。なぜなら、私の年齢は28歳ですよ。だって、もう28歳でしょう。今も結婚の問題とかに一々干渉するのですけど、うん…本当に頭がおかしくなりそうで…。（略）だけど、もう私も自分の将来は自分で考えるべきだと思います。もう１人の独立した存在として、親を助けてあげたり、いつか必要な時に私から（親に）助言を求めることはあっても、親が干渉してはいけないと思います。【親別居女性】

　ｎは、就職と離家を果たすことで親からの経済的・生活的自立が実現できるようになり、「自分の将来は自分で考えるべきだ」という認識から、自己決定を通じて親から精神的に自立しようとしていた。しかし、実際の親子関係では、彼女が自己決定を行うことを「寂しがっている」親の態度や、娘が経済的・生活的に自立した後も続いている親の干渉に、「頭がおかしくなりそう」という気持ちを現していた。つまり、彼女の「１人の独立した存在」という個人主義的な規範に基づく自己決定への意思は、親の家族主義的な規範とぶつかることで、精神的自立の困難として具体化しているのだと考えられる。

第4章　成人移行期における若者の自立意識　105

　また、このような娘の自己決定に対する親の抵抗は、娘の親への罪悪感や
精神的自立に対する恐怖感へとつながっていた。ｏは、早い時期に親から経
済的に自立しており、離家して7年ほど経っているため、ほぼ完全に親から
経済的・生活的に自立している状態であった。しかし彼女は、自ら収入を管
理することについて、親に申し訳ない気持ちを持っていたのである。次は、
自己決定をめぐる親子関係の悩みについてのｏの語りである。

> 　ｏ：私は、経済的なことについては、（親に）昔から大きな援助をしてもらえな
> くて、大学の2、3年生からは援助を受けなくなりました。去年の教員試験を準
> 備する時以外は。だから経済的な部分では、親から自立できていると思います。
> でも、親がどのように生きてきたのか分かっているので、完全な自立は難しいと
> 思います。（略）親に、私がその…お金を、私の給料を送っていたのですけど、
> 親が貯金をしてくれていたのですが、今は、私が引っ越してからは、そう（＝送
> 金）しなくなりました。（略）心の中にずっと負担があって、このお金を自分が
> 持っているのはいけなくて、これを（親に）あげなきゃならないという…。そう
> いった部分においては、うまく自立できていないと思います。自立すると、何か
> 悪いことをしている気がして、そうしてはいけない気がして…。【親別居女性】

　ｏは、非正規職で塾の講師をしていた頃は、実家に収入の一定額を送って
親に金銭管理をしてもらっていたが、中学校の教師になって安定した収入を
得られるようになってからは、自分ですべての収入を管理するようになった。
しかし彼女は、このような自らの金銭管理について、「心の中にずっと負担
があ」ると悩んでいた。彼女が言う「負担」とは、親の管理から分離しよう
とする自らの行為に対して、「何か悪いことをしている」、「そうしてはいけ
ない」というように、親への罪悪感の現れであると思われる。それゆえ、彼
女が考える自己決定による親からの精神的自立は、自分の人生に対する親の
影響を自ら断絶することで、親子関係を疎遠にさせる行為として解釈されて
いたと考えられる。また、女性対象者における「精神的自立＝親子の情緒的

つながりの断絶」という認識は、親からの精神的自立への恐怖感にもつながっていた。次のoの語りでは、親からの精神的な自立に対する不安がよく現れている。

　　o：精神的に自立するのがとても怖い時があるじゃないですか。親は親、私は私、というのが、ちょっと怖い時がありますが。【親別居女性】

　韓国の親子関係では、親子を同一の存在として認識することが多いため、oは、親子が「親は親、私は私」という個別の存在として分離される状況が「怖い」と感じていた。つまり彼女の意識の中では、親から分離した個人を重視したい気持ちと、親子の情緒的なつながりを大事にすべきという義務感が共存し、その相反する2つの規範がぶつかり合っているのだと考えられる。

3．結婚に対する親と息子の認識の相違

　男性対象者の語りの中で、自立に対する親子の認識の相違がもっとも明確に現れたライフイベントは結婚であった。つまり、結婚が自立の判断基準ではなく、個人の選択として考えている対象者の場合、結婚を自立すべき規範として考える親や社会の認識と直面することで葛藤を経験していたのである。さらに、男性に課せられる結婚への経済的な負担は、彼らの結婚選択を困難にする要因になっていた。

3.1．結婚に対する家族主義と個人主義の規範の葛藤

　FGIの対象者の平均年齢は、男性が28.9歳、女性が28歳であり、韓国人の平均初婚年齢（2005年時点で、男性が30.9歳、女性が27.7歳）に近いものであった。実際に、多くの対象者は、親から結婚することを求められており、特に、フルタイムの就職を果たし、安定した収入を得ている「親同居男性グループ」の場合、親から早く結婚することを強く要求される状況であった。次は、

親からの結婚の勧めについてのcとaの一続きの会話である。

　　c：（親が）結婚しなさいと。だから、早く家を出てということじゃなくて、一
　　緒に住んでも、離れて住んでも、とにかく結婚しなさいと。【親同居男性】

　　a：今、私達の年齢で、共通した話題がそれなんですよ。みんな、親から「結婚
　　しなさい」と。だから、（親と）一緒に暮らしても、離れて暮らしても。【親同居
　　男性】

　　c：親が考える自立の基準がそれだと思います。やはり私達から見ると…。特に、
　　男性は結婚をしてこそ大人になれると、自立したと認めてくれるみたいです。
　　【親同居男性】

　cとaは、親から結婚を要求される状況について、結婚は「親が考える自
立の基準」であり、親は息子が「結婚をしてこそ大人になれると、自立した
と認めてくれる」と考えていた。しかし対象者の中では、結婚をライフスタ
イルにおける個人の選択として捉えており、結婚が必ずしも自立の判断基準
ではないと考える場合も存在した。このように、結婚に対する自身の認識と
親や社会の認識の間にズレが生じた場合、結婚の選択に葛藤を抱くことにな
る。次のcの語りでは、結婚についての個人と社会の認識のズレに悩む姿が
現れている。

　　c：うん…先ほど、私は自立と結婚は別だと言いましたが、私自身は問題になり
　　ません。結婚しなくても。だけど、これは社会的な慣習だから、一般的な慣習だ
　　から、周りの視線があるじゃないですか。だから結婚が遅くなることに対する不
　　安感はあります。私自身は大丈夫だけど、他人が私を見るとき、正常な範囲から
　　少し離れているでしょう。歳をとっても結婚していないから。そういったことが
　　ちょっと負担になります。結婚に関して。（略）だから、まだ結婚できないこと
　　が、（自立に関して）完全ではない部分だと。【親同居男性】

「自立と結婚は別」だと考えているcは、「歳をとっても結婚していない」ことを「正常な範囲から少し離れている」と見なす「社会的な慣習」に直面することで、自分の現状に「不安感」や「負担」を抱いていた。結局、彼は、個人の考えと社会の規範とのズレを解消するために、「まだ結婚できないことが、（自立に関して）完全ではない部分だ」というように自分の自立の認識を修正していたのである。このように、結婚における彼らの個人主義的な考えは、親や社会の家族主義的な規範との間で葛藤し、時には認識の再構成が行われると考えられる。

3.2. 結婚に対する経済的責任への負担感
　男性対象者にとって、結婚に求められる経済的な責任は、結婚する際に大きな負担の１つになっていた。つまり彼らは、自ら結婚について家族成員を扶養するための経済力への責任を強く意識していたのである。しかし彼らは、新しい家族を支えるほどの経済力が獲得できない現実と社会からの期待とのギャップに困難を抱いていた。次は、結婚に対する経済的負担感についてのhとjの一続きの会話である。

　　　h：ここ（＝「親別居男性グループ」）にいる人は、結婚適齢期であるか、過ぎているか、という人達ですよ。結婚できる条件が揃っていたら、結婚したと思います。（結婚）した人もいると思います。だけど、（略）経済的に自立できないため、結婚した時に発生する経済的な負担を支えることができないため、結婚する年齢がどんどん遅れると思います。（略）例えば、江南（＝ソウル市内にある区名）にあるアパートで、約18坪ぐらいの家を借りるためには（保証金で）何億（ウォン）が必要で、家賃がいくらかかって、生活費、水道代、電気代、交通費、そういったことに耐えられる能力がないと、結婚なんてすることは思いもよらないのですよ。【親別居男性】

　　　j：親がそういう雰囲気を作っているんですよ。だから、子どもに「あなたは、なぜ自立しないの？」と（結婚を）要求しながら、経済的な条件が（充足し）な

かったら生活ができないという雰囲気が作られているので、その圧迫というか…。
（略）親の話を聞くと、家の値段なんて半端じゃないし…、だけど、親は「なぜ
結婚しないのか？なぜ自立しないのか？」と…。だから、自立する気持ちがどん
どん小さくなってしまいます。【親別居男性】

　ｈとｊの会話では、親からの結婚の要求に対して、結婚に踏み切ることが
できない現状が指摘されていた。つまり、親が望む結婚では「経済的な条件
が（充足し）なかったら生活ができない」ことが前提になっており、彼らは
経済的自立が厳しい社会状況の中で、「結婚した時に発生する経済的な負担
を支えることができない」と判断していたのである。要するに、彼らは親や
社会から求められる結婚に対する経済的な責任と、経済的に自立できない現
実とのズレに葛藤を経験していた。このように男性の経済力が結婚の選択に
影響を及ぼす状況は、男性の職業選択に対する親の期待をより強化させるこ
とにつながっている可能性が考えられる。
　一方、結婚に対する経済的責任への負担感は、男性対象者が「結婚するの
を躊躇してしま」う原因の１つになっていた。つまり、新しく家族を形成す
ることで妻子を経済的に支えなければならない状況は、彼らに大きな重荷に
なっていると思われる。次のａの事例では、成人未婚男性が抱いている結婚
に対する経済的負担感がよく現れている。

　　ａ：家では「結婚しなさい」と言っているし、年齢もある程度過ぎているので、
　　結婚の話がたくさん出ているけど、私は正直言って結婚したくないです。（略）
　　まぁ、親に拘束されるのは仕方ないことで、（略）親が亡くなっても拘束される
　　から、どうせ結ばれている家族だから。だけど、家族以外に、また誰かに拘束さ
　　れるのも嫌だし。（略）また、もう１つの荷物を背負わなければならないのが、
　　それが子どもです。（略）正直言って、私はやりたいことがたくさんあります。
　　買いたいものもたくさんあるし。だから、結婚が怖いのは、私が稼ぐ収入から、
　　妻がいると、それを２分の１に減らさなければならないし、子どもまでいると、
　　また３分の１に減らさなければならないし…。（略）こうやって歳をとるにつれ

110

て、肩がどんどん重くなるのが嫌だから、荷物を少しでも軽くしたいという考え
をいまだに持っています。これは、間違った考えかもしれないけれど、これが理
由で結婚するのを躊躇してしまいます。【親同居男性】

　aは、結婚がもたらす経済的責任に対して、「肩がどんどん重くなるのが
嫌」、「荷物を少しでも軽くしたい」と述べていた。というのは、彼は現在の
親子関係における「拘束」は、「どうせ結ばれている家族」であるため受容
せざるを得ないが、新しく形成する家族からの「拘束」は、自分の意思で選
択しないことができると判断していた。つまり彼は、結婚を達成しなければ
ならない自立の課題ではなく、ライフスタイルの選択の1つであると考える
ことで、過剰な責任から離れようとしていたのである。このように、結婚に
おいて男性に向けられる過剰な経済的責任は、結婚に対する個人主義的な思
想を逆説的に強化させる可能性もあるのだ。

4．小括

　以上、韓国の成人未婚男女が、親子関係の中で自立をめぐってどのような
葛藤を経験しているのかについて検討した。まず、自立をめぐる親子の関係
性とその葛藤において、男女によって異なる特徴が見られた。男性対象者の
場合、社会的地位や経済力をもたらす職業に対する親の期待、そして、親の
結婚への要求や、結婚に対する経済的責任への負担によって困難を経験して
いた。一方、女性対象者の場合、就職や離家による親からの自立意識と、子
離れができない親との関係の中で葛藤を感じており、親に対する罪悪感や親
離れへの恐怖感を抱いていたのである。

第3節　結論

　以上のように、韓国の成人未婚男女が、成人移行期での経験を通じて自立

をどのように認識しているのかについて検討した結果、以下の３つの知見が得られた。

　第１に、韓国の成人未婚男女の自立意識における個人主義的規範と家族主義的規範の共存である。彼・彼女らは、就職、離家、結婚を通じた経済的・精神的・生活的自立の達成という社会から求められる従来の自立規範を受け入れながらも、個々人の状況や見解によって多様性を備えた自立の基準を持っていた。また、彼・彼女らがライフイベントの選択における自己決定を重視しているのは、自立を親の影響から離れ、人生における個人としての主体性を獲得するものとして認識しているためであると考えられる。このような韓国の成人未婚男女の自立における個人主義的規範は、自己実現や個人としての幸福を重視したライフイベントを自らの意思で選択したいという欲求につながっていた。

　その一方で、韓国の成人未婚男女には、家族主義的規範に基づいて自らの自立を捉える傾向も存在した。つまり彼・彼女らは、親の扶養、家の継承、孝規範、親子の情緒的つながりといった親や家族との関係性の中に自らの自立を位置づけることで、自立を個人の問題ではなく、家族全体の問題として認識していたのである。そして、韓国の若者の自立意識の中には、個人主義と家族主義という２つの相反する規範が共存することで葛藤が生じる場合も存在した。

　第２に、韓国の成人未婚男女の自立意識における脱ジェンダー化とジェンダー規範の共存である。従来の韓国社会では、若者の自立において、男性には就職を通じた経済力の獲得が求められ、女性には結婚を通じた家族への情緒的サポートが求められていた。しかしFGIの対象者は、男女ともに、就職、離家、結婚および自己決定を通じて、経済的・精神的・生活的自立の達成を期待していた。特に、女性対象者の場合、教育に対する高い意欲と、社会進出を果たして経済力を獲得すべきという強い意志を持っていたのである。

　しかし、その一方で、ジェンダー規範による自立の男女差も存在した。つ

まり経済的自立において、男性の場合、自らの経済力の獲得だけではなく、現在の家族（親）の扶養、さらに新しく形成される家族（妻、子ども）の扶養までも含まれていたが、女性の場合、現在の家族や新しく形成される家族への経済的な扶養は、自ら達成すべき自立として認識されていなかった。そのため結婚に対して、男性は経済的な責任を、女性は情緒面でのケアの役割をより強く意識していたのである。また離家においても、男性は親からの精神的自立を評価するのに対して、女性は親からの生活的自立を評価する傾向が見られた。このような自立の達成における脱ジェンダー化と自立の内容やその範囲におけるジェンダー規範の共存は、彼・彼女らの自立をめぐる社会状況や親子関係の中で葛藤の原因になる場合も存在したのである。

　第3に、韓国の成人未婚男女の自立意識と親子関係での葛藤である。対象者は、自立について語る際に、自らの自立に対する意識と子どもに対する親の希望との相違に悩んでいた。つまり彼・彼女らは、ライフイベントにおける自己決定の重要性を認識しているものの、実際の親子関係の中で、職業に対する親の期待、親の子離れの拒否、親の伝統的な結婚規範などを受容しなければならなかったのである。また、自立をめぐる親子関係の葛藤においては、男女差が存在した。つまり男性は、結婚を可能にする経済力の必要性について親から強いプレッシャーを感じる一方で、女性は、自己決定による親からの情緒的断絶への不安をより強く感じていた。このように、自立をめぐる親子関係において男女差が生じる背景には、男女によって親から期待される役割や自立の内容が異なっているからだと考えられる。

第5章　親―息子関係と自立をめぐる親子の戦略

　第4章では、韓国の成人未婚男女の自立意識における個人主義的規範と家族主義的規範の共存、そして脱ジェンダー化とジェンダー規範の共存が確認された。さらに、韓国の親子関係では、成人未婚男女の意思決定が親から大きく影響されていることが明らかになった。この結果を踏まえて、本章および次章では、成人移行期のライフイベントをめぐって、韓国の親子がどのような過程で意思決定を行ってるのかを検討し、その背景にある成人未婚子の自立をめぐる親子の戦略を探ることを目的とする。

　FGIの分析では、韓国の成人未婚男女の自立における親子関係の重要性や親からの影響力が示されたが、それは成人子側の語りのみから確認されたものであるため、親側の認識や行為の背景を把握するには限界が存在した。そこで本章および次章では、調査IIの親子のマッチング・インタビュー調査を通じて得られたデータから、成人未婚子のライフイベントでの経験と自立に関する親子双方の認識を把握し、若者の自立をめぐる親子関係をよりリアルに、かつ、立体的に分析することを目指す。

　また第4章で、自立意識や自立をめぐる親子関係の男女差が知見として得られたため、本章では、まず息子の自立をめぐる親子関係に焦点をあてる。以下、第1節では、5つの家族のうちA・B・C（補足的にDを含む）の家族のケース・スタディ分析を行い、第2節で、5つの家族のうちA・B・C・Eの家族を対象にした横断的比較分析を行う。分析される語りでは、必要に応じて「（括弧）」で補足を行い、省略については「（略）」で、沈黙は「…」で示した。

第1節　成人移行期における親―息子の意思決定過程

　本節では、成人移行期にある息子の自立と関連する大学進学、軍入隊、就職、離家、結婚といったライフイベントでの出来事、そして、これらのライフイベントをめぐる親子の意思決定過程について明らかにする。まず親は、父親、母親ともに、息子の就職が達成すべきもっとも重要な自立の課題であると認識しており、息子の様々なライフイベントに関する意思決定に積極的に関わっていた。一方、息子は、時には親の意思の優位性に葛藤を抱きながらも、親の希望を受容した意思決定を行っていた。特に、息子の経済的自立に対する親の過剰な期待から、大学専攻の選択、軍入隊の方法や時期の選択、職業の選択、結婚の時期や相手の選択といった様々な場面において、親の意思が大きく反映される傾向が見られた。息子のライフコースについては、[表5－1]でまとめた通りである。

1．A家族の事例：息子の人生における親の意思の優位性

　Aは、父親と母親、妹の4人家族の長男である。彼は、子どもの頃から学校の成績が優秀であり、大学では工学部が有名なα大学で機械工学を専攻した。大学在学中に、軍人である父親の勧めで学軍団[1]に志願し、朝晩は軍事教練を受け、昼間は専攻の勉強をする生活を過ごした。大学卒業後、大学院の修士課程に進学したAは、休学中に将校として兵役を務め、その後は、研究者になるために大学院の博士課程まで勉学を続けた。インタビューを行っ

1　学生軍事教育団（Reserve Officers' Training Cops：ROTC）の略称である。初級将校を養成する軍機関であり、学軍団がある4年制大学の2年生で、3年生に進学可能な者が応募できる。大学成績以外、筆記試験、身体検査、体力検査、面接試験を受けて選抜される。選抜された者は、大学の3年～4年生の間に、大学内で専攻の授業と軍事教練を並行して行い、春休み（4週間）と冬休み（2週間）に軍事訓練を受ける。卒業後は、28ヶ月間、将校として兵役を務める（병무청〔兵務庁〕2016）。

[表5－1] 成人移行期における息子のライフコース年表

年	1994	1995	1996	1997	1998	1999	2000	2001	2002	2003	2004	2005	2006	2007	2008
経済状況				外貨金融危機				IMF救済 金融返済						アメリカ発 金融危機	
A (33歳)		大学入学				大学卒業／大学院入学(修士)／軍人隊		軍除隊		大学院修了(修士)／大学院入学(博士)					就職(正規・研究員)／大学院修了(博士)
B (32歳)		大学入学				大学卒業／司法試験準備								大学院入学(修士)	就職活動
C (31歳)				大学入学				大学卒業／軍人隊		軍除隊／闘病生活	就職活動	就職(自営・築経営)			
D (28歳)						短大入学／短大退学	軍人隊		軍除隊	短大入学		短大卒業／就職(正規・会社員)			
E (22歳)												大学入学	軍人隊		軍除隊／就職活動

た時、Aは、博士学位の取得と同時に、大企業の研究所で研究員の内定が決まったばかりであった。彼は現在に至るまで、一貫して親と同居しており、軍隊に入った時も家の近くにある部隊に配置されたため、週末は家に帰ることが可能であったという。また、母親が紹介した見合い相手との結婚が決まっており、親が所有するビルの、親が居住する部屋の下の階で、新婚生活をはじめる予定である。

　Aの親（特に、父親）は、子どもの教育に対する関心が非常に高く、高い社会的地位が得られる職業の達成が、息子の成人移行期におけるもっとも重要な自立の課題であると考えていた。それゆえ、親は息子の様々なライフイベントの選択に積極的に関与し、その結果、親の意思が優先された選択が行われる傾向が見られた。

1.1. 息子の職業に対する親の希望と大学専攻の選択

　Aの家族の場合、息子の成人移行期の様々なライフイベントにおいて、意思決定の主体をめぐる家族成員間の認識のズレが見られた。つまり、Aの大学専攻の選択について尋ねた時、Aの父親、Aの母親、Aは、それぞれ自らが意思決定の主体であったと語っていた。まず、Aの父親は、息子が理系を選択して大学で機械工学を専攻したのは、父親の意見が大きく反映された結果であると、次のように述べていた。

　　Aの父親：専攻の選択は、本人の意思というよりは、父親である私が専攻を選びました。私が軍から研究所に移って、（略）国防科学研究所は、純粋な理工系研究所だけど、（略）そこに入って研究する姿を見たんです。それを見ながら「あ、私の息子は理工系に行かせるべきだ」と思いました。（略）本人は法学部に行きたがっていたけど、高校1年生が終わって2年生になった時に（文系か理系かを）決めなければならなかったので、その時、私が（理系に）行きなさいと言ったんですよ。（略）それで、大学も理工系大学を選択して、（略）私が機械工学に決めました。（略）（息子は）私の意思にすぐ従って、そうしてくれました。

第5章　親―息子関係と自立をめぐる親子の戦略　117

　Aの父親は、「法学部に行きたがっていた」息子の希望を認識しながら、
息子を「理工系に行かせるべきだ」という自らの意思を優先させて、大学専
攻の選択が行われたと説明していた。つまり彼は、息子のライフイベントに
おいて、親が積極的に関与したり、息子の意思よりも親の意思が尊重された
形で意思決定が行われることが望ましいと判断していたのである。そして、
Aの父親の行為は、現実に息子が工学博士の学位を取得し、大企業の研究所
で専任研究員として就職している状況によって正当化されるのであった。
　このような息子のライフイベントの選択における親の積極的な関与は、A
の母親の語りからもうかがえる。彼女は、息子が工学部に進学したのは母親
の意思が大きかったと、次のように語っていた。

　　Aの母親：理系に行くか、文系に行くか試験があったのです。だけど、それが五
　　分五分だったのです。それで、どうしようかと思ったけど、親戚が外交部で働い
　　ているんですよ。そこの甥に聞いてみたら、「工学部の方が良い」と言ったので、
　　それで工学部を選びました。（略）本人も選択を…たぶん、医者になれなかった
　　ら、工学部が良いと考えたと思いますが…。そして、お父さんもそうだったし。
　　エンジニアになった方が良いだろうと。

　Aの母親は、「医者になれなかったら、工学部が良い」という息子の意思
と、「エンジニアになった方が良い」という父親の意思が一致している中、
甥から「工学部の方が良い」という助言を受けた母親の判断で、工学部に進
学することを決めたと説明していた。このような彼女の語りでは、成人移行
期の息子の人生において、親の最終的な決断が非常に重要であると認識され
ていることが示されている。
　一方、Aの場合、大学専攻の選択について、父親と母親の主張とは異なり、
自らの意思によるものであったと、次のように語っていた。

　　A：（大学の専攻については）悩みませんでした。今の学科（＝機械工学）に行

こうと思っていました、ずっと。

Q：（専攻は）本人が決めましたか？

A：そう…です。はい、そうです。

Aは、大学専攻の選択について、父親や母親の選択ではなく、本人が決めた結果であると述べていた。このような彼の語りには、以下の3つの解釈が可能である。1つ目は、Aは自分の人生について、自らの判断で意思決定が行われるべきであり、親の意思による決定は望ましくないという考えに起因しているという解釈である。2つ目は、1つ目の解釈と関わるが、専攻の選択に対して親の影響が存在したものの、親の提案を受容したのは自分の判断であり、最終的には自らの意思決定の結果であると、Aは認識しているという解釈である。3つ目は、Aは、現在の社会的地位を得ることができたのは、本人の判断と努力による結果であると主張しているという解釈である。

このように、Aの大学専攻の選択をめぐって、家族成員がそれぞれ異なる認識を持っていることが確認できた。そして、息子の就職に対する親の期待は、職業の選択に影響を与える大学専攻に対して、親の積極的な関与や意思の優位性をもたらしていることが推察できる。

1.2. 親による軍入隊の選択と曖昧な離家経験

多くの韓国人男性にとって約2年間の兵役を勤めるのは、成人移行期における非常に大きなライフイベントである。軍隊に行く方法や時期は人々によって異なるが、就職する前に兵役の義務を終えることが一般的であるため、大学に進学した者は、1年〜2年生で休学し、軍服務を終えた後に復学する場合が多い。ところが、Aの場合、大学3年〜4年生時に大学内で学軍団として軍事教練を受け、卒業してから将校として兵役を務めた。Aの軍入隊の

選択は、職業軍人であった父親、そして母親の意思によるものであったと、
A、Aの父親、Aの母親は語っていた。

　　A：軍隊はROTCをやりました。もちろん、父親が決めました。当時は、やり
　　たくなかったです。中道半端だから、やりたくなかったです。学生でもないし、
　　軍人でもないから。

　　Aの父親：その…学軍団が将校になる道だけど、その学軍団を本人が「行かな
　　い」と言ったのです。それで、それも私が「行きなさい」と言いました。学軍団
　　も私が行かせました。（略）朝1時間教練を受け、放課後も教練を1時間やって、
　　そして夏と冬休みは、また団体訓練を受けなければなりません。だから、時間が
　　ありませんでした。アルバイトもできなかった。

　　Aの母親：軍隊は…そのROTC試験を受けました。だから、学軍団に…私とお
　　父さんがとにかく「行きなさい」と言いました。本人は「行きたくない」と、
　　「大学で軍服を着ると、学校の制服を着るみたいだからやりたくない」と言った
　　けど、それでも「男は将校になった方が自慢できるし、そして、先輩、後輩も増
　　えて、将来のために良いから行きなさい」とお父さんが強く勧めました。

　Aは、大学で勉強しながら軍事教練を受けるのは「中道半端」だと思って
いたが、Aの父親と母親は、「将来のために良い」という理由で、息子に学
軍団に志願することを強く勧めていた。つまりAの両親は、大学進学の選択
と同様に、軍隊に行く方法や時期においても、息子の希望よりも息子の就職
や将来の人生に役立つという親の判断を優先していた。そして息子は、親の
意見を受容して軍入隊の選択を行っていたのである。
　一方、Aが兵役中に務めた軍部隊が家のすぐそばにあったため、Aは週1
回程度、実家に帰るという、一般兵とは異なる軍隊生活を送っていた。それ
ゆえ息子が軍隊に入った後も、親子が物理的に離れているとは感じられなか
ったと、A、Aの母親、Aの父親は次のように語っていた。

A：毎週、家に帰りました。（軍規則では）本当はやってはいけないけど、あまりにも家と近かったので。（略）親子関係に変化は、ほとんどなかったですね。毎週会えたし、会いたかったら毎日行ったり来たりもできたので。

Aの母親：1週間に1回来たし、その間にも時間があるとよく来たりして。近いから。（略）初めて軍服を着て帰ったときはちょっと涙が出たけど、その後は頻繁に来るから、別にそういう（＝寂しい）感じはしなかったと思います。

Aの父親：他の人みたいに家と遠く離れている軍部隊に行ったら、離れて気づくことがあるだろうけど、近くにいて、頻繁に家に行ったり来たりしたので、そういうこと（＝寂しさ）は感じなかったね。

　Aは、軍入隊をきっかけに初めて離家を経験していたが、頻繁に家に帰ることができたため、「親子関係に変化」を感じることはなく、Aの父親も「離れて気付くこと」はなかったと述べた。第4章では、多くの男性対象者が、軍入隊による離家経験が親からの精神的自立を認識する大きなきっかけになっていたと語っていた。しかし、このようなAの離家経験は、親からの精神的自立を認識する機会になっておらず、同時に、親も子離れを経験するライフイベントとして認識しなかったと考えられる。

1.3. 就職するための大学院進学
　Aは、大学を卒業する際、大学院の修士課程に進学することを決めて、試験に合格してから軍隊に入ったため、除隊後はすぐ大学院に戻り、博士課程まで勉学を続けていた。ところが、大学院に進学して職業として研究者への道を選択したことについて、大学専攻の選択と同様に意思決定の主体をめぐる親子間の認識のズレが見られた。Aの父親は、息子が大学院へ進学することを決める際に、自らの意思が大きく反映されていたと、次のように語っていた。

Ａの父親：うん、私も望んだし、本人も望んだし。さっき私が言ったように、私が研究所で働いてみたら、うん、ちゃんと学ばなければならない、ちゃんと順序を踏んで勉強して社会に出た方が、それがむしろ早道だ…というのを、私が、その、だから、社会で見たので、それをそのまま実践させました。

　Ａの父親は、息子の大学院への進学について、「本人も望んだ」と言いながら、「ちゃんと順序を踏んで勉強し」た方が就職への「早道」だという自らの意思を「そのまま実践させ」た、と強調していた。つまり、大学専攻の選択と同様に職業の選択においても、親の判断が重要な決定要因になっていることがうかがえる。このような息子の職業選択における親の優位性は、次のＡの母親の語りにもよく現れている。

Ａの母親：大学院に合格してから（軍隊に）行ったので、除隊して、すぐ修士課程に入りました。そして、（息子は）修士を卒業して就職しようと思ったけど、先生が止めて、また、すぐ博士課程に入りました。本人は（就職）しようとしたけど…。（略）お父さんも「修士も学士も変わらない」と、「行くなら博士まで行かなければならない」と、それで博士まで行くことになりました。

　Ａの母親は、修士を終えた息子は就職することを望んでいたが、先生と父親の勧めで博士課程に進学し、研究者をめざすことになったと説明していた。つまりＡの母親は、息子の意思よりも「博士まで行かなければならない」という先生と父親の積極的な関与によって、息子が現在の道にたどり着くことができたと認識していたのである。
　一方、Ａの場合、大学専攻の選択と同様に、大学院に進学して研究者になることを決めたのは自らの意思であると、次のように語っていた。

Ａ：私が決めました。うん…学歴を上げたかったのでそうしました。（学歴が）ないよりは長い（＝高い）方がいいでしょう。あれ（＝就職）はやりたくなかっ

たです。うん、最後までやってみたかったです。何かをいったん始めたら、勉強も最後まで…。(略)知識が必要だったからではありません。知識がなくても学位があれば、一応何とかできるから、学位が必要だったんでしょう(笑)。

　Aは、母親の認識とは反対に、「あれ(＝就職)はやりたくなかった」と言い、勉強を「最後までやってみたかった」と、大学院へ進学した理由を説明していた。しかし、その背後には、「学位があれば、一応何とかできるから」という計算も含まれていたと言う。つまり彼は、博士学位を取得することが、社会的評価の高い職に就く「早道」であるという父親の判断を受け入れたとも考えられる。

　一方で、Aの行為は、当時の韓国の社会状況と結びつけて考えることもできる。Aが大学を卒業した1999年は、外貨金融危機によって、大きな企業が次々と倒産していたために失業者が増加し、大学を卒業した多くの若者がそのまま失業者に陥った時期であった。このような不安定な経済状況の中で、父親が提示する大学院への進学は、Aにとってより就職への可能性が高い手段として理解されたと言える。また、経済不況による就職困難な状況下では、自立するために親の援助が必要不可欠であるため、親の意思の優位性はより強化されていたと考えられる。

1.4.　就職による結婚の可能性

　インタビュー当時、Aは、就職とともに近いうちに結婚も決まっている状況であった。Aの大学専攻、軍入隊、就職において、本人の意思よりも親の意思が尊重された選択が行われていたAの家族では、結婚の選択においても親の強い影響が存在した。Aの母親とAの父親は、息子の結婚の選択について次のように語っていた。

　　Aの母親：結婚も決まりました、息子は。婚約までしたので。11月に結婚します。

お見合い結婚ですが、私の友達が仲人になって、お見合いをして、1回〜2回会ってから（息子が）「結婚します」と言ったんですよ。（略）今まで何回も（お見合いを）したのですが、（略）（息子が）嫌がって、「今、忙しいのに、論文が進まなくて大変なのに、何でこんなことをさせるのか」と言ったりして。「気晴らしする気持ちで、お茶でも一杯して来なさい」と無理に送り出したら、こうやって縁が結ばれました。（略）（大学院を）修了したら、あの子をすぐ結婚させなきゃと思っていたけど、こうやって決まってホッとしました。

Aの父親：結婚についても、ずっと（女性との）付き合いができなかったので、今まで（結婚できずに）いました。それで、それがとても心配だったけど、今年、家内の友達から紹介がありました。（略）5月にお見合いをして、6月に婚約式をして…11月に結婚式をすることになりました。しかも、嫁もいい大学を出て、頭が非常にいいのです。だから、私が求めていた通りにすべて叶ったんだ。

　Aの父親とAの母親は、息子が勉強を続けることで結婚が遅れることを心配していたが、Aの母親の友人が紹介した相手との結婚が決まったため、「ホッとしました」、「私が求めていた通りにすべて叶った」と喜びの気持ちを述べていた。そしてAの父親は、息子の博士学位の取得と研究員としての就職が、親が希望した「いい大学を出て、頭が非常にいい」相手との結婚にもつながっていると考えていた。またAの母親は、息子が自ら結婚することを決心したと語っていたが、その決心は、親が提示する範囲内での、限定された選択であるとも言えるだろう。
　一方、Aは、結婚を決心した理由について、次のように語っていた。

A：お見合いをして…結婚してもいいと。（略）ずっと「（結婚）したくない」と思っていたけど、ある時期になってから「あ、（結婚）しなきゃ」という気持ちができて…。（略）歳を取ったこともあるけど、もう自分の環境にある程度の余裕ができたので、そういったことを考えることができたと思います。（略）まぁ、そう（＝結婚）したとしても、まぁ…親から完全に分離できた…とは言えないでしょう。（略）今、住んでいる家が5階建てだけど、親は5階に住んで、私達は

2階に住むことになるから…。

　彼は、結婚を決心した理由について、「自分の環境にある程度の余裕ができた」ためであると述べていた。つまり、就職して社会的地位や経済力を獲得することで、結婚を考えられるようになったと言える。しかしAは、現在、親が所有しているビルの5階に親と同居しており、結婚した後も同じ建物の2階で生活する予定であるため、結婚によって「親から完全に分離できた…とは言えない」と認識していた。つまり、彼にとって結婚というライフイベントは、必ずしも親からの自立を意味しているわけではないと思われる。以上のように、成人移行期の大学進学、軍入隊、就職、結婚といったライフイベントでの意思決定において、親の意思の優位性は、Aの自立意識に大きな影響を与えていたのである。

２．Ｂ家族の事例：家族の利益が優先された息子の意思決定

　Bは、父親と母親、妹2人の5人家族の長男である。中学まで地方の田舎で両親と一緒に暮らしていたBは、学校の成績が特段に優れていたため、担任の先生に勧められて、親元を離れて市内にある名門高校に進学した。最初は1人で学校の近くにある下宿で生活していたが、半年後、父親だけ仕事のために田舎に残り、母親が妹を連れて彼の元へ引っ越して来た。大学は、ソウルにある名門β大学の法学部に進学し、学校の近くで一人暮らしをしていたが、その後、妹が2人ともソウルにある大学に進学したため、母親も引っ越し、再び4人で一緒に暮らすようになった。大学卒業後、Bは、母親の勧めで司法試験の勉強を何年も続けてきたが、合格することはできなかった。そうした状況の中で、父親の会社が不渡りを出してしまい、母親が生計を支えるためにパートタイムの仕事をはじめるようになり、Bは司法試験の勉強を続けることを悩むようになった。そして、試験勉強のためにずっと先送りにしていた軍入隊を決心し、除隊後は、司法試験をあきらめて、同大学大学

院の環境学科に進学した。インタビューを行った時、彼は上京して来た父親と母親、妹1人の4人で同居をしており、学内でのアルバイトをしながら、専攻の勉強とともに就職活動を同時に進めていた。

　Bの家族は、Bの勉学のために何回も引っ越しをしたり、長年にわたって経済的・生活的サポートを続けるなど、家族全体がBを支えていた。それゆえBは、自らの自立を個人の問題ではなく、家族への責任として考えており、様々なライフイベントの選択においても、自分の希望よりも親の期待を尊重した意思決定を行っていたのである。

2.1. 親の期待を背負った大学専攻の選択

　Bの家族の場合、息子の大学専攻の選択について、意思決定の主体をめぐる家族成員間の認識の相違は見られなかった。B、Bの父親、Bの母親の3人とも、息子自身の意思よりも周囲の助言や勧めによって、大学専攻の選択が行われたと語っていた。まずBの母親は、数学が好きだったBが理系ではなく文系を選び、法学部に進学した理由について、次のように述べていた。

　Bの母親：（高校）2年生の時に理系と文系に分かれるでしょう。それで、あの子は数学のように（問題を）解くのが好きで、暗記するよりはね。それで、本人が理系を選択してきたのよ。（略）だけど、（Bの母親の）お兄さんが何だって詳しいと思って、（略）「お兄さん、うちの子が1年生で全校1位だけど、2年生になって自分が理系を選びましたが、どう思いますか？」と尋ねたら、「何で理系を選んだ、成績が良いなら文系を選んで法学部に進むべきだろう」と。（略）（大学専攻を選ぶ時も）あの子は、経済学科に志願しようと思って、（担任の先生に捺印してもらうために）学校に行ったんですよ。だけど、担任の先生から「法学部に行った方が良いのに、なぜ君は経済学科に行こうとするんだ。法学部に行くべきだ」と。（略）それで法学部に、担任の先生が勧めたので、法学部に行くことになりました。（息子が）高校の時、勉強するのがあまりにも大変だったので、大学は自分が好きなように、自分が行きたいところに行かせようと、私は思いました。だけど、こうなってしまいました。（略）だから、そこから間違ったとい

う考えが…そうです。うん…とても後悔します…、理系を選んであげるべきだっ
たのに。

　Bの母親は、Bの大学専攻の選択について、「自分が行きたいところに行
かせよう」と思っていたにもかかわらず、理系を選択した息子の意思よりも
「文系を選んで法学部に進むべき」だという兄の助言が優先され、また、経
済学科に志願しようとした息子の希望より、「法学部に行くべき」だという
担任の先生の勧めが優先されて、結局は法学部を選択するようになったと説
明していた。これは、Aの事例とは反対に、Bが法学部に進学した後、司法
試験に合格することができず、現在も定職に就いていない状況から理解する
ことができる。つまりBの母親は、現在のBがおかれた困難に対して、彼の
能力の問題ではなく、進学について「間違った」アドバイスをしていた周囲
の人にその責任があることを主張しているのだと考えられる。しかし、彼女
の「理系を選んであげるべきだった」という後悔の言葉には、母親自身も息
子の希望を受け入れず、社会的地位や経済力が得られる職業につながる専攻
を勧めた兄や先生の意見に同意していたこと、息子に母親として「正しい」
判断をしてあげられなかったことへの罪悪感が含まれているのだと推察され
る。
　このような息子の大学専攻に対する後悔や罪悪感は、Bの父親の語りにも
現れていた。彼は、Bが法学部に進学することを反対していたと、次のよう
に語った。

　　Bの父親：私が選択したのは、「法学部に行くのではなく、商学部に行きなさい」
　　ということでした。私は商学部に行くのを望んだけど、学校の担任の先生がそっ
　　ち（＝法学部）を強く勧めて…。また、妻の兄もそっちを勧めて…。私が見たら、
　　あの子は算数、数学が得意なんですよ。だから、そっち（＝商学部）に行った方
　　が良かったのに…。法学部を選択したのは、本人にとってもある意味で不幸でしょ
　　う。私も本当に気の毒で…後悔しています。（息子は）暗記するより、ある問

題を、答えがある問題を解いて、答えを出すのが好きなんですよ。頭もそっちに
向いているし。法学部を選択したのが間違いだったと思っています。

　Bの父親は、息子が「数学が得意」だったので「商学部に行きなさい」と
勧めたのに、学校の担任の先生や妻の兄に勧められて「法学部を選択したの
が間違いだった」と説明し、「本当に気の毒で…後悔しています」と悔しい
気持ちを述べていた。つまり父親自身は、息子の才能を適切に把握しており、
「正しい」道を提示していたにもかかわらず、周囲が「間違った」アドバイ
スをしたために、息子に不幸な結果が生じたと判断していたのである。この
ような父親の語りには、息子の人生において、親や周囲の大人が息子に正し
い判断に基づいた意思決定を行うべきであるという考えがうかがえる。
　一方、Bの場合、大学専攻を選択する状況や意思決定の過程についての具
体的な内容は語られなかった。Bは、大学専攻の選択について次のように述
べていた。

　　　B：うん…周囲もそうでしたし、まぁ…状況がそうだったと思います。

　この語りでは、Bが大学専攻を決める際、「周囲」の意思や「状況」を優
先した選択を行っていたことが示されている。つまり彼は、就職と結びつい
ている大学専攻の選択を、個人の問題ではなく、家族の問題として認識する
ことで、家族全体の意思を重視した意思決定を行っていたと考えられる。

2.2. 司法試験を望む親と息子の苦悩
　大学で理系の専攻に進みたかったBは、周囲の勧めを受容して法学部に入
ったが、専攻の勉強が自分に合わず悩んでいた。Bの母親は、大学での息子
の苦悩について、次のように語っていた。

Bの母親：大学に入って専攻が自分に合わなかったみたいです。ずっと他の専攻を言ってね。だけど私は、「一旦、法学部に入ったから、そこで勉強を頑張って欲しい」と言ったけど、それが思うようにはならなかったみたいです。うん…成績は悪い方ではなくて上位だったけど、点数は良かったけど、それでもずっと苦しんでいました、専攻が自分に合わないと。本人は、うん…だから、「（略）法学の勉強はずっと暗記ばっかりするから、それが自分に合わない」と。「私は、学問的に解く勉強をすると本当にうまくできるし、勉強がとても楽しかったと思う」と言ったんです。（略）一旦、あの専攻（＝法学）に入ったから、私はそれ（＝続けるの）が正しいと思って…。親はそうじゃないですか。それで、ずっと押しつけたんです、続けなさいと。

　Bの母親は、大学に入った息子が「専攻が自分に合わない」と悩んでいる状況を認識しながら、「一旦、法学部に入ったから、そこで勉強を頑張って欲しい」という考えを「押しつけ」たと説明していた。彼女の「押しつけ」には、名門大学の法学部に入った息子が、今後、司法試験に合格して、高い社会的地位を獲得して欲しいという期待が含まれていたと思われる。このように、親が息子の就職というライフイベントを重視する理由は、息子の出世が家族全体に関わる重要な問題として認識されているからである。
　実際にBは、大学を卒業した後、一般企業に就職するか、もしくは、先に兵役の義務を済ませることを望んでいたが、Bの母親は息子に司法試験を受け続けることを要求した。しかしBは、5年間の挑戦にもかかわらず、結局、司法試験に合格することはできなかった。息子の司法試験の失敗について、Bの母親は、次のように後悔の気持ちを語っていた。

　Bの母親：「就職する」と言っても、私がとにかく「駄目だ」と。まぁ…母親の欲のせいで、私の息子は大変苦労をしました。「将校として（軍隊に）行く」と言っても、「行ってはいけない。勉強して、とにかく（司法試験に合格）してから行きなさい」と。（略）だけど、それが間違いでした。自分がやりたいことをするべきなのに、あの心の優しい子に母親の意思をずっと押しつけたから、息子

は辛かったと思います。

　Bの母親は、息子の「就職する」という意思に反して、司法試験に専念して欲しいという「母親の意思をずっと押しつけ」ていたが、その行為は「間違い」だったと述べていた。つまり彼女は、「自分がやりたいことをする」という息子の成人移行期における重要な自立課題の遂行を、「母親の欲のせいで」奪ってしまったことに罪悪感を抱いていたのである。結果としてBの母親は、親の意思を押しつけたゆえに息子が就業に失敗したことで、息子の自己決定の重要性を認識するようになったと考えられる。

　一方、Bの母親が、息子の苦悩に気づきながらも法学の勉強や司法試験に執着していた理由は、当時の家族の経済的状況から理解することができる。Bが大学を卒業する頃、Bの父親が事業に失敗したため、家族は経済的に厳しい状況に陥っていた。当時の状況については、Bの父親の次の語りによく現れている。

> Bの父親：（ソウルに）来てはじめたのが、建築業、建築事業…そっちに手を付けるようになりましたが、結局、その事業が失敗してしまいました。それで財産を失い…。（略）それでも上の子（＝B）はうまくいって（＝卒業して）。その時は、経済的余裕がちょっとある時だったからね。2番目、3番目は1年ずつ浪人させたり、休学して、アルバイトで（学費を）稼いでから、また復学して、そうやってやっと卒業できました。（略）自分（のせい）で、このように家計が壊れて、子どもたちや家内に…申し訳ないです。

　今まで家計を支えていたBの父親の仕事の失敗により、Bの母親はBの社会的・経済的な成功をより強く望むようになった可能性が考えられる。つまり、Bの母親にとってBの司法試験への合格は、息子個人の職業の達成のみならず、家族を経済的な危機から救い、家の社会的地位を取り戻すという意味も含まれていたと推察できる。

130

　一方、Ｂは、家計が傾いていく中で、早く就職して経済的に自立したい気持ちと、司法試験に挑戦し続けて欲しい親の希望との間で悩んでいたと、次のように語っていた。

　　Ｂ：就職はずっとしなかったです。（就職）活動をしたこともないし。軍隊に行くまではずっと試験勉強を…。もうちょっと頑張って（合格）できたら良かったけど。（略）（試験勉強は）少なくとも４年以上はしましたね。その時はずっと親に小遣いをもらっていました。自ら稼ぎたい気持ちはありましたが、時間的余裕がなくて…。（略）試験もうまくいかなくて、ちょっと悩んだりして…。（略）家計の状況が、その時…かなり…。（以前は）生活にゆとりがあったけど、その時から完全にそう（＝危機的）だったんです。それで、試験勉強をするのが結構辛くて。（略）（だけど）親はずっと試験勉強を続けるのを希望していたので…。（略）親の立場では、ずっと子どもを親のそばに置いてでも、どんなことをしてでも面倒を見て、試験に合格できるように助けてあげたいという気持ちが、もっと強かったんでしょうね。

　Ｂは、家計が厳しい中で、「ずっと親に小遣いをもらって」試験勉強を続ける状況に苦しんでいたが、「どんなことをしてでも面倒を見て、試験に合格できるように助けてあげたい」という親の気持ちを理解していたため、試験勉強を中断することはできなかった。Ｂは、自分の司法試験の合格が、個人の経済的な自立の達成のみならず、家族を経済的に支え、かつ、事業に失敗した親の名誉を回復するといった家族の問題が関わっていることを認識していたと思われる。それゆえ彼は、自分の希望を押し殺して親が提示する道を受け入れる選択を行ったが、実際は親の望みも叶えられず、家族を経済的に支えるどころか、親に経済的に依存し続けている現実に直面しなければならなかったのである。

2.3. 軍入隊による自立への認識

　Bは、大学を卒業してから5年間、司法試験の勉強を続けてきたが合格することができなかったため、悩んだ末に長年遅らせていた軍入隊を決心した。このような息子の決断について、Bの母親とBの父親は、次のように複雑な気持ちを表していた。

　　Bの母親：（軍入隊が）遅くなって、28歳に…仕方なく軍隊に行きました。（略）（息子と）離れた時は、心を痛めましたよ。うまく（＝試験に合格）できてから軍隊に行ったら、本当に誇らしかったと思うけど、私も心が晴ればれしたと思うけど。勉強して（たのに）、ああやって（＝合格できず）、（軍隊へ）行ったという思いで、あまりにも…とても心苦しくて、たくさん泣きました。

　　Bの父親：軍隊に行く年齢になったら「軍隊に行きなさい」と言うべきだったのに（略）私が間違ったと思って、後悔しています。（略）軍隊に行くのが遅れたでしょう。その（＝大学生の）時に行くべきだったのにね。まぁ、勉強を終えてから行った方が、うん…「司法試験、自分がやっている目標を達成できてから、（試験に合格）してから行きなさい」と言ったけれど、それも達成できず、結局は、時間（＝年齢制限）に追われて軍隊に行ったのです。

　Bの母親は、Bが司法試験に合格できずに軍隊に行ったことについて、「心を痛め」る、「心苦し」いという辛い気持ちを表し、またBの父親は、息子の軍隊に行く時期を遅らせたことについて、「私が間違った」、「後悔してい」ると話していた。つまりBの母親とBの父親は、Bの人生における選択を制限し、息子のライフイベントの時期を遅らせることで、結果的に息子を苦しい状況に追い込んでしまったことに強い罪悪感を抱いていたのである。
　一方、Bの場合、軍入隊による離家経験が、親からの自立を自覚するきっかけになっていたと述べていた。彼は、親に対する精神的依存について、次のように語っていた。

B：その（＝大学生）時は、（離家に）適応できなかったですね。家族から離れていたので電話も頻繁にして、また母親もよく電話をかけてきて。だから、いつも精神的に自立できなかったと思います。（略）それが（大学を）卒業するまでずっと続きました。その精神的な、ある…依存というか。ずっとそうでした。私は。（略）親に対する精神的な依存は、軍隊に行ってから…、（略）除隊する頃になったら、自立しようという意識が生まれてきて…。

　Bは、長い間、親に対する精神的な依存が続いていたが、軍入隊をきっかけに「自立しようという意識が生まれ」たと説明していた。つまり、Bが大学生の時の離家経験は、親子の物理的な距離が離れていても、親からの影響が続いている状況であったが、軍入隊による離家では、親の影響が届かない場所に置かれたため、親からの分離を認識するようになったと考えられる。そして、Bの「自立しようという意識」は、具体的には就職による経済的自立への意思につながっていた。つまり彼は、兵役を終えた後、司法試験の準備を続けて欲しいという親の願望を断ち切って、就職するという自分の意思を優先した決断を行った。司法試験をやめて、就職を決心した理由についてBは、次のように語っていた。

B：親と話をして、試験を受けないと（言いました）。そうすることを私の中で決断しました。そうしたら、親も悩みましたがあきらめてくれました。（略）歳も取り続けて、ずっと親に依存して、小遣いをもらって生活するのも1年、2年だし。（略）年齢がもう今年で33歳ですよ。どうにかして就職して、仕事に就かなければならないと思ったのです。ずっと、こうやってふらふらしていたら、就職もできなくて、暗鬱になると思いました。それで…ちょっともったいないけど、これからの展望を考えたら、弁護士という職業がそこまで、まぁ…昔ほどそう（＝良いもの）ではないみたいだし…。また、他の道もあるだろうと思って、やめることにしました。（略）試験勉強をやめることが、一種の自立宣言です。私が就職するということだから。

Bは、司法試験の勉強を続けることで「ずっと親に依存して、小遣いをもらって生活」しなければならない状況を打破するために、「試験勉強をやめる」ことを決断したと述べていた。つまり、彼にとって司法試験を受け続けることは、親の影響の中で、親に経済的・精神的・生活的に依存され続けることを意味していた。そのため、司法試験をやめるというBの決断は、自ら意思決定を行うことで親から精神的に自立し、就職することで経済的・生活的な自立も達成するという、「自立宣言」を意味していたのである。

このようなBの自己決定をBの両親は、息子の成長として受け入れていた。次は、Bの母親とBの父親の語りである。

> Bの母親：軍隊に行って来て、「あ、この子がとても成長したなぁ。もう思考が広くなって、ちゃんと考えているんだなぁ」と感じました。（略）（息子が）反抗しても、なだめて、慰めて、こうやって勉強を続けるようにしていたけど、これからは私がそうしてはいけないと思って、放っておきました。そうしたら自分でちゃんとやっています。（略）遅くなっちゃったけど、自分で自分の道をちゃんと探して行けば大丈夫だと思っています。（略）歳もたくさん取ったし、社会についてもちゃんと分かっているので…。

> Bの父親：もう大きくなったので、自立心を持たせるべきだし、自分の声を出す機会を…、（親から）離れるべきでしょう。（略）私が生きてきた、その…価値観や基準を子どもに押しつけることはできないから。自分で考えて、判断して、決定して、（略）放っておいています。もう大きくなったし、（何をすべきか自分で）分かっているので、あれこれ言う必要がありません。様子をそばで見ているだけでいいでしょう。

Bの母親とBの父親は、親の「価値観や基準を子どもに押しつけることはできない」と考え、これからは「自分で考えて、判断して、決定して」、「自分で自分の道をちゃんと探して行けば大丈夫」だと述べていた。つまりBの両親は、親の期待を優先して息子の希望を無視した結果、親の望みも達成で

きず、息子の人生を失敗に追い込んだという後悔の気持ちから、これからは
息子の自己決定を尊重すべきであると自覚するようになったと考えられる。
結局、息子の成人移行期のライフイベントを家族主義的な観点から捉えて、
親の意思を重視していたBの親は、息子の司法試験の失敗をきっかけに息子
の自己決定という個人主義的な規範を受容するようになったのである。

2.4. 就職困難と結婚困難の結びつき

　Bは、除隊後、司法試験をあきらめて一般の会社に就職することを決心し
たが、大卒者が初就職する適年齢を過ぎてしまったため、大学院に進学して、
勉学とアルバイトを並行しながら就職活動を行っていた。このように就職が
遅れることで経済的に自立できない彼の状況は、他のライフイベントの達成
にも影響を及ぼしていた。つまり、まだ就職先が決まっていないBは、結婚
の困難という問題にも直面していたのである。彼は、2年ほど交際している
恋人と互いに結婚を意識しながらも、結婚の選択に踏み出せない理由につい
て、次のように語っていた。

> 　B：（彼女との結婚を）考えていますが、はっきりしたことは…分かりません。
> 私が就職してからじゃないと…。（結婚の）話はしていますが、まだ、あの人
> （＝彼女）は「もうちょっと時間をおいて考えよう」という立場で、私が考えて
> も今は余裕がないし、家も経済的な余裕がないから、結婚しても何かしてもらう
> ことができないし…そうです。親は、特に何も言いません。なぜなら、親自身、
> （私が）経済力がないことを分かっているので、私に…何とかしなさいとは言い
> にくいみたいです。

　Bは、結婚する際に求められる経済的能力を明確に認識しており、自分や
親には「経済的な余裕がない」ために、結婚に踏み出すことができないと説
明していた。またBの交際相手が、結婚について「もうちょっと時間をおい
て考えよう」という立場を示しているのも、結婚の際に発生する経済的な問

題を考慮したためであると考えられる。このように、成人移行期の息子の就職と経済的自立の達成は、結婚の選択とも強く結びついていることが言える。

一方、Bの母親もBが結婚するためには、まず就職して経済力を獲得する必要があると考えていた。息子の結婚についてBの母親は、次のように語っていた。

> Bの母親：あの子の居場所が決まったら…、就職をするか、ロースクールに入るか、居場所が決まったら何とか（結婚）できるでしょう。今、ああやっているときに、彼女が（結婚して）良いとは言わないでしょう。（略）自分が就職をしようとしたら、就職するだろうし、（就職活動を）して（就職）できなかったら、自分の希望でロースクールにもう一度入るだろうし。そう思います。（略）もう、本人に任せるべきでしょう。（略）私は、もう…うん…司法試験をしてくれると嬉しいですが…。

Bの母親は、Bの結婚について、「居場所が決まったら何とか（結婚）できる」と、まずは就職先を決めることが大事であると考えていた。また彼女は、Bの就職先は「本人に任せるべき」であると、息子の職業の選択を尊重すると話していた。しかし、Bの母親の語りの中には、「ロースクールにもう一度入る」、「司法試験をしてくれる」というように、息子が法律関係の仕事に就くことを完全にあきらめられない未練が現れていた。

またBの父親の場合も、Bの就職について息子の意思を尊重しながらも、親の望みをあきらめていない気持ちを、次の語りの中で示していた。

> Bの父親：生きながら自分が楽しいこと、自分ができること、それがどんな分野であれ一所懸命やれば、自分の家族が食べて生きることには心配ないと。（略）だから（息子に）「ああしなさい、こうしなさい」とは言いません。（略）自分の意思のまま…。まぁ、干渉しません。（略）うん…法学は、一旦、合格さえしてしまえば、一生、食べて生活することは順調に、うまくやっていけるから、そっちの方がもっと早いんじゃないかと。（略）今、（就職できる）年齢がもう過ぎて

いるけど、やっぱり、こっちに行くと、法学、弁護士の資格さえあれば、食べて
生きるのは心配ないからね。

Bの父親は、息子の就職について、「自分が楽しいこと、自分ができるこ
と」を「自分の意思のまま」決めるべきであるというように、息子の意思を
尊重しながらも、「法学、弁護士の資格さえあれば、食べて生きるのは心配
ない」という親の期待も同時に述べていた。このようなBの親の語りには、
Bが法律関係の仕事に就いた時の社会的地位や経済力への期待をあきらめる
ことができず、息子の結婚の遂行のためにも、「食べて生きるのは心配ない」
職業を選んでほしいという親の願望が示されている。

3．C家族の事例：隠された親の期待と息子の自己決定の困難

Cは、父親と母親、妹の4人家族の長男である。家族全員がカトリック信
者で、特に、信仰心の厚い両親は活発に宗教活動を行っている。Cは、子ど
もの頃から勉強が好きで成績も優秀だったため、高校を一般の進学校ではな
く、理工系の特目高[2]に進学した。しかし彼は、厳しい受験勉強を行ってい
る学校の環境に適応できず、高校では成績が落ちてしまった。1年浪人して
入った大学では、土木工学科を専攻し、大学を卒業してから軍隊に入った。
除隊後Cは、病を患い家で闘病生活をすることになったが、1年後、アルバ
イトとして塾の講師をしながら就職活動を始めた。結局、一緒に教えていた
塾の同僚と意気投合して自ら塾を開くようになり、現在は、共同経営をして
いる塾で数学を教えている。彼は、大学生の時の1年間の離家経験と軍隊の
2年間を除いて、現在に至るまで一貫して親と同居している。

Cの両親は、子どもの自律性を非常に重視しており、家族に大事な問題を

2　特殊目的高等学校の略称で、科学、外国語、農業、海洋、芸術、体育などの特殊で専門的な分
野を学生に習得させ、その分野の専門家を早期養成する目的で設立された高等教育機関である。
しかし、この学校の出身から名門大学に合格する割合が高いため、名門大学に入る目的で特目高
に進学する傾向が増え、社会的な問題にもなっている（片［Pyeon］編 2010）。

第5章　親─息子関係と自立をめぐる親子の戦略　137

決める際は、必ず会議を開いて家族全員が話し合うなど、平等で対等な親子
関係を築いていた。そのため、Cのライフイベントに関する選択の場面にお
いても、親はCの自己決定を尊重し、親の希望を息子に押しつけないように
心がけていた。しかしCは、自由な選択の裏に存在する親の意思を読み取る
ことで、親の希望を優先した意思決定を行っていた。

3.1. 親の意思を読み取った大学専攻の選択

　Cの家族の場合、Cのライフイベントにおける意思決定の主体をめぐって、
家族成員間の認識のズレが確認された。つまり、Cの大学専攻の選択につい
て、Cの父親とCの母親は息子の自己決定として認識しているのに対して、
Cは親の意思による選択であったと解釈していた。まずCの父親は、大学の
専攻について様々な情報を提供した後、最終的には息子が自分で選択できる
ように委ねたと、次のように語っていた。

> 　Cの父親：私は全部（息子に）説明しました。もし、あなたが経営学科を出ると、
> どんな仕事をするか。行政学科を出ると、行政試験を受けてこれからどのように
> なるか。文系の大学を出ると、司法試験に合格してどのようになるか…というこ
> とを（略）専攻別に説明してあげて。それで、あなたがこれからどんなことをし
> たいのか、どんな人生を送りたいのか、というような話をたくさんしてあげまし
> た、私は。（略）それで、私の話を聞いてから、本人が（専攻を）選択しました。

　Cの父親は、Cが大学専攻を選択する際に、専攻別に関連する職業の内容
や将来像について息子に説明しており、「私の話を聞いてから、本人が（専
攻を）選択し」たと述べていた。つまり彼は、息子のライフイベントに対す
る意思決定において、親は情報を提供する役割を果たし、最終的には息子の
意思で選択が行われるべきだと考えていたのである。しかし一方では、息子
の職業に対する親としての期待も存在し、Cの父親は、息子が将来に就いて
欲しい職業について、次のように語っていた。

Cの父親：できれば、うん…行政職よりはエンジニアの方に、え…そっちに決め
た方が良いだろうと。私は、これから韓国の展望は…、今までは、官僚（にな
る）意識が強くて、（官僚を）重要視していて、行政職になるのを好んだけど、
これからは技術の時代だと。だから、そっち（＝理系）を考えた方が、そっち
（＝理系）に進んだ方がいいだろうと思っていて…。（略）私は（息子の専攻に）
満足できませんでした。なぜなら、どうせ工学部に行くなら、当時は電子工学科
のようなところが良いし、建築工学科といったところがとても流行した時代だか
ら…。だけど、本人が電子工学には全然興味がないし、その次に建築工学科を考
えたけど、建築工学科は美術の方が強くて、まぁ、製図をたくさんしなければな
らないので…。それで、色々比較をしてみて、土木工学科に行くと（本人が）言
ったんですよ。

　上記の語りで、Cの父親は、Cが将来「行政職よりはエンジニアの方」に
就職して欲しいという自らの希望を表していた。そのため彼は、息子が「そ
っち（＝理系）に進んだ」後、大学では、当時人気だった「電子工学科」、
「建築工学科」といった専攻を勉強して欲しいという期待を持っていたので
ある。結局、Cは父親が期待した学科とは異なる「土木工学科」を選択した
が、Cの父親は自分の意思を押しつけず、息子の希望を尊重していたと説明
した。つまりCの父親は、Cの大学専攻の選択において、親の意思よりも息
子の希望による意思決定が行われたと認識していたのである。
　一方Cの母親は、Cの大学専攻の選択について、息子と親が一緒に悩んだ
結果、同じ結論にたどり着いたと語っていた。

Cの母親：（大学）専攻の選択は、最初、私達が高校をその学校（＝特目校）に
行かせたのは、実は、（息子に）漢方医3や、まぁ、そういった専門職に就いて欲
しかったからです。だけど、期待より成績が上がらなかったので、進路が変わり
ました。それで、建築工学科に行くべきか、機械工学科に行くべきか、土木工学
科を行くべきか、そのように悩んで…。（略）一旦、「工学部に行くべきだ」とい

3　漢方医療と漢方保険指導を職務とする医療職である。

うのは（親子とも）同じ考えでした、息子も家族全員も。「文系に行ってはいけない」と思いました、本人も。それで、いくつか悩んだ後に、土木工学科に行くようになりました。みんなで一緒に決めたと思います。

　Cの母親は、Cの大学専攻を決める際に、親子が「工学部に行くべきだ」という「同じ考え」を持っており、工学部の中の専門領域についても「みんなで一緒に決めた」結果、「土木工学科」に行くようになったと説明していた。彼女は、息子に「漢方医」や「そういった専門職」に就いて欲しいという母親としての希望があったものの、息子に親の考えを無理に押しつけることはせず、息子の希望を尊重した意思決定が行われたと認識していたのである。

　しかし、大学専攻の選択についてのCの認識は、「本人が（専攻を）選択し」たという父親の語りや、「みんなで一緒に決めた」という母親の語りとは異なるものであった。つまりCは、本人の意思ではなく、家族の希望で、高校では理系に進み、大学では工学部に進学したのだと、次のように語っていた。

　　C：うん…一旦、理系に行かなければならないと。だけど、それは、まぁ、私が望んだことではなくて…。親、父親が文の方で仕事をしていたので、ずっと資格とか、専門的な職業が羨ましかったみたいです。私に「理系に進んで欲しい」と。まぁ、その時代の雰囲気も男性はみんな理系に進む雰囲気だったし、（略）周りも「（理系に）行った方が良い」と言うから、当然そうすべきだと思って（理系に）進みました。（略）だけど、実は、私は文系の性格だったんです。（理系に）進んで勉強をするうちに、（高校）2年の時に深刻に考えました。「あ、これは、これは違う…」という気持ちがあったと思います。（大学）専攻の選択も、工学部のどの学科にも行きたいと考えたことがなくて、ただ漠然としていたけど、（略）家で当然（工学部）に行くべきだと思っていたので、そのまま（工学部に）入りました。（略）結論を言うと、土木工学科に行きましたが、まぁ…点数に合わせて行ったのだと思います。（略）うん…その時、建設が流行でもあったし、

建設の景気も良かったので。それから、土木には数学と物理は必要ないと思った
んです（笑）。でも、工学部の中でもっとも力学を良く使う専攻が土木（工学科）
と機械（工学科）だということを知って挫折しました、私は（笑）。

　Cは、高校では「理系に進んで欲しい」という父親の希望のために理系を
選択し、理系の勉強が自分に合わないと感じながらも、大学は「当然（工学
部）に行くべきだ」という親の考えを受容して、工学部に進学することを決
めたと説明していた。つまり彼は、自らの意思で理系および工学部という専
攻を選択していたが、その選択は、親の望みを明確に読み取った上で、自分
の希望よりも親の希望を優先した行為であった。Cの両親は、息子に意思決
定を委ねたことで、息子の意思を尊重したと判断していたが、Cは選択でき
る権利の背後にある親の意思を見抜いていたのである。
　しかしCは、大学に入っても理系より文系の授業に興味を持っていたと、
大学での勉強について次のように語っていた。

　　C：漠然と「あぁ…国文科（＝韓国語韓国文学科）に行きたい（略）。そうする
　　と、もうちょっと幸せになれたんじゃないか」と考えたことはあります。勉強に
　　は慣れたけど、やっぱり力学とか理工系の学問では成績が悪くて、また文系の授
　　業を受けると成績が良かったので、確かに適性というものがあるなと感じました。
　　それで、大学時代は「あぁ、私は自分の適性に合う専攻を選択できなかった」と
　　思っていましたね。（略）実際、今、専攻を活かすことはできなかったし。

「国文科（＝韓国語韓国文学科）に行きたい（略）。そうすると、もうちょっ
と幸せになれたじゃないか」というCの言葉には、「自分の適性に合う専攻
を選択できなかった」ことへの苦悩が現れている。つまりCは、自らのライ
フイベントの選択において、自分の意思を貫くことができず、また親のため
という論理にも完全に納得することもできないまま、葛藤を経験していたの
である。

3.2. 経済不況による軍入隊時期の遅れ

　Cの場合、大学に入って1年生が終わる頃に外貨金融危機を経験していた。彼は、当初、兵役特例制度[4]を利用して、建設会社に勤めることで兵役の義務を果たすつもりだった。しかし、彼が兵役特例制度を申請する時は、外貨金融危機の影響で多くの企業が倒産したり、縮小／合併されるなど、受け入れ先になる企業がほとんど見つからない状態であった。結局、兵役特例制度を利用することができず、大学在学中に軍隊に行くタイミングを逃してしまったCは、大学を卒業してから一般兵として軍隊に入ることになった。次は、当時の状況についてのC、Cの母親、Cの父親の語りである。

　　C：学士兵特（＝兵役特例）に行こうとしたけど失敗しました。その当時は、仕事が全然…ありませんでした。志願できる会社が全然なかったんですよ。それで、大学4年に上がる時にあきらめて。（略）（他に）兵役特例をするためには、修士に進まなければならなかったけど、IMFが起きて、修士をしてまで軍隊に行くのを避けたくはないと思って軍隊に入りました。（略）軍隊での生活は、私が（他の人より）遅れて行ったでしょう。だから、完全に慣れることができませんでした。（周りは）21、22歳で、私は25歳だから…。（略）私は（軍隊を）出たら、すぐ就職をしなければならなかったので、そういうことが心配になりました。

　　Cの母親：軍隊に早い時期に行かせた方が良かったのですが、私は軍隊に行かせたくなかったのです。一人息子を行かせるのが心配でね。だけど、防衛産業に行くと軍隊に行かないで、企業で3年間勤務すると職歴にもなるから。（略）（息子が）それをやると言って、「そうしなさい」と。私も軍隊に行かないのが良いからね。（略）だけどIMFが起きたら、建設会社がみんな不渡りを出して大騒ぎだ

4　国家産業の育成・発展のために、兵務庁長が指定した研究機関や産業体で代替服務を行う制度。「兵役特例制度」という用語は、1996年に廃止され、現在は「産業機能要員」と「専門研究要員」と呼ばれる。「産業機能要員」は、産業技師資格を持っている者（大学生、もしくは、大学卒者）が、製造・生産分野の企業に志願し、2年2ヶ月〜2年10ヶ月間、勤務することで兵役を認められる。また、「専門研究要員」は、基本的に修士以上の学歴を持っている者が、研究機関で科学技術研究・学問分野に3年間従事することで兵役を認められる。兵役特例制度の場合も4週間の軍事訓練を受ける必要がある（병무청〔兵務庁〕2018b）。

ったんです、その当時。だから、仕方なく軍隊に行くことになりました。

Cの父親：その時、IMF が起きて…軍隊に行くかどうかするうちに軍隊に行く
時期を逃してしまいました。（略）3 年生になって、その時に（軍隊に）行くの
は中道半端だから、1 年半後は卒業だから、卒業してから行こうと…そうなりま
した。

　外貨金融危機による経済不況は、Cの成人移行期に非常に大きな影響を与え
ていたと思われる。つまり彼は、理系の専門職に就いて欲しいという父親
の希望を受け入れて工学部に進学したが、結局、経済不況に巻き込まれて専
攻を活かした職業に就くことができず、兵役に関する予定をも変更せざるを
得なかったのである。このような兵役特例を通じた就職への失敗経験は、後
述するCの将来に関する自信の喪失につながっていた。
　一方、軍入隊による離家は、Cの家族への思いや親子関係にも影響を与え
ていた。Cの軍入隊の経験について、C、Cの母親、Cの父親は、次のよう
に語っていた。

C：そこ（＝軍隊）では、家族が恋しくて…家族のことを多く考えるようになっ
てね。今までいい加減にしていた家族関係を後悔したり、（略）そういったこと
を振り返る時間ができたと思います、反省する時間が。

Cの母親：（道で）軍人を見かけたら涙が溢れて、（略）あまりにも辛くて…そう
でした。（略）家が空っぽで、娘が嫁に行ったような気持ちでした。

Cの父親：親として、まぁ、ちょっと寂しいことはあったけど、（息子が軍隊に
行ったのが）歳もとって、大学まで卒業してからなので、幼い時に行かせるより
は（略）寂しい気持ちは…少なかったですが、（略）軍隊に行って家にいないの
で、家が今までとは違って空っぽになっているような気がして。

第5章　親―息子関係と自立をめぐる親子の戦略　143

　Cは、軍隊で生活する時、「今までいい加減にしていた家族関係を後悔」するなど、「家族のことを多く考える」きっかけになったと述べ、Cの父親と母親も、「娘が嫁に行ったような」、「家が今までとは違って空っぽになっているような」気持ちであったと述べていた。Cの場合、軍入隊という強制的な離家経験が、家族への思いをより強化する形で働いていたと考えられる。

3.3.　職業選択への困難
　大学を卒業した後、就職先が決まらない状態で軍入隊をしたCは、除隊後の就職活動にも方向性が決まらず苦労をしていた。Cは、大学院に進学するか否かを悩むが、結局は大学院に進まず、大学時代の家庭教師の経験を活かして、塾の講師をしながら就職活動を行っていた。しかしCは、一般企業に就職することができず、結局、アルバイトとしてやっていた仕事が正規の職業となり、現在は同僚と新しい塾を開いて共同経営をしていた。現在の仕事についてCは、次のように語っていた。

> C：途中で大学院進学をあきらめて…。行ってもあまり意味がない気がして、最後まで勉強する覚悟も持てなくて、適当に修士に行くぐらいならやめようと思って…。それで、今まで一番多くの経験があったのが家庭教師だから…。そうしたら自然にこっちの仕事につながって、今、ここまで来ました。（略）英語は外国で勉強した人が多すぎて…仕方なく数学を選択して、まぁ、仕方なく数学を教えています。だから…まだこれが自分の仕事なのか確信ができません。（略）自分の適性を考えて仕事を探すにはもう遅すぎるし。何をしたらいいか。だからといって、はっきりとやりたいことがあるわけでもないし。ただ私がずっとやってきて楽だから、今はこれをやっているけど…、もっと安定していて、私が生きるのにもっと人生の質をよくするような仕事があれば、いつでも変える気持ちでいます。（略）（資格）試験を受けてみようかということも考えましたが、現実には、適当な勉強では合格できないから、今の仕事をあきらめて（勉強を）しなければならないけど、（略）そうするほど私が好きな仕事も見つかっていないし…、そんな状態です。だからといって、今の仕事にとても満足して、プライドがあるわ

けでもありません。こういう混乱状態にずっといると思います。仕方なくやって
いると思います。

　Cは、現在の仕事に対して「とても満足して、プライドがあるわけでも」
ないが、他に「好きな仕事も見つかっていない」ゆえに、今の仕事を「仕方
なくやっている」と説明していた。つまり彼は、大学専攻を決める際に、国
文学に興味を持ちながら工学部に進学したが、専攻に適応することもできず、
諦めることもできなかったが、さらに職業の選択においても、塾の講師に満
足することも、他の職業に挑戦することもできないという「混乱状態」がず
っと継続しているのであった。それは、自らのライフイベントにおいて、親
の希望を優先した意思決定を行ったが、結果として親の希望を叶えることも
できず、自立の達成も得られなかったという、彼の自立意識の「混乱状態」
としても考えることができる。
　そして、このようなCの職業に対する「混乱状態」は、Cの両親の語りに
も現れていた。つまりCの両親は、息子の就職に関して、Cの語りとは異な
る内容で説明していたのである。次は、息子の就職に対するCの父親とC
の母親の語りである。

　Cの父親：私達の時代は仕事があまりなくて、企業もあまりなかったので、就職
するのが大変だったけど、最近の世の中は、だいたいは就職できるでしょう？
いい所に入れるか、ちょっと悪い所、規模が小さい所に入るのかの違いはあるけ
ど。だから（Cには）先輩も多いし、採用する所も多いので、それ（＝就職）に
ついてはあまり心配したことはありません。（略）（Cは）土木工学科を出たので
先輩も多いし、だから就職がしやすかったです。（略）やっぱり、土木工学科を
卒業したので、土木会社に入りましたよ。

　Cの母親：就職は、まぁ、自分で土木会社のような、小さい所で働いていて…そ
うです。就職するのに苦労はしなかったと思います、自分でやっていたので。

Cの父親とCの母親は、息子の就職について「土木工学科を卒業したので、土木会社に入り」、「就職するのに苦労はしなかった」と述べており、「塾の講師」という現在の職業に悩んでいるCの語りとは異なる内容を語っていた[5]。このような親側の語りのズレについては、2つの解釈を行うことができる。第1に、韓国社会における男性の職業に対する規範に起因するものである。つまり、男性に求められる職業、収入、社会的地位といった規範が韓国社会に依然として存在し、親は現在の息子の「塾の講師」という職業が社会から求められる水準に達していないと判断したため、息子の職業を事実通りに述べるのをためらったという解釈である。第2に、Cの親は、現在の息子の「塾の講師」という職業が一時的なものであると見なし、これから息子が達成するだろう「希望の職業」を述べていたという解釈である。結局、Cと同様にCの両親も息子の職業に対して「混乱状態」が続いているのだと言える。

3.4. 親との同居についての満足と結婚の躊躇

Cは、大学生の時、1年ほど大学近辺で先輩と一緒に暮らした経験と、軍入隊時以外は、ずっと親元で暮らしてきた。CとCの母親は、お互いが依存している状況を認識した上で、親子の同居生活に満足感を示していた。Cは、現在の親との同居生活について次のように語っていた。

> C：（親との同居生活に）とても満足しています。まぁ、とにかく、私は今、両親にすがって暮らしているので。（略）なぜなら、私の衣食住のすべてを母親にやってもらって、父親にやってもらって、経済的にしろ、何にしろ、衣食住の部分は両親が負担しているでしょう。まぁ、私がこう（＝同居）したいからじゃな

5　このように、Cの現在の職業に対する親子の回答が異なる状況について、ここでは息子の語りが事実であると判断した。というのは、Cは専攻を活かした「土木会社」ではなく、「塾の講師」をしている現状について、具体的な悩みを語っていたからである。一方Cは、インタビューの中で、学生時代に先輩の建設会社（土木関連）でアルバイトをしていた経験があると述べていた。

くて、出ていく場所がないからこうしているけど…満足しています。母親が作っ
てくれた料理が一番美味しいし、家が一番安らぐし。（略）１人で出るのは、あ
まり考えていません。（略）ずっと過ごしてきた家だから、うん…これが一番楽
でしょう。どこかに出て、１人で買い物をして、１人で料理して、１人で洗濯を
して…この方がむしろわずらわしいと思うし、今がとっても気楽でいられると思
います。（略）結婚すると、このようにはならないだろうから（笑）。（略）（家
を）出たら（親も）嫌がると思います。

　Ｃは、自分の衣食住にかかわる経済面および生活面のすべてを「両親が負
担している」ことを自覚しており、「今がとっても気楽でいられる」ために、
現在の親との同居生活に「とても満足している」と述べていた。つまり彼は、
経済面および生活面において親から自立すべきだという義務感よりも、親と
同居することで享受できる気楽さを重視していたのである。そして、このよ
うなＣの選択は、自分が「（家を）出たら（親も）嫌がる」というように、息
子との同居を望む親の希望を受け入れたものでもあった。経済的・生活的に
親に依存している彼は、一方で精神面においては親を支えているのでもあり、
現在の同居生活が親子の相互依存によって成り立っていると言える。
　このような親子の相互依存への認識は、Ｃとの同居生活についての次のＣ
の母親の語りからもうかがえる。

　Ｃの母親：（息子と同居する）今がいいです。（略）結婚するとどうせ出るでしょ
う。結婚するまでは…。（略）私達２人で暮らすと、まぁ、さびしいと思います
が、息子がいるからいいし、本人も私が世話してくれるからいいでしょうね
（笑）。まぁ、すべて私が準備してあげるから、洋服であれ、食べ物であれ、全部
を。だから本人は稼いだお金を貯めたり、使ったり、そうしているから本人もい
いみたいです。いいと言っています。カンガルーのようにくっついて住んでいる
から。だけど、結婚するとどうせ離れて生活しなければならないでしょう。だか
らそれまでは、こうやって住んでいいでしょう。（略）結婚するまでは、私が、
まぁ、こうやって扶養する義務があると思っています。

Cの母親は、Cが親と同居していることについて、「カンガルーのように くっついて住んでいる」と表現しており、息子の生活面において「すべて私 が準備してあげる」ため、経済面において息子は、「稼いだお金を貯めたり、 使ったり」できると述べていた。その一方で、彼女は、息子が一緒にいるこ とで「さびしい」気持ちを感じないので「今がいい」と、親も息子との同居 を望む気持ちを表していた。つまり、母親も現在の親子の同居生活が、息子 に対する親の経済的・生活的な援助と、親に対する息子の精神的な援助とい った相互依存の元で維持されていることを認識しているのだと考えられる。 そして、このような親子の同居は、息子が「結婚するとどうせ出る」という 両者の了解の上で成り立っているのであった。

　ところが、現在1年以上交際している恋人がいるCに、将来の結婚につい て尋ねたところ、結婚への確信を持てずに悩む姿が見られた。結婚の予定に ついてCは、次のように述べた。

　　C：時期は、まだはっきりとは分かりませんが、もし来年にでも（結婚）できれ 　　ばいいという考えはあります。だけど、まだ両家に許可を得たことでもないし、 　　挨拶をちゃんとしたことでもないので、漠然とした考えです。（略）彼女も特に 　　何も言わなくて、ただ「あなたがしたいようにして」と言っているけど…。もし 　　将来結婚するとしたら、生活の時間帯が合わないかもしれないと考えているみた 　　いです。私は夜働くから、週末も忙しいし、夜が忙しいから。彼女は社会福祉士 　　なので、昼に勤務するから。あまり合わないと思うのです、時間が、勤務時間帯 　　が。そういう話を一度されました。（略）もし（結婚に）支障になるなら、私が 　　職業を変えるべきなのだと思います。

　現在Cは、働いて3年目になり、親と同居しながら貯金もしているため、 結婚への障害は比較的少ないと言える。しかし、結婚に踏み切ることを躊躇 する理由についてCは、彼女が「生活の時間帯が合わないかもしれない」と 考えていることを挙げていた。また、Cの現在の仕事に対する自信の欠如は、

148

「（結婚に）支障になるなら、私が職業を変えるべき」という言葉にも現れていた。つまり、期待された職業を達成できなかったＣの挫折経験は、現在の職業に対する自信の喪失につながり、さらに結婚への躊躇にまで影響を与えている可能性も考えられる。

　一方、Ｃの結婚について親は、息子の自己決定を尊重すべきであるという考えを示していた。次は、Ｃの父親とＣの母親の語りである。

　　　Ｃの父親：私達の時代は、時がくれば（結婚）しなければならなくて、親の意思に従って（結婚）しなければならなかったけど、今は、本人が自ら決めるから、（略）私達の時とは違うと思います。（略）親はそばで見守ってあげて、応援してあげて、相談にのってあげて。（略）親はそういう役割で（略）本人の意思ですべきだと思います。（略）結婚というものは、自分がやりたいからすぐできたり、いつまで結婚すると決めてもその通りできるものではないでしょう。

　　　Ｃの母親：強制的に結婚させることはないと思います。本人がしない考えがあって、しなかったなら、それは仕方ないでしょう。親の立場では、一度は結婚して家庭を築いて、まともに生きて欲しいけど、周りを見ても１人ぐらいは結婚していない子どもがいる家庭が多いのです。だけど、それも親の考えではどうにもできないと思います。本人がしたいように…、そして結婚というものは、自分がしたくても配偶者として、気に入る人がいないとできないですよね。

　Ｃの父親とＣの母親は、結婚に対して「親の意思に従って（結婚）しなければならなかった」時代から、「本人が自ら決める」時代へと考え方が変わってきたことを理解しており、Ｃの結婚も「本人の意思ですべき」であると述べていた。また、「結婚すると決めてもその通りできるものではない」と、息子の結婚がうまくいかない可能性も念頭においていた。つまりＣの両親は、息子の軍入隊時期の遅れや希望する職業への挫折などを経験しながら、結婚についても親の希望通りにはならない現実を理解していると考えられる。

4．小括

　以上の3家族の事例から、以下のことが明らかになった。まず親は、成人移行期の息子に対して、社会的地位や高収入が得られる就職を通じた自立を期待しており、大学専攻、軍入隊の方法や時期、職業といった息子のライフイベントにおける意思決定に積極的に関わっていた。また息子は、親子の希望にズレがある場合には、親の意思を尊重した意思決定を行う傾向が見られた。特に、Cの家族のように、親が息子の選択を尊重する場合においても、息子は親の意思を読み取り、親の希望を受け入れた意思決定を行っていたのである。このような息子の出世に対する親の強い期待と、親の意思を優先した息子の意思決定は、Bの家族のように、息子が期待された職業を達成できなかった場合、親に息子の人生を駄目にしたという罪悪感を与えることになり、Cのように、自立や将来について確信を持てない状態に陥る結果を招くこともある。また、息子が親の希望通りの職業を得たとしても、Aのように、結婚やその後の人生においても親の影響力が続くことで、親から精神的自立ができないと認識することもあるのであった。

　また、成人移行期の息子のライフイベントにおける社会状況の影響も指摘できる。韓国の経済不況は、息子の職業選択に何らかの形で影響を与えており、特にCの場合、軍入隊やその後の職業選択にも困難をもたらしていた。ケース・スタディ分析では言及していないが、大学で写真を専攻していたDの場合、外貨金融危機の後にDの父親の会社が倒産したため、彼は学業を中断して軍入隊を決心せざるを得なかった。また除隊後は、家族を支えるために、就職しやすい短大のパソコン学科に入り直し、流通会社に就職したのである。

第2節　息子の自立をめぐる親子の戦略

　第1節では、息子の成人移行期のライフイベントをめぐる親子の意思決定の過程について検討し、息子の就職に対する親の過剰な期待と親の意思が優先された意思決定の現状を確認することができた。つまり親は、息子の就職による社会的地位と経済力の獲得をもっとも重要な自立の課題として認識しており、職業に対する親の期待は、息子の大学専攻の選択や軍入隊の方法や時期の選択にも影響を与え、その結果、親の意思が優位になった意思決定が行われていたのである。第2節では、意思決定における親の優位性が維持される親子の関係性に注目し、息子の自立をめぐって親子はどのような認識や戦略を持っているかについて検討する。

1．親の戦略

　ここでは、息子の人生における親の意思の優位性の背景に、韓国の家族主義的規範が存在することを明らかにする。つまり親は、息子の就職を、家族の繁栄や親自身の夢の達成と結びつけて考えており、息子個人の出来事ではなく、家族全体の問題として認識していたのである。その一方、息子の自立について、家族全体ではなく息子個人の幸福を重視する親の見解も存在した。

1.1.　息子の自立に対する親の家族主義的規範
1.1.1.　親の先立つ経験に基づいたアドバイスの必要性

　親側には、息子のライフイベントに対して、先立つ経験を持つ先輩として息子にアドバイスを行うべきであるという考えが存在した。そして、このような親のアドバイスは、息子がライフイベントを達成した後も息子の人生に影響を与え続けていた。Aの父親は、Aが研究員としての就職が決まり、経済的にも自立し、近いうちに結婚するとしても、今後も親からの精神的なサ

ポートが必要であると考えていた。次は、Aの父親の語りである。

> Aの父親：今、（息子が）就職できたけど、私が、うん、職業生活をしながらの
> 経験では、まだ、親が精神的なサポートをしてあげなければならないと思うので
> す。（略）物質的なサポートよりも、精神的なサポートをしてあげるべきなんだ
> よね。それは（略）生きるスキルだけど、そのスキルは経験してみないと、その
> スキルは誰も持てません。私は長い間、社会生活をしていたので、（略）組織が
> 動く仕組みを、私は知っています。だから、そういったことをアドバイスしてあ
> げるべきでしょう。それでこそ、ちゃんと大人になれるんです。（略）経済的な
> 自立はできるかもしれないけど、精神的な自立も一定の範囲、外見的な自立はで
> きるかもしれないけど、ある…状況の中で、突発的な緊急事態が生じた時に、そ
> れに対処するそのスキルについては、うん…長い経験を持った人じゃないと、そ
> れはできません。（略）だから、本人の判断よりも、第3者が判断してあげた方
> がより正しいと思います。（略）それは、たぶん…私が、うん…死ぬまでしてあ
> げなきゃ、そうなるまで。

　Aの場合、成人移行期に経験するライフイベントを順調に達成することで、
大人になるための社会的な条件はすでに獲得できていると言える。しかしA
の父親は、そのような息子に「精神的なサポートをしてあげるべき」と考え
る理由として、「本人の判断よりも、第3者が判断してあげた方がより正し
い」と述べていた。つまりAの父親は、人生において「長い経験を持った
人」である親が「生きるスキル」を息子に「アドバイスしてあげる」ことは、
息子が自ら意思決定をすることで生じる試行錯誤を避けて目標に進むために
必要なものであると考えていたのである。Aの父親の認識において、息子が
親の「生きるスキル」を乗り越えることは一生不可能であるため、親の「ア
ドバイス」は「死ぬまで」続くものとされているのである。この時、息子は、
就職による経済的自立や、結婚を通じた新しい家族の形成といった「外見的
な自立」は可能であっても、精神面において親から自立することは不可能で
あると考えられている。

152

　一方、Ｅの父親は、成人移行期にある息子のライフイベントに対して、親が経験してきた人生とは異なる時代の変化を認識しており、意思決定における親の優位性や親からのアドバイスは適用されないと考えていた。次は、息子の大学専攻や就職についてのＥの父親の語りである。

> Ｅの父親：昔、私が学校に行くために専攻を選択した時は、職業を選ぶ範囲が、願書を出せる学科がとても少なかったので、（略）法学部じゃなかったら、技術方面、理工系に行くしかなかったけど、今は、私が知らない学科も本当に多くて、私が知らない職業も多いから、それを私の観点で「こっちに行きなさい」と言うのは、あの子には合わないと思って、私の場合は、徹底して子どもに決定権を委ねています。昔は、情報が限られていて、先輩に聞くことぐらいだったけど、最近は、子どもがインターネットで上手に遊んでいて、（略）「あ、この方向にいくと良いだろう」ということを自分で分かっていますよね。だから、私が考えるには、専攻を決める時も自分の意思を最優先で尊重して…。（略）「自分がもっとも幸せになれること、自分がやりたいことをしてお金を稼ぐのが一番だ」と。だから、「あなたが好きなことをやりなさい」と。昔は、弁護士、医師、そういったことをする職業は、必ず高い階層になれて、他は…、だけど最近は、そういう感じではないですよね。何をしても構わないし…、（略）もっと多元化した社会ですしね。

　Ｅの父親は、息子のライフイベント選択に対して、「徹底して子どもに決定権を委ねて」いる理由について、時代の変化によって「私が知らない学科も本当に多くて、私が知らない職業も多い」こと、子どもが自ら情報を収集できるインターネットの発達、そして職業において弁護士、医師を目指すよりも「自分がやりたいことをしてお金を稼ぐのが一番だ」という職に対する考え方の変化を述べていた。つまり彼は、限られた情報の中で生きてきた親が、豊富な情報を自ら収集できる息子にアドバイスをしてあげることは「合わない」と判断していたのである。
　このような、息子の自立に対するＡの父親とＥの父親の認識の相違は、彼

第5章　親―息子関係と自立をめぐる親子の戦略　　153

らが経験してきたライフコースの違いから理解することができる。つまり、Aの父親は、朝鮮戦争後の混乱期に幼少時代を過ごし、家族が一致団結して貧困を乗り越えなければならない時代の中で成人への移行を経験していた。一方、Eの父親の場合、国の経済開発政策によって高度経済成長期に入る頃に青年期を過ごし、西洋の文化、教育、価値観などが様々なルートで韓国社会に導入されることを目の前にした時期に子育てを経験していた。それゆえ、子どもの自立に対して、上の世代では家族中心的な規範が、それよりも下の世代では子どもの主体性を重視する規範がより強くなっているのだと考えられる。

1.1.2.　縁故主義や学閥主義による親のサポートの必要性

　息子の就職に対して、個人のみならず、家族全体の名誉や繁栄に関わるものであると認識している親の場合、息子が親の期待する職業を獲得するためには、家族（＝親）からの積極的なサポートが必要であると考える傾向が見られた。その背後には、韓国社会における縁故主義や学閥主義による親のサポートの重要性が存在した。Aの父親は、社会的地位の達成をあきらめなければならなかった自身の経験について、次のように語っていた。

　　Aの父親：私は、早く自立して、早く、かなり早い時期に他の同級生よりも高い地位にいたのです。（略）だけど、一定の地位まで昇進したら、停止状態になりました。だから、家柄が良いか悪いか、そこで差が生まれるのです。ある一定の水準までは、個人の努力でも可能なのです。だけど、韓国社会でその水準以上は、別の力が必要なんだよね。それがあってこそ、ある水準以上まで昇進できるのです。うん…それが、私にはその（＝家の）背景がなかったんですよ。（略）私は、自分でやろうとしたけど、それがうまくできなかったんです。だから私は、足を引っ張る存在ではなく、背中を押す存在になりたいのです。

　Aの父親は、韓国社会で「ある水準以上まで昇進」するには、「個人の努

力」だけではなく「家柄」といった「別の力」が必要であるが、「私にはその（＝家の）背景がなかった」ので、希望する地位まで上ることができなかったと説明していた。つまり彼は、息子が縁故主義や学閥主義社会の中で成功するためには、親の経済的サポートとともに、社会状況を的確に判断するといった精神的サポートが必要であると認識していたのである。

1.1.3. 息子を通じた親の夢の実現

韓国の親子関係においては、親子が独立した存在ではなく、互いを一体として見なす場合がある。このような親子一体の考えでは、親の人生と子どもの人生を同一視することで、結果として息子の自立における家族主義的規範を強化する可能性がある。つまり、親が自らの人生で叶えられなかった夢を、子どもの人生を通じて実現させたいという希望を持つことで、息子の意思決定における親の意思の優位性が生まれるのである。次は、Aの父親、Aの母親、Bの母親、Cの語りである。

> Aの父親： 私にはその（＝家の）背景がなかったんですよ。（略）私は、自分でやろうとしたけど、それがうまくできなかったんです。だから私は、足を引っ張る存在ではなく、背中を押す存在になりたいのです。

> Aの母親：うちは、昔の田舎の本家で、私は長女だったけど、女には勉強をさせなかったので、私の下の弟3人にはすべて勉強をさせたのに、私は勉強ができませんでした、それで…。

> Bの母親：私は勉強をすることができなかったけど、勉強をずっと続けることができなかったけど、「私の子どもだけは、本当に、本当に立派に育てたい」と、いつも心の中で（子どもがお腹にいる）10ヶ月間、思いました。それで、（息子が）生まれて、3歳の時から何か（＝習いごと）をさせて…、とにかく子どもに気をつけました。

C：父親が文系の方で仕事をしていたので、ずっと資格とか、専門的な職業が羨ましかったみたいです。私に「理系に進んで欲しい」と。

　上記の語りで、親は、子どもの人生を自分の人生の延長線として認識しており、親が達成できなかった自らの夢を、息子を通じて実現させたいという希望が現れている。特に、自らの能力だけでは希望する職業や社会的地位に就くことができなかった時代を経験した父親は、職業の達成への要求を強く抱くようになり、女性には教育の機会が与えられなかった時代を生きた母親は、勉学への欲求を子どもへの教育を通じて達成したいと思っているのである。そして、自分が叶えることができなかった夢を息子の人生を通じて実現したいという親の願望は、親の意思の優位性によって息子の意思決定に影響を与えていると考えられる。

　一方、対象者の親の中でやや若い世代であるEの母親の場合、息子と親の人生は個別のものとして認識する傾向が見られた。次は、Eの母親の語りである。

　　Eの母親：私の上の世代では、私の兄の世代までも、昔、親がやりたかったのに、本人達ができなかったことを（子どもに）強要することが多くありました。確かに、私の夫も自分がやりたいことができなかったみたいです。でも、夫も同じですが、私は、絶対に子ども自身がやりたいことをやって欲しいと思って、本人の意思に任せました。（略）（息子の職業は）本人が満足するものであるべきであって、親を満足させるためのものではないと思うのです。

　Eの母親は、息子の職業について、「本人が満足するものであるべきであって、親を満足させるためのものではない」ため、「子ども自身がやりたいことをやって欲しい」と述べていた。つまり彼女は、親子の人生を同一視し、子どもが親の希望を背負わなければならなかった上の世代の考えを拒否して、自分と息子の人生は独立したものであると位置づけていた。つまり、Eの父

親とEの母親は、自分たちが経験してきた家族主義的な規範を反面教師にして、息子には主体性や自己決定を重視するような教育を行うべきだと考えていたのである。

1.2. 家族主義的規範に基づく親の戦略の正当化

　対象者の親は、息子のライフイベントをめぐる意思決定において、息子より親の希望が優先される状況を説明する際に、孝規範と子どものための親の犠牲といった側面から、その行為を正当化する場合が存在した。

1.2.1. 孝規範の強調

　息子に関して語る際に、親はしばしば親孝行の規範を用いることがあった。つまり親は、韓国の親子関係における孝規範を強調することで、息子の人生に対する親の意思の優位性を正当化していたのである。次は、Ａ、Ｂ、Ｃ、それぞれの父親と母親の語りである。

　　Ａの父親：（息子は）父親の意思に従ってやってくれる良い子で…。

　　Ａの母親：（息子は親の言うことを）すべて聞いてくれます、昔から。（略）心配もあまりさせないし。

　　Ｂの父親：息子が優しいので…、自ら父親の好みや母親の好みに反することはしないようにしています。

　　Ｂの母親：うちの子は、本当に優しくて、優しくて…、親の言うことを良く聞いてくれるから…。
　　Ｃの父親：うちの子は、親を心配させたり、何か問題を起こしたりすることは一切なくて、とても誠実な子でした。（略）思春期の時に子どもが父母に反抗するとか、（略）とにかく、そういったことは全く感じたことがありません、子どもには。

第5章　親─息子関係と自立をめぐる親子の戦略　157

Cの母親：育てる時に、親を心配させることは一切ありませんでした。子どもの頃から、してはいけないということは絶対しなかったし、（略）本当に模範的な子でした。苦労したことはなかったです。親を心配させることはなかったです。

　親は、息子について語る際に、「親の言うことをよく聞いてくれる」、「親を心配させ」ない、「優しい」という言葉を用いて、息子が「親孝行」であることを説明していた。このような親の言葉には、「親に従う＝良い子」という認識が含まれている。つまり親は、韓国の親子関係における孝規範を強調することで、息子が親の意思に従うのは「正しい」行為であると、息子の行為に制限をかけることになる可能性がある。そして、このような孝規範は、息子が自分の人生における意思決定を行う際、個人としての幸福よりも親の気持ちを尊重した選択を行うことにつながっているのである。

1.2.2.　子どものための親の犠牲の強調
　一方、息子に社会的地位や経済力が得られる就職を求める親の希望は、「子どものため」という言説で正当化される場合がある。Aの父親とAの母親の場合、息子の大学専攻の選択、軍入隊の方法や時期の選択、大学院への進学および、職業の選択において親の意思が優先されたのは、「子どものため」であるという論理を用いて、次のように語っていた。

Aの父親：私が、うん…社会生活をしながら見たことをそのまま押しつける形でやらせたのです。もちろん、本人の気持ちとしては嬉しくなかったと思います。（略）その当時は、相当嫌だったと思います。だけど、今になってみれば、それがむしろ良かったと、本人は判断しているでしょう。上に行けなかっただろうから。（略）同期生の中でも一番早く博士学位ももらえたしね。

Aの母親：特に嫌なことがあると、そう（＝いやだと）言いましたが、一生懸命になだめると、また言うことを聞いてくれました。だから、今は、むしろ良かったと思っているでしょう。

Aの父親とAの母親は、息子に親の考えを「押しつける形でやらせた」ことに対して、「その当時は、相当嫌だった」としても「今は、むしろ良かった」と、息子自身が納得していると考えていた。つまり親は、博士学位の取得、社会的地位および経済力が得られる研究職への就職が、最終的には息子自身の利益につながることを強調することで、親の行為を正当化していたのである。

また、このような親の意思の優位性に対する「子どものため」という説明は、親の犠牲という論理が伴うことで、よりその正当性が強化されていた。Bの母親の場合、親の意思を押しつけて、息子を法学部に進学させ、司法試験を受け続けさせたことを後悔しながら、自らの行為は「子どものため」であり、さらに親の犠牲が伴ったものであったと、次のように語っていた。

> Bの母親：子どもを育てる時、私は一度も他のことを考えたことがないです。ひたすら子どもだけのために、私が（この子を）立派に育てなければならないという気持ちしかなくて、（略）子どもたちがみんな成功するべきだと思っていました。（略）私が子どもにしてもらうという気持ちよりも、私がすべて犠牲になっても、私の子どもたちがうまくいけば、それ以外に望むことはないと思います。自分たちがうまくいけば、私はどうなっても…子どもたちさえ良くなるといい、いつもそれだけです。だから、いくら疲れても、（息子の）試験の時、私も疲れて、寝られなくても、それについて嫌だと思ったことはありません。どんなことがあっても私がもっと世話してあげなきゃ、その考えだけでした。（略）ただすべてをしてあげたいのです、私の気持ちとしては。

Bの母親は、「私がすべて犠牲になっても、私の子どもたちがうまくいけば、それ以外に望むことはない」と述べ、息子に社会的地位のある職業を求めたのは、親のためではなく、「子どもだけのため」であり、親の犠牲が伴った行為であったと説明していた。つまり、子どものために犠牲になる親という側面を強調することで、親の意思の優位性をより正当化していたのであ

る。

またCの父親も、父親として息子に一所懸命に関わってきたことを、次のように述べていた。

> Cの父親：（息子が）子どもの頃から、（略）私は（会社から）家に帰って、子どもと12時まで一緒に遊んでから寝ていました。だから想像してみてください。（息子が）父親とそんなに長い時間を子どもの頃から一緒に過ごしていれば、父親との関係がどうなるか。（略）とにかく子どもの頃から、たくさん会話をして、一緒に遊んで…、（息子が）学校から帰って来ると私と、日曜日も…別々に過ごしたことはありません。

Cの父親は、仕事から帰宅したら、「子どもと12時まで一緒に遊んで」いたことを強調し、父親として息子との関係性を深めるために努力していたと説明した。このような、親密な父子関係の中で提示される親の犠牲の強調は、息子の意思決定の際に親の意思を受け入れやすい構造につながっていると考えられる。

2．息子の戦略

息子は、大学専攻、軍入隊、就職、結婚といった自らのライフイベントにおける親の意思の優位性に対して、孝規範、長男としての扶養規範といった家族主義的規範から親子の関係性を理解しようとしていた。その一方で、こうした息子の行為の中には、親からのサポートを得ることで自立困難な現状を乗り越えようとする戦略的受容という側面も存在した。

2.1．家族主義的規範による親の意思の受容
2.1.1．孝規範による受容

息子は、職業選択に対する親の期待と意思の優位性について、韓国の家族における孝規範から理解しようとする傾向が見られた。Aの場合、博士学位

を取得し、大企業の研究員として就職した現在の状況について、「結果的に見れば、良い方向にいったので良かった」と評価していた。ところが、親子関係に関しては、インタビュー全体を通じて、「（親の）言うことをききたくない」、「（親に）干渉されたくない」というように、親の行為に対する内面的な葛藤を表していたのである。しかし、「親子の意見が異なった時、自分の意思を優先したことがあるか」という質問に対して、Aは次のように答えていた。

> A：そんなことはできません。してはいけないですよ（笑）。（略）（親が言う通り）するしかないんですよ。仕方ないです。それ（＝親の意思）をどうやって、どうやって変えられますか？私にはできないと思います…。

彼は、親に逆らうのは「できない」、「してはいけない」行為であり、親に言われたのは「するしかない」、「仕方ない」と述べていた。つまり、親の意思を優先するという息子の行為は、親に逆らうのが社会的規範に反するものであるという認識によるものであると考えられる。このような意思決定をめぐる親子関係の規範は、Aの次の語りにおいてより明確に現れている。

> A：経済的に自立しても、実際に分離した家族になるわけではないので、（略）親から完全に分離できるとは言えないと思います。（略）親と子どもの関係は切れないので難しいんです、道理というのがあるので。（略）韓国で（精神的に）自立するのは、無理だと思います。親が亡くなるまでは難しいと…、縛られているので、どうしようもないと思います。

Aは、「親と子どもの関係は切れない」、「縛られている」ため、「韓国で（精神的に）自立するのは、無理だ」と述べていた。つまり彼は、親から経済的に自立できても、「親から完全に分離できるとは言えない」と認識していたのである。そして、このような親子の関係性の背景には、「道理」が存在

第5章　親―息子関係と自立をめぐる親子の戦略　　161

した。すなわち、子どもは親を大事にすべきであるという孝規範は、親に対する子どもの従順を「正しい」行為として見なし、結果として親の権威を強化させていると考えられる。

2.1.2.　息子に対する扶養規範の受容

　息子が、就職による経済力の獲得をもっとも重要な自立の課題として認識するのは、家族に対する責任や扶養規範から理解することができる。特に、調査Ⅱにおける男性対象者は、全員が長男であり、男きょうだいがいる対象者は1人のみであったため、長男としての家族への責任をより強く認識していたのだと考えられる。実際に彼らは、就職について親や家族に及ぶ影響と関連づけて述べる傾向が見られた。Bは、自らの就職と経済的自立が個人の問題ではなく、家族に関わる問題であることを、次のように語っていた。

> B：私が息子だから、（司法）試験という問題も、実は、私が自立できるか、できないかという問題でしょう、経済的にね。だから、家族に、自ら自立できて「私がこんなになった」というのを見せてあげたら、家族も安心するというのもあるし。なんというか、だから、親も息子に頼りたい気持ちがあるので。それが（＝司法試験に受かったら）…良かったのに、私がずっと試験…勉強をちゃんとしないで、そのせいで家族関係が悪くなったという部分もあると思います。

　Bは、自らの就職と経済的自立に対して、「家族も安心する」、「親も息子に頼りたい気持ちがある」というように親や家族に対する義務感を中心に述べていた。つまり彼は、司法試験への合格を自己実現の目的だけではなく、息子として家族への責任を果たすための目標として考えていたのである。
　また、Eの場合も、就職による経済的自立について、親への扶養規範と関連づけながら次のように語っていた。

> E：ずっと父親と母親が支えてくれてきたと思うのです。赤ちゃんの頃、おむつ

を替えることから、(略) 今も、服を着て、生活して、ご飯を食べて、寝る所まで、すべて提供してくれるじゃないですか。だから、私がお金を稼ぐようになるまで家に住んでいると、30年以上を (略) 父親と母親の人生の半分を私のために犠牲にしていることになりますよね。だから、そういう部分において本当に申し訳ないので、私がある程度 (自立) できたら、早く…、そうしたら、父親も母親も気楽に老後生活を過ごせて良いと思いますが。

　Eは、自らの自立において就職による経済的自立がもっとも重要な理由は、「父親も母親も気楽に老後生活を過ごせて良い」からだと説明していた。つまりEの両親は、息子の自立に対して「自らやりたいことをやって欲しい」と述べていたが、E自身は、親や家族への経済的な扶養を考慮した経済的自立を考えていたのである。

2.2. 自立するための息子の戦略
2.2.1. 親への経済的依存による葛藤
　親の意思を受容するという息子の行為は、家族主義的規範のみならず、親子の経済的な側面からも理解することができる。つまり、息子が親の経済力に依存する状況が、息子の自己決定に大きな障害になっていると考えられる。Bは、息子に司法試験を続けて欲しいという親の要求に従っていた理由について、次のように語っていた。

　　B：以前、私は1ヶ月分の小遣いを (親から) 全部もらって、使っていたんですよ。だから、ずっと親とのトラブルも多くて、私自身も「自立できていない」と、心理的に萎縮していて、親は、「自分が小遣いをあげている」という考えで、私に対する干渉というか、いつまでも主導権を離さないという気持ちがあったのですね。

　Bは、「1ヶ月分の小遣いを (親から) 全部もらって、使っていた」状況に

よって、自分は「自立できていない」と、「心理的に萎縮」し、親も息子に対して「いつまでも主導権を離さない」という気持ちがあったと説明していた。つまり、息子の親への経済的な依存は、親には子どもに対する主導権を強化させ、息子には自己決定を困難にする結果をもたらしていたと考えられる。さらに、経済不況や就職困難という社会状況によって、親に対する子どもの経済的依存はより長期化する傾向があり、子どもは親子関係に葛藤を感じながらも、親の意思に従わざるを得ない悪循環に陥っていたのである。

2.2.2. 親から支援を得るための戦略的受容

　息子には、家族主義的規範によって親の意思を受容するだけではなく、親から援助を得るために、親の意思を戦略的に受容する側面も存在した。つまり、親の意思の優位性を受動的に受け入れるのではなく、就職困難な社会状況を乗り越えるための手段として、親からの支援が得られる可能性が高い親の意思を能動的に選択していたのである。Ａの場合、大学進学、軍入隊、就職、結婚といった人生の様々な選択において親の意思に従っており、その行為の中には親から援助を受けやすくするための合理的選択が含まれていたと考えられる。特に、Ａが大学を卒業した1999年は、外貨金融危機によって就職が非常に厳しい状況であったため、親からの経済的な援助は必要不可欠な要素であったと思われる。Ａは、親の意思を受容する戦略性について、次のように語っていた。

　　Ａ：私が生きたいから、そうするだけです。（略）この家で生き残らなければならないから、生き残れればこそ、私が何かをすることができるのだから、従うしかないでしょう。どうしようもないじゃないですか。方法がないでしょう。（略）今もそういうの（＝親の干渉）は嫌です。ただ今は要領が良くなったので、（略）表面上ではうまくやっていけるように、適当にやることはやって、与えることは与えて、もらうことはもらうという、そうやって。（略）うん…だから、適当に要領良くしなきゃ（笑）。全部は聞いてあげることはできないから、全部聞いて

あげるフリをするとか、そういったスキルがなきゃ。どうしても全部はできない
から、私も生きなければならないからね。私も1つの家庭を築いて生きなければ
ならないから。まぁ、技術的に乗り越えるしか（ない）。

Aは、親の意思を受容する理由について、家で「生き残れればこそ、私が
何かをすることができるのだから」と述べ、自らの人生における親からの援
助の必要性を説明していた。つまり彼は、親から経済的に自立するには、親
からの様々な援助が必要であることを認識しており、親の希望を優先した意
思決定は、彼にとって親からの援助を受けるための手段であると考えていた
のである。このようなAの戦略性は、「与えることは与えて、もらうことは
もらう」という言葉からも読み取ることができる。要するに、韓国の親子関
係における親の意思の優位性と息子による受容は、社会文化的な規範に基づ
いた側面のみならず、親の戦略と息子の戦略が結びついた結果でもあると解
釈することができる。

3．小括

以上の分析から、息子の自立に対する親の意思の優位性は、息子の出世に
よる家の繁栄や継続、また息子の人生を通じた親の夢の実現といった家族主
義的規範から理解することができた。このような親の家族主義的規範は、親
世代の貧困時代の経験や韓国社会における縁故主義、学閥主義による親から
のサポートの必要性、就職困難による息子の親への依存の長期化などの社会
状況によってより強化されていた。また、息子のライフイベントの意思決定
における親の優位性は、孝規範や子どものための親の犠牲といった論理によ
って正当化されていたのである。

一方、息子は、親が提示する自立の要求について、孝規範や長男としての
扶養規範という家族主義的な規範によって受容していた。しかし、その一方で、
就職困難によって親への依存が長期化する現在の状況を乗り越えるために、

親からの援助を得る手段として、親の意思を戦略的に受容する側面も存在したのである。このような、息子の自立をめぐる親子の戦略は、結果として、息子のライフイベントにおける親の意思の優位性と息子の自立における家族主義的規範を強化させることにつながっていたのである。

第3節　結論

　本章では、息子の成人移行期のライフイベントにおける親子の意思決定過程と息子の自立をめぐる親子の戦略について検討した結果、次のような知見が得られた。

　第1に、息子の自立における個人主義的規範と家族主義的規範の共存と親子の戦略的な規範の運用である。上記の事例において、親は、息子に対して出世による家の繁栄や継続、親が叶えられなかった夢の実現といった家族主義に基づいた自立への達成を期待していた。しかし、親が息子に社会的・経済的な能力を要求する理由について提示していたのは、「子どものため」という論理であった。つまり親は、息子の個人としての幸福を強調することで、親の意思の優位性を正当化していたと考えられる。一方で、息子は、親の意思を優先した意思決定を行う理由として、「親のため」という論理を提示していた。つまり息子は、親の意思の受容と自己決定との葛藤を解消するために、韓国社会における孝規範や家族への扶養責任といった家族主義的規範を用いることで、自らの行為を正当化していたのである。このように親子は、ともに個人主義的規範と家族主義的規範を共存させており、これらの規範を状況によって積極的に用いていたと言える。と同時に、息子の行為には、経済的合理性に基づく「戦略的受容」という特徴も見られたのであった。

　第2に、韓国の経済不況によって、息子の自立における親子の家族主義的規範が強化されていたことである。息子は、成人移行期のライフイベントの選択において、何らかの形で韓国の外貨金融危機の影響を受けていた。経済

不況と就職困難という韓国の社会状況は、若者の経済的自立の困難をもたらしたが、それに対する国の若者政策や支援が十分に整っていないため、現実では、息子たちは親からの援助に頼らざるを得なかった。また親も、息子の経済的自立が家族の将来において重要な課題であるため、息子が経済的に自立するように続けて援助を行わなければならなかったのである。それゆえ、親は息子の経済的自立を可能にする職業をより強く望み、息子は親からの援助を得るために親の意思を受容するという構造がより強化されたと考えられる。

また、韓国社会における経済不況は、息子の就職困難のみならず、結婚の困難にもつながっているのだと考えられる。つまり経済不況の中では、男性の経済的責任がより重要視される傾向があり、男性は経済的安定性が確保できない状況が長期化すると、ますます結婚に踏み出すことができないのである。

第3に、息子の自立における軍入隊の影響である。息子の軍入隊による離家の経験は、自らの自立について考える契機になり、その後の親子関係にも影響を与えていた。Aの場合、勤務していた軍隊と実家との距離が非常に近く、実家に帰る頻度が高かったため、親子ともに軍入隊による親子関係の変化を感じることはできなかったが、Bの場合、軍入隊による親との物理的な距離が、自立への方向性を決める大きなきっかけとなっていた。またCの場合、軍隊での生活を通じて親および家族に対する愛情や責任感が強化されていたのである。ケース・スタディ分析としては取り上げなかったEの場合も、兵役を終えた後、「女性の大学同期がすでに就職して、社会生活を始めていることに焦りを感じ」たり、「以前は何も考えず親に小遣いをもらっていたが、除隊後は、親に申し訳なくてお金をもらうことができなくなった」と語っていた。韓国の男性における軍入隊の経験は、離家による親子の分離という側面のみならず、家族への義務感や孝規範を強化させる要因として働いていると考えられる。

第5章　親―息子関係と自立をめぐる親子の戦略　　167

　第4に、息子の自立における父親と母親との役割の相違である。対象者の親は、息子の自立について家族全体に関わる重要な課題であると認識しており、父親、母親ともに、息子のライフイベントに積極的に関わっていた。特に、父親の場合、自らの職場生活および社会生活での経験を通じて息子の大学専攻や職業の選択に関するアドバイスを行い、母親の場合、息子とのコミュニケーションを通じて精神面や生活面でのサポートを行う傾向が見られた。

　なお、息子の成人移行期における親子の意思決定と戦略について、A、B、Cのみ［表5-2］でまとめた。

［表5-2］息子の成人移行期における親子の意思決定と戦略

区分		大学専攻	軍入隊	就職	親子の同居	結婚	親子の戦略
A家族	親	親の意思	親の意思	親の意思	親子の意思	親の意思	・家の繁栄と継続 ・親の夢の実現
	息子	息子の意思	親の意思	息子の意思	親子の意思	息子の意思	・孝規範の受容 ・戦略的受容
B家族	親	親の意思	親の意思	親の意思	親子の意思	息子の意思	・家の繁栄と継続 ・親の夢の実現
	息子	親の意思	親の意思 →息子の意思	親の意思 →息子の意思	親子の意思	息子の意思 （経済的困難）	・孝規範の受容 ・扶養規範の受要 ・戦略的受容
C家族	親	息子の意思	親子の意思 （経済不況）	息子の意思	親子の意思	息子の意思	・親の夢の実現
	息子	親の意思	親子の意思 （経済不況）	息子の意思 （葛藤）	親子の意思	息子の意思 （葛藤）	・孝規範の受容 ・戦略的受容

第6章　親―娘関係と自立をめぐる親子の戦略

　本章では、親子のマッチング・インタビューから得たデータを用いて、娘の成人移行期のライフイベントをめぐる親子の意思決定過程を検討し、その背景にある親子の戦略を明らかにすることを目的とする。特に、第4章で確認された、女性の自立意識における脱ジェンダー化とジェンダー規範の共存、また、娘の自立をめぐる親子関係のジェンダー差にも注目する。さらに、第5章で得られた知見である、息子の自立に対する親の期待と家族主義的な特徴との類似点と相違点に注意しながら、分析を行っていく。

　以下、第1節では、5つの家族のうちF・G・Hの3つのケース・スタディ分析を行い、第2節では、5つの家族の横断的比較分析を行う。分析されるデータの語りでは、必要に応じて「(括弧)」で補足を行い、省略の場合「(略)」で、沈黙の場合「…」で示した。

第1節　成人移行期における親―娘の意思決定過程

　本節では、成人移行期の娘とその父親、母親を対象に、娘の大学進学、就職、離家、結婚といったライフイベントをめぐる親子の意思決定の過程について分析を行った。その結果、親(特に、母親)は、娘の自立について非常に高い関心を持っており、娘が男性同様に大学へ進学し、就職を通じて経済的に自立することを期待していた。しかし、その一方で、親が娘に望む自立の内容は女性としての範囲で限定されていたり、就職困難という社会状況において、親は娘に就職よりも結婚による自立を先に求める傾向も見られた。また娘も、そのような親の意思を受容した意思決定を行っていたのである。対象者のライフコースについては、[表6-1]でまとめた通りである。

[表6-1] 成人移行期における娘のライフコース年表

年	1994	1995	1996	1997	1998	1999	2000	2001	2002	2003	2004	2005	2006	2007	2008
経済状況				外貨金融危機				IMF救済金融返済						アメリカ発金融危機	
F (27歳)							大学入学			留学→	帰国	大学卒業			
											公務員試験準備	試験採用準備			
G (26歳)							大学入学				大学卒業			就職活動	就職（正規・事務）
											教員採用試験準備				
H (30歳)			短大入学（3年制）			短大卒業						母の看病のため休職		再就職（正規・医療コーディネーター）	
						就職（正規・看護師）									
I (27歳)							大学入学				大学卒業	留学	帰国		
											就職（正規・事務）		就職活動		
J (30歳)			短大入学（3年制）			短大卒業	転職（契約・看護師）		転職（正規・看護師）				母の看病	就職活動	
						就職（契約・看護師）									

1．F家族の事例：娘の人生における親の意思の優位性

　Fは、自営業をしている両親と妹の4人家族の長女である。父親は厳格な性格であり、母親は教育環境のために何回も引っ越しをするほど子どもの教育に熱心で、経済的、精神的サポートを惜しまなかった。Fは、高校2年の時にバレエに熱中し、将来の職業として考えたこともあるが、親の反対で首都圏にある大学で英文学科を専攻した。大学の時は、アルバイトをして小遣いを稼ぎ、休学して8ヶ月間カナダへ語学研修に行き、ボランティア活動でヨーロッパに行くなど、様々な経験をした。彼女は、大学の4年生の時から公務員採用試験の勉強をしていたが、大学卒業後は、教職が取れる大学院に進学して教員採用試験に目標を変更した。現在は、幼稚園で英語指導のアルバイトをしながら、教員採用試験の勉強のために塾に通う毎日を過ごしている。Fは、大学が家から離れていたため大学の近くで一人暮らしをしたり、また、語学研修のために海外に行くなど、3年ほど離家を経験しているが、大学を卒業してから現在に至るまで親と一緒に暮らしている。

　Fの親（特に、母親）は、大学進学や就職が娘の自立と関連する重要なライフイベントであると認識し、娘のために経済的・精神的・生活的サポートを積極的に行っていた。しかし、娘のライフイベントの選択をめぐって親子の希望にズレが生じる時は、親の希望が優先された形で意思決定が行われる場面が見られた。

1.1．親の限定された期待と大学専攻の選択

　Fの家族の場合、大学専攻の選択において、娘が希望する専攻を親の反対によってあきらめたという出来事については、母親と娘の認識が一致していたが、その意思決定の主体をめぐっては認識のズレが存在した。Fの母親は、大学でバレエを専攻したい娘の希望をあきらめさせ、英文学科を選択したのは、親の意思によるものであったと、次のように語っていた。

Fの母親：進路について…とても悩みました。（略）うん…進路というものを決めるのは本当に難しかったです。本人も、娘もまだ幼いから、どうすればいいか漠然としていて、母親としてどうすれば（いいか）…本当に悩んだんですよ。（略）あの子は、芸術の方に、写真とか、（略）バレエとか、そういったことをやりたがっていたけど、私が、母親が「勉強しなさい」と、「勉強をして、職業を持って、芸術がやりたかったら、まぁ、趣味でやりなさい」と勧めたの。芸術はちょっと大変だという思いがあってね。（略）就職とか…、まぁ、とにかく、その…安定した職業生活をするとか、そういったことがちょっと難しいと思って。（略）それで、英文学科の方が、将来いろいろとつぶしが効くだろうと思って選択したのです。（略）バレエは１年間やったけど、（高校）２年生になった時、父親が反対して結局はあきらめたの。うん…父親のせいであきらめたと思います。本当に、とにかく反対が激しかったので、仕方なかったです。あまりにも反対するから。

　Fの母親は、娘の大学専攻の選択について、娘自身は「まだ幼いから、どうすればいいか漠然としてい」たので、「母親として、どうすれば（いいか）…本当に悩んだ」末、「勉強しなさい」と選択してあげたのだと述べていた。つまり彼女は、バレエを専攻したい娘に対して、将来の「安定した職業生活」が保証され、「いろいろとつぶしが効く」と思われる「英文学科」に進学することを勧めたのである。Fの母親の語りでは、娘が自分のやりたいことを将来の職業と結びつけることができないため、親が積極的に関与して「正しい」道に導くべきであるという考えが読み取れる。しかし、その一方で、娘の望みをあきらめさせたことに対して、バレエは「父親が反対して結局はあきらめた」というように、母親だけではなく、父親にもその責任を帰す側面も見られた。

　ところでFの場合、自ら希望した専攻に対して親の反対があったが、最終的な意思決定の主体は本人であったと認識していた。大学専攻の選択について、Fは次のように語った。

第6章　親―娘関係と自立をめぐる親子の戦略　173

Ｆ：高校１年生の時…うん、先生の推薦で、しばらくバレエを…進路に決めたけ
ど、うん…まぁ、運動神経がないことが分かって、私が勉強に変えて、高校２年
の時から勉強を頑張りました。（略）バレエにはとても関心があって、そっちに
進路を決めたい気持ちも大きかったですが。うん…お父さんがちょっと保守的で
（略）「芸術の方は、費用も多くかかるし、あなたは運動神経もあまりないから、
勉強した方がいい」と反対もあって、それで勉強することに気持ちを決めました。
お母さんも、私が運動するつもりでバレエをするのは喜んでくれましたが、それ
を進路として決めることについては、「私はあなたを知っているけど、そんなに
あなたは運動が得意じゃないし、いつも転ぶのにうまくやれるの？それに、バレ
エをする子は、普通、子どもの頃から始めるけど、はじめるのが遅すぎたから、
そのまま勉強をした方がいいと思う」と言って。はい、私も勉強に気持ちを固め
ました。

　Ｆは、大学でバレエを専攻したい気持ちがあったものの、親から「運動神
経もあまりない」、バレエを「はじめるのが遅すぎた」、「費用も多くかかる」
といった理由で反対されたと説明していた。しかしＦは、これらの親の意見
を受容し、最終的に「勉強することに気持ちを決め」たのは、自分の意思に
よる選択であると考えていた。このような彼女の認識は、息子Ａの事例と同
様に、大学専攻の選択における親の制限は存在したが、親が提示した選択を
最終的に受け入れたのは本人であるため、結果的には、自己決定であったと
解釈していると思われる。
　一方、Ｆの父親の場合、Ｆの母親とＦの語りとは異なり、娘の大学専攻の
選択をめぐる親子の意思の相違は存在しなかったと述べていた。つまり彼は、
娘の大学専攻の選択は、娘自身の意思によるものであったと、次のように語
っていた。

　Ｆの父親：本人の意思に任せました。今やっていることを、たぶん…選んだのだ
と思います。今やっている英文学を…。それがちょっと範囲が広かったので、お
母さんと相談して、その（＝英文学の）方がいいだろうと。私の友達に教官が１

人いるけど、そこから助言をもらって、それで英文学を専攻した…。

　Fの父親は、娘が大学専攻を選択する際に、専攻が具体的に定まらなかったので、「お母さんと相談し」たり、友達に「助言をもら」うなどした上で、選択を助けるための情報をFに提供していたが、最後は「本人の意思に任せ」て、「英文学」を専攻したと説明していた。Fの父親のインタビューの中では、娘の専攻選択をめぐる葛藤についての言及は見られなかった。

1.2.　親が望む将来の安定のための職業

　Fは、職業の選択において、大学4年生の時から公務員採用試験の勉強をはじめたが、大学卒業後は教員採用試験に変更し、現在はアルバイトをしながら試験勉強を続けている。公務員や教師を職業として選択した理由について、Fの母親とFは、安定性を求めるためであると親子で一致した意思を示した。しかし、職業の選択の主体については、大学専攻の選択と同様に、母娘間で認識の相違が見られた。次は、娘の職業の選択についてのFの母親の語りである。

> 　Fの母親：どうすればいいか、大変でしたよ。（略）就職しようするのを、私が止めました。「ずっと続けられる仕事に就きなさい」と。女性は、結婚して子どもを産むと働けなくなるから、仕事があっても途中であきらめることになるから。だから、「むしろ、勉強をして、公務員とか、教師とか、ずっとできる仕事を持った方がいいだろう」と。それで、就職はやめさせました。（略）「今は大変だけど、その方がもっと良いだろう」と、あの子もそう考えて、私もそれがもっといいだろうと。（略）それで勉強をするようになったと思います。

　Fの母親は、娘の就職を強く望む一方で、「女性は、結婚して子どもを産むと働けなくなる」という女性に不利な就労状況を良く理解していた。そのため彼女は、一般企業に就職しようとする娘を止めて、「ずっとできる仕事

を持った方がいい」と説得した結果、Ｆは公務員や教師になるための「勉強をするようになった」と説明していた。Ｆの母親の語りでは、息子家族の親が、息子に対して社会的地位や高い収入が得られる職業に就くことを期待していたのとは対照的に、娘に対して女性としての限定された職業への期待を持っていることが確認できる。また、Ｆが就職活動を行っていた当時の韓国の社会状況を考えると、外貨金融危機後の不安定な労働市場の中で、男性と競争しなければならない一般企業への就職を避けて、なるべく女性の就職率が高く、かつ、失業への危険性が低い職業を、親は娘に戦略的に提示していたと考えられる。

　一方Ｆは、公務員や教師になる理由について、次のように語っていた。

　　　Ｆ：安定を望んでいて、それで、私も今、勉強していることも、安定した職業を
　　　得るためであって。（略）彼氏も安定した職業を持って欲しいと言って、公務員
　　　や教師が良いだろうと考えるようになりました。

　Ｆは、自身の職業選択について、交際していた彼氏から「安定した職業を持って欲しい」と言われて、「公務員や教師が良いだろう」と考えるようになったのだと述べていた。Ｆの語りの中でも、Ｆの母親と同様に、職業の安定性が強調されており、彼女は、不安定な社会状況の中で「安定した職業」というものが職業を選択する際の重要な条件であると考えていたと思われる。
　しかし、母娘が望んだ将来の安定が保証できる職業を得るには、長期間にわたる不安定な状況を耐えなければならない現実が存在した。つまり、韓国社会の厳しい就労状況を懸念する多くの求職者が、ＦとＦの母親と同様に職業の安定を求めて公務員試験に殺到したのである。その後、ＦとＦの母親は、公務員試験から目標を変更して採用率がより高いと言われる教員採用試験に挑戦するが、教員採用試験の競争率も年々上昇していたため、Ｆは、「安定した職業」を手に入れることができずに現在に至ったのであった。このよう

に、大学を卒業してから3年以上、就職のために試験勉強を続けている現状
について、Fの母親とFは、次のように不安な気持ちを語っていた。

　　Fの母親：教師になるのがとても難しいから。（略）今も、まぁ…心配です。難
　　しいから、本当に難しいから…。うん…競争率が、とても…あれで（＝高いか
　　ら）、どうすればいいか分からない…今は。（略）ああやって、毎日机に向かって
　　青春を…部屋の中で本ばっかり見ているのがかわいそうでたまらなくて。

　　F：もちろん不安があります。勉強するからといって、みんなが合格できる試験
　　ではないから。もう歳だし、また、私も、うん…経済的に自立しなければならな
　　い気持ちが常にあるから。（略）早く経済的に自立したいです。（略）親が嫌な顔
　　をしたり、「外に出てお金を稼ぎなさい」と、直接に言うわけではないですが、
　　ただ私の心の中では、こうやって勉強ばっかりしていることが、本当に申し訳な
　　いです。親にとっても立場上、良くないと思うので、親孝行ではないという気持
　　ちがあります。

　Fの母親は、娘が長年にわたって試験勉強を続けている状況について、
「かわいそうでたまらな」いと娘に対する憐憫を示していた。またFも、「経
済的に自立しなければならない」という気持ちの中で、親に「本当に申し訳
ない」、「親孝行ではない」と親への罪悪感を述べていた。つまり、経済不況
の中で、将来の安定が保障される職業を目指した親子の行為は、就職を達成
できない状況が長期化することで、皮肉にも現在の不安定をもたらす結果を
生み出していたのである。

1.3. 就職より結婚による自立を求める親の戦略

　Fの母親は、娘に安定した職業の達成を期待していたが、長期間にわたる
公務員および教員採用試験の失敗によって、就職が遅れるだけではなく、結
婚も遅れてしまうという状況に不安を抱いていた。Fの母親は、娘の結婚が
遅れることに対する焦りについて、次のように語った。

Fの母親：（娘の）就職がうまくいって、それで結婚もして、子どもも産んで、そうなって欲しいです。今、そうする年齢なのに、そうできていないから、本当に心が痛みます。心配になって、心が痛くて、そばで見ていると本当にかわいそうで。だから、もう…勉強とか全部やめさせて、一旦、結婚をさせようと…そう思っています、今は。（略）教員になってもならなくても、就職してもしなくても、まずは結婚をさせようとしています。（略）今、28歳だから、今年は必ず嫁がせたいのです。（略）相手さえ見つかれば、本人がどう思うか関係なく、とにかく結婚させようと。（略）今は相手がいない状態だから、お見合いをして、いい人がいれば結婚させようと。

　娘の自立について、Fの母親は、「就職がうまくいって、それで結婚もして、子どもも産んで」いる状態を期待していたが、実際は就職も結婚も出産も実現できていないため、「本当に心が痛み」、娘が「本当にかわいそう」と辛い気持ちを述べていた。ところがFの母親は、このような現状を抜け出す方法として、娘が「就職してもしなくても、まずは結婚をさせよう」と考えていたのである。こうしたFの母親の考えには、以下の2つの解釈が可能である。1つ目は、娘に就職を通じた自立を期待していた母親は、就職が困難になったために娘の自立の方向性を結婚を通じた自立へと戦略的に修正しているのだ、というものである。近年の韓国社会では、高等教育の達成水準における男女差はほとんど見られなくなったが、就職や経済的自立に対する社会的な規範、結婚に要求される経済的能力には、以前として女性よりも男性に重く課せられる傾向が存在する。そのためFの母親は、娘に「女性としての自立＝結婚」という伝統的な価値観を提示することで、娘の自立を完成させようとしていることが推察できる。
　2つ目は、親が考えるもっとも重要な娘の自立の課題は、就職による経済的自立よりも、結婚による親からの分離である、というものである。息子の場合、親から就職による経済的自立を強く求められたのは、息子の職業が結婚の選択に影響を及ぼすだけではなく、家の持続や親の扶養にも大きく関わ

っているためである。しかし娘の場合、親に対する経済的な扶養への責任が
息子より弱く、結婚を契機に親子が別の家族として分離されるという考えが
あるため、親は、娘の結婚による分離を、就職よりも優先順位が高い自立と
して考えているのである。

またFの母親は、結婚の達成が必ずしも就職の断念を意味するものではな
いことを強調していた。Fの母親は、結婚後も就職は可能であると、次のよ
うに語っていた。

　　Fの母親：まぁ、あの…結婚してから勉強をして、（就職）してもいいからね。
　　最近は、そうする人が多いらしいのよ。結婚してから勉強する人も多いから、一
　　旦、結婚から先にさせるべきでしょう。

　Fの母親は、「結婚から先にさせるべき」理由として、「結婚してから勉強
をして、（就職）してもいいから」と、結婚後も就職することが可能である
と説明していた。つまり彼女は、結婚することが、今まで続けてきた娘の就
職への努力を無駄にするものではなく、成人移行期に達成すべきライフイベ
ントの順序を入れ替えるに過ぎないと捉えることで、娘が感じる葛藤を最小
限にしようとしていたのである。しかし、Fの母親が娘に提示する就職前の
結婚の可能性は、経済的な依存の対象が親から配偶者へと移動することを意
味しており、結果として、男性の結婚に対する経済的負担をより強めること
につながっているとも考えられる。このような結婚における経済的責任のジ
ェンダー差は、就職困難な社会状況の中でより明確に現れる可能性が考えら
れる。

　一方で、娘のFは、試験勉強を続けることで結婚が遅れる状況について、
次のように語っていた。

　　F：私の考えでは、来年合格できたら誰かに出会って、来年には結婚したいです。

第6章　親―娘関係と自立をめぐる親子の戦略　　179

（略）（出会いの）きっかけがなかったらお見合いでもして、来年、結婚したいです。（略）大きくなって、もう結婚する年齢になったのに、未だに家を離れることができなくて、勉強を続けていて、また、安定した職場で働いて収入があるわけではないので、いつも（親に）申し訳ない気持ちが大きいです。

　Ｆは、親に「いつも申し訳ない気持ち」を抱いている理由について、「安定した職場で働いて収入があるわけではない」こと、そして、「もう結婚する年齢になったのに、未だに家を離れることができな」いことを挙げていた。彼女は、「来年合格できたら」というように就職を前提にしていたが、それでも結婚を通じた自立を強く意識していたのは、長期間にわたる親への経済的依存が負担になっていたからであると考えられる。
　ところがＦの父親の場合、Ｆの母親やＦの語りとは対照的に、娘の就職に関する不安や悩みについての具体的な言及は見られなかった。彼は、娘の将来について次のように語っていた。

　　Ｆの父親：そういうことは、まぁ、自分がやりたいように…するのを祈るだけでしょう。（略）教員採用試験に受かって社会に貢献して、その後、相手を見つけて結婚することだけです。他に、望みはありません。（略）母親と率直に多くの話をしているだろうから、私は、本人の意思を尊重して、母親と相談した内容に従うことにしています。

　Ｆの父親は、娘の就職について、「自分がやりたいように」、「本人の意思を尊重」すると述べていた。また、「母親と率直に多くの話をしている」、「母親と相談した内容に従う」という言葉から、Ｆの父親は、娘の就職に関して積極的に関与していない様子がうかがえる。つまり、息子の職業選択については、父母が家族の重大事として関わっていたことに比べて、Ｆの就職については、父親の影響や関与が見られないことが指摘できる。

2. G家族の事例：親の意思決定の優位性に対する娘の戦略

　Gは、父親、母親、姉、弟という5人家族の次女である。高校生の時、美術に興味を持つようになったが、教師になって欲しいという母親の希望を受け入れて、教員養成の大学で美術教育学科を専攻した。大学は地方にあり、2年生まで全学生が寮に入ることが義務づけられていたため、大学にいる間は親元を離れて暮らしていた。大学を卒業した後、3年間は教員採用試験の準備をしていたが合格に至らず、その後、試験勉強をあきらめて一般職の就職活動を行った。塾で数学を教えながら、出版社や会社などの就職先を探している中で、行政の情報を管理する事務職に就職した。インタビューを行った時、Gは、やっと就職を果たすことができたため、1年後は4年間付き合った彼氏と結婚したい気持ちを持っていた。

2.1. 職業についての親の希望と大学専攻の選択

　Gの家族の場合、娘の大学専攻の選択について、親子ともに娘が自己決定を行うべきであると述べていた。しかし、実際の意思決定の過程においては、親（特に、母親）の希望が強く提示されていたため、娘は、良好な親子関係を維持しながら自分の希望を貫くために工夫をしなければならなかった。Gは、娘に教師になることを勧める母親の望みと、大学で美術を専攻したい自らの希望の中で、どのように妥協点を探したのかについて、次のように述べていた。

　　G：母親の干渉がちょっと…（略）心配が多かったです。（略）高校の時、母親は「学校の先生になりなさい」と言いましたが、私には美術の才能がありました。（略）それで、「あ、これを活かそう」と、この分野（＝美術）についてもっと勉強したい気持ちがあって、反対されたけれど、戦って、高校3年の時、進路を変えて合格しました。（略）（母親は）昔から「教員養成大学に行け」と…。自分なりに間の道をとりましたよ。美術教育学科に行きましたので（笑）。（略）独立し

たいという理由もありました。その学校は、特殊目的大学[1]だったので、２年生まで義務的に寮で生活しなければならなかったのです。それで、家から離れることができました。

　Ｇは、自分の大学専攻の選択について、「この分野（＝美術）についてもっと勉強したい」という自らの希望と、「学校の先生になりなさい」という母親の希望がぶつかっていたが、「自分なりに間の道」を工夫した結果、母親が望む「教員養成大学」に入って、自分がやりたい「美術教育学科」を専攻にすることを選択したと説明していた。つまり彼女は、母親との関係に葛藤をもたらさない形で、一方では、母親の意思を受容しつつ、自らの希望を反映させるという戦略的な選択を行っていたのである。さらに、彼女が教員養成の大学を選択した理由には、「母親の干渉」から離れて、「独立をしたい」という意図も含まれていた。

　一方、Ｇの母親は、娘の大学進学の選択について、娘の希望による意思決定であったと、次のように語っていた。

　　Ｇの母親：高校１年生から、自ら美術の勉強をして、それで美術学科に入って、自分が望む大学にも行けたのです。私は後ろで世話をしてあげただけで、私が「ああしなさい、こうしなさい」とはしませんでした。本人がやりたいと言ったので、私は後ろでサポートをしてあげて。子どもがうまくいくことを祈るだけです。韓国の母親はみんな。

　Ｇの母親は、娘が教員養成の大学で美術を専攻したことについて、「本人がやりたいと言った」ものであり、母親の役割は「ああしなさい、こうしなさい」とは言わず、「後ろでサポートをしてあげただけ」であったと説明していた。このような娘と異なるＧの母親の語りには、以下の２つの解釈が可

1　教員養成大学は、「特殊目的大学」として分類されていないが、ここでは、「教員養成」を目的とする大学という意味で使われている。

能である。1つ目は、Gの母親が、娘の自己決定を尊重する母親であること
を強調するためのレトリックであるというものである。2つ目は、Gの母親
は、娘に教師になることを勧めた親の行為よりも、娘が望んだ美術学科を専
攻したという事実をより大きく捉えている可能性である。つまり彼女は、大
学専攻の選択において、娘の希望が大きく反映されており、最終的には娘の
自己決定によるものであったと判断したとも考えられる。

　また、Fの家族と同様に、Gの家族においても娘の大学進学をめぐって母
娘が中心になって意思決定が行われる傾向が見られ、その一方で、父親の関
与は希薄であった。娘の大学進学についてGの父親は、次のように語ってい
た。

> Gの父親：私は会社に通っていて、家で子どもと一緒にいる時間が少ないから、
> 私はよく分からないし。（略）（大学）専攻の選択は、私の場合は「あなたがやり
> たい専攻を選択しなさい、そして、あなたの実力に合ったところに行きなさい」
> と。それで私が「ここがいいだろう」ということを言ったことは全くありません。
> 本人が自ら決めたのだと思います。

　Gの父親は、娘の大学進学について、自分は「家で子どもと一緒にいる時
間が少ない」ため、その内実を「よく分からない」、また、娘が「やりたい
専攻を選択」すべきであるため、「本人が自ら決めた」と説明していた。こ
のように、娘の大学専攻の選択において、父親の関与の度合いが低い理由は、
父娘関係より母娘関係が密着していること、そして娘の教育に関する母親の
役割がより重視されていることが考えられる。また、大学専攻の選択が家族
に関わる重要な出来事として認識されていた息子家族と比べて、家族への経
済的貢献が相対的に期待できない娘においては、父親の関心が低くなってい
る可能性も推測できる。

第6章　親―娘関係と自立をめぐる親子の戦略　183

2.2. 親が希望した就職の困難と娘の決断

　Gは、母親の意思を受け入れて教員養成の大学に進学し、教師になるために教員採用試験に挑戦するが、3回連続して不合格であった。そこで彼女は、試験勉強をやめて、塾の講師のアルバイトをしながら就職活動を行っていたところ、知人の紹介で公務員として就職することができたのである。次は、就職に至る過程についてのGの語りである。

　　G：私の大学の場合は、卒業する際に教員採用試験を受けて、合格するとそのまま先生になって、そうじゃなかったら、図書館や、鷺梁津には考試村[2]が多いでしょう、そこで教員採用試験の勉強をするのが一般的です。それでも駄目だったら、学校に残って勉強を続ける人もいるし、他の進路に変える人もいます。私の場合は、3回受けましたが駄目でした。（略）ある程度、適性があると思って、（勉強）すると当然（合格）できると思いました。だけど、試験を受けても駄目だから、何回受けても駄目だったから、（略）「あ、この試験が合わないのかな」と思って、他の道を探しました。後悔はしません。たくさん悩みましたし、考えを決めたら未練を持たないタイプなので。（略）必ずこれをやらなければならない、ということではなかったですしね。（略）今は公務員ですが、行政補助で、観光特産物のような…情報を管理する所に所属しています。とても良かったと思っています。

　Gは、3回連続して教員採用試験に落ちた後に、「この試験が合わない」、「必ずこれをやらなければならない、ということではな」いと考えて、教師になる道をあきらめて他の就職先を探したと説明していた。つまり、大学専攻の選択について、親の希望を受け入れながら自分の意思もあきらめなかったGは、就職においても、最初は教員採用試験という親の希望を受け入れていたが、最終的には、自らの判断で進路を修正していたのである。

2　鷺梁津とはソウル市内にある地名である。司法試験、公務員採用試験、教員採用試験といった国家試験を準備する人のための塾、宿泊施設、勉強部屋などが密集しており、このエリアを特に考試村と呼ぶ。（石坂・福島編［2000］2014）

一方、Gの母親は、娘が教員への道をやめて進路を変更したことについて、次のように語っていた。

> Gの母親：教員採用試験の勉強を約3年間しました。毎年、試験を受けたけど、3回連続して落ちました。（略）あの子が試験に受かったら、高校の先生に、そうなったはずだけど、試験に落ちてしまったので…。もう、本当に大変らしいです。空の星をつかむように大変みたいで…。（略）勉強をしても、鷺梁津の塾に通っても、試験に何回も（落ちて）、最後は、あの子が棒のようにやせていったんです。それで、私はこの子がうつ病になるのではないかと…。（略）私はそれが心配で。（略）だから「まぁ、なれなかったら、仕方ないだろう」と思っていたけど、（略）自ら良い所に就職したので。（略）夢はあきらめたのでしょう。（略）ちょっともったいないと思うところもあるけれど、自分が美術を選択して大学に行ったので、大きな未練はないみたいです。自分がやりたい道を自ら選択したので。（略）いつか、また夢を目指すかもしれないけど、今、入った職場に本人が満足しているので。（略）私は「こうしなさい、ああしなさい」ということはしないです。ただ子どもに任せるだけです。

　Gの母親は、娘が教員をあきらめたことについて、「空の星をつかむように大変」な教員採用試験の現状、試験勉強を続けることで「棒のようにやせて」、「うつ病になるのではないか」という娘の精神・健康面での心配、そして現在、「入った職場に本人が満足している」ことを理由にあげて説明をしていた。彼女が、「ちょっともったいない」、「いつか、また夢を目指すかもしれない」と言いながらも、娘の教員採用試験の断念を受け入れられたのは、後述のように、就職のために娘の結婚が遅れることを懸念したためである可能性も考えられる。

　また、娘の職業の選択においても、Gの母親は大学専攻と同様に、娘が「自分がやりたい道を自ら選択」しており、親は「子どもに任せるだけ」の役割であったと認識していた。そしてGの父親も、娘の就職について「本人が自ら決めるべきでしょう」と述べており、娘の自己決定を尊重していたの

第6章 親─娘関係と自立をめぐる親子の戦略　185

である。

2.3. 見合い結婚を勧める親と恋愛結婚を望む娘の葛藤

　インタビューを行った当時、ようやく就職が決まったGは、4年間交際し
てきた彼氏との結婚を具体的に意識していたが、結婚に踏み切れない現状に
ついて、次のように悩んでいた。

　　G：結婚しようとする彼氏の年齢が高いので、結婚の話を（略）去年も考えてい
　　て、今年も考えていて。早くしたいと思います。早くしたいけど、一応、現実的
　　にお金の問題もあるし、今、姉の状況がよくないので、母親の心配が大きいです。
　　だから、あれやこれやの事情で遅れています。（略）母親は「やめなさい」と言
　　っています。

　Gは、彼氏との結婚を「早くしたい」という意思はあるものの、「現実的
にお金の問題」のみならず、娘の結婚に対して「やめなさい」と反対する母
親のために、結婚に踏み切ることができずにいた。インタビューの中でGの
母親は、結婚相手をめぐる娘との葛藤について具体的に言及していなかった
が、娘の結婚を心配する気持ちを次のように語っていた。

　　Gの母親：これから、結婚相手さえ良い人に出会えたら、もう心配はないでしょ
　　う。それで、私が「男性と交際しないように」と言っていますが…。（略）心配
　　でね、ただ老婆心で心配だし。ほら、間違った付き合いをしてはいけないでしょ
　　う。（略）あの子の姉が、恋愛結婚をしたので、次女（＝G）は、お見合い、誰
　　かに紹介してもらって会わせようとしているの。そうさせてあげたいのよ。（略）
　　親の欲でね。

　Gの母親は、Gが「間違った付き合いをしてはいけない」という「老婆
心」から、娘の結婚は「お見合い、誰かに紹介してもら」う、という考えを

述べていた。このような娘の結婚に対するＧの母親の心配の背景には、恋
愛結婚をしたＧの姉の家庭生活が安定しておらず、特に経済的な困難を抱え
ているということがあった。つまりＧの母親には、Ｇの姉の結婚について、
安定した結婚生活が保証できる相手を選択してあげられなかったという後悔
の気持ちが存在するのだと考えられる。それゆえ彼女は、Ｇが選んだ交際相
手との結婚を否定し、見合いを通じてより安定性が保証できる男性と結婚す
ることを望んでいるのである。

　このようなＧの恋愛結婚に対する親の不安は、Ｇの父親の語りでより具体
的に現れていた。Ｇの父親は、娘が現在の交際相手と結婚することへの心配
について、次のように語っていた。

> Ｇの父親：私達は、もう少し遅く、もうちょっと待ってから（結婚）することを
> 望んでいます。うん…（略）△△（＝Ｇの姉）が、今、結婚してあまり幸せな家
> 庭を築いていないと思うから、それも原因になって。（略）それで「もうちょっ
> と、もっと慎重に考えなさい」と言っています。（略）うん…（Ｇの）彼氏は、
> 人相も良くて…礼儀正しくて、すべて良いです。性格も良さそうだし、すべて良
> いけど、うん…□□（＝Ｇ）より学歴もちょっと低いし…。そして、職業も、ま
> ぁ、現場で働いているけど、まぁ、そんなにビジョンのある職業には見えないか
> らね。だから、そういう部分がちょっとあります。

　Ｇの父親は、娘の現在の交際相手との結婚について、「もっと慎重に考え
なさい」と躊躇する理由について、交際相手が「学歴もちょっと低い」こと、
そして、彼の現在の仕事が「ビジョンのある職業には見えない」ことを挙げ
ていた。つまり、息子の事例において、彼らの社会的地位や経済力のある職
業の獲得が、結婚の可能性に強く結びつくことが述べられていたが、娘の事
例においても、結婚相手の学歴や職業が結婚を決める際に重要な評価基準に
なっていることがわかる。このように、結婚する際に男性に課せられる経済
力への要求は、経済力のある男性との結婚を通じて、娘の経済的安定を獲得

させようとする娘側の親の戦略的な判断によるものであると推察できる。

一方、恋愛結婚を望んでいたＧは、経済的に安定した結婚生活が期待できる見合い結婚を勧める親の意思について、次のように語っていた。

> Ｇ：（母親は）彼が、（交際）相手が気に入らないことよりも、結婚すると…、母親は（結婚して）すごく犠牲になりました、家族に。（略）だから、本人が苦労をしてきたので、娘にそうなってほしくないから、そういうこともあるし。また、姉が幸せになったら良かったけど、そうならなかったから、そういったことで心配が先走って…。（略）母親が愛でそうすることだから…理解すべきでしょう。（略）私は、早く（結婚）したいです。だけど、もし…（略）今の彼氏と（結婚）できなかったら、結婚はうんと後に、ちょっと遅れると思います。

Ｇは、母親が交際相手との結婚を反対する理由について、母親「本人が苦労をしてきた」こと、また、姉の結婚生活の不幸によって「心配が先走って」いるためであると説明していた。つまり彼女は、結婚選択において親の意思が優先される状況について、「母親が愛でそうすること」であると受容していたのである。また、彼女が親の意思を受け入れているのは、自分の収入だけでは経済的に自立できない現実や、姉の事例から結婚における経済的安定の重要性を納得した結果であるとも考えられる。つまり、大学専攻や就職において、親の希望とうまくバランスを取りながら、自ら意思決定を行っていたＧは、結婚の選択においても、社会経済状況から親の意思を戦略的に受容していると言えるだろう。

3．Ｈ家族の事例：ジェンダー化された親の自立意識と娘の戦略

Ｈは、父親と母親、兄、姉、妹の６人家族の次女である。両親とも厳格な性格で、共働きであったために家にいない時間が多かった。兄と姉とは年が離れているせいで近寄りがたく、いつも妹と２人で遊んでいた。小学校４年生まで、ソウルから２時間ほど離れた地方の田舎で過ごしていたが、両親の

仕事のためにソウルに引っ越してきた。しかし、ソウルでの生活や人間関係に慣れず、妹は登校拒否になるなど、しばらくは苦労をした。高校生の時、剣道に興味を持つようになり、大学で体育関連の専攻に進学することを望んだが、両親のサポートを得ることができず、結局、短大で歯科衛生学科を専攻した。短大卒業後は、看護師として就職をしていたが、母親の病気をきっかけに仕事を辞めて、看病と家事を行っていた。母親の体調が改善したことで、現在は再就職をして医療コーディネーターとして働いている。彼女は、看護師の仕事をしていた頃、半年間、友達と一緒に暮らした経験があるが、その後、現在に至るまで親と同居している。

3.1. 親のサポートの欠如と希望する大学専攻の挫折

Hの家族の場合、娘の成人移行期のライフイベントにおいて、意思決定の主体をめぐる親子の認識の不一致は見られなかった。しかし、大学進学や就職を通じた娘の自立に対する親の理解不足やサポートの欠如によって、Hは他の事例とは異なる意味で自己決定の困難を抱えていた。高校の時にHは、剣道に興味を持つようになり、大学では社会体育学科を専攻することを目標にしていたが、結局、あきらめざるを得なかったことについて、次のように語っていた。

> H：高校の時に（略）社会体育学科に行きたくて（略）剣道をはじめたけど、あまりにも大変だったので…やめました。（略）それに母親がすごく反対しました。母親はそういうのをよく分からないじゃないですか。だから「なぜ棒で人を叩くことを（略）習うのか、習いごとはいくらでもあるのに」って。だけど、私はそれが本当にやりたかったのです。そして、社体科（＝社会体育学科）に行くためには、自分の種目が1つ必要だったです。（略）すごく反対されたけど、私も我が強かったので…、（略）自分でアルバイトをして、防具などを全部買って、稽古の月謝も自分で全部払いました。（略）稽古を受けなければならないけど（月謝が）25万ウォン（＝約2万5千円）ぐらいでした、1ヶ月に。だけど、それが

私にはとても大きな金額だったんです。そういうお金がかかることも多かったし、うん…自分で疲れちゃったこともあって、それで、もう、それをやめました。

Hは、母親の反対にもかかわらず、自らアルバイトをしてまで剣道を習っていたが、学校の授業と剣道の練習、そして、アルバイトを並行する生活に「疲れちゃった」ため、大学で社会体育学科を専攻する夢を断念したと説明していた。つまり、Hの大学専攻の選択における困難は、親の反対というよりも、娘の成人移行期のライフイベントに対する親の経済的・精神的なサポートが欠如していたことによるものであったと考えられる。そして、親からのサポートが得られなかったのは、大学進学を通じた娘の自己実現や自立に対する親の理解不足に起因しているのだと推測できる。Hの家族では、4人きょうだいがいる中で、将来的に家族を支えると期待される長男に親の援助が集中されることで、次女であるHへの援助は相対的に低くなった可能性が考えられる。娘の大学進学に対する親の考えは、次のHの父親とHの母親の語りによく現れている。

　　Hの父親：女の子なのに、あれ、運動みたいなのをあれもやって、これもやって…。まぁ、剣道みたいなのもはじめたけど、最後までできなくて…そうでした。塾にも通ったみたいで、(略) 趣味、趣味でやったのでしょうね。(略) (大学の専攻は) 自分で決めました。自分がやりたい、好きなように決めましたよ。(略)進学については、別に…「どこに (行って) こういうことをやりなさい」と、そうしないで (＝言わないで) 自分でするまま、放っておきました。

　　Hの母親：専攻のようなのは…さぁ、自分で決めて…ちゃんと自らやっているから。もう親と相談しても、まぁ、親の言う通りにはしないでしょう。自分のあれ (＝考え) があるから。趣味があるから。だから自分でした (＝決めた) んですよね。(略) 私は、その時、若かった時は仕事があって、あれだった (＝忙しかった) から、(略) 私が働いていたからね。

Hの父親と母親は、娘の大学進学や専攻の選択について、具体的な内容まで把握しておらず、娘が「やりたい、好きなように」、「自分で決めて」いたと述べていた。また、Hの父親の場合、娘が剣道を習っていたことは気づいていたが、大学進学のためではなく、「趣味でやった」と認識していたのである。つまり、大学進学におけるHの選択は、「自分でするまま、放って」いたという言葉が象徴するように、親の無関心の中で行われたものであった。このように、Hの大学進学への希望は、親の理解不足および援助の欠如によって困難を経験していたと考えられる。

一方、Hは希望する専攻への進学をあきらめた後、短大の歯科衛生学科に進学したことについて、次のように語っていた。

> H：私が歯科の方に興味があって行ったわけではなくてね。もう社体科（＝社会体育学科）には行けなくなって、（略）（願書を）２カ所に（略）出して落ちたけど、（大学は）どこかに行かなければならないと思って、（略）偶然、願書を出して受かったから、通うようになりました。（略）入ってから最初は、「あ、これ、私の適性に合わないけど、どうしよう」と、すごく悩みました。だけど、特に何かやりたいこともなかったので…。その当時は、他に何をすればいいかも…そうだったんです。だから、仕方なく通ったんです（笑）。

Hは、歯科衛生学科に進学した理由について、「（大学は）どこかに行かなければならないと思って、（略）偶然、願書を出して受かった」からであり、大学で勉強をする時は、「適性に合わない」ことで悩んでいたと述べた。しかし彼女は、自分でやりたいことをあきらめた後は、「特に何かやりたいこともな」い中で、「他に何をすればいいかも」分からないまま、合わない勉強を「仕方なく」続けなければならなかったのである。つまり、彼女の大学進学は、希望する専攻の断念により、その後の将来への無気力につながるものであったと考えられる。

3.2. 就職による経済力の獲得と母親の金銭管理

　短大を卒業した後、Hは専攻を活かして歯科医院に就職したが、ルーティン・ワークの仕事内容に疑問を持つようになり、7年目に母親の病気をきっかけに仕事を辞め、家で家事と看病を行っていた。そして、2年後に再び就職活動を行い、インタビューを行った当時は医療コーディネーターとして働いていた。

　Hの家族の場合、娘の職業の選択をめぐっても親子の認識のズレは見られなかったが、娘の就職が意味する自立の内容については、親子間で大きな認識の相違が存在した。特にHは、金銭管理をめぐって母親との間で葛藤を感じていたのである。Hは、就職が親からの分離を意識するきっかけであったと、次のように語っていた。

> H：私は、職場生活をはじめてから（自立したと）思いました。1人でも生きられると思いました。（略）だけど、7年目になったら、本当に（仕事を）やりたくなくなりました。（略）毎日同じことを繰り返す生活にうんざりして。（略）その時、母親が病院で手術を受けなければならなかったので、それもあって辞めました。親戚は、母親のために辞めたと思っているけど、私は、実はそういうこともあるけど、（仕事を）やりたくなかったこともあって辞めました。（略）だけど毎日、母親と父親とぶつからなければならなかったので、それで、むしろ働いた方が良いと…そうでした。それで、今回また病院に入りました。

　Hは、職場に通う生活を始めてから「1人でも生きられる」と思うようになったと述べていた。つまり、大学専攻において親からの経済的な援助を得られず自分の希望をあきらめていたHは、経済力を身につけることで親の制約から離れることを意識したと考えられる。そして彼女は、一時期、仕事を中断した後、再就職を決心した理由について、「母親と父親とぶつからなければならなかった」と語るように、就職を通じて親から分離することができると考えていたのである。つまりHは、就職というライフイベントを通じて、

親の経済的な制約から離れ、成人として親子の距離を保つことを期待していたと言える。しかし、実際の親子関係では、Hの収入の管理をめぐってHの母親の制限が続いていたのである。次は、Hの語りである。

> H：給料をもらうと、その日に（母親に）持って行かなければならないのです。（母親が）積み立て貯金に入ったので。70万ウォンをいつもその日に入れなければならないのです。一日でも遅れたら怒られます。それで、私も妹もストレスをたくさん受けました。ほら、若い時は買いたいものもあるじゃないですか。（略）だから、結婚資金だと思っているのでしょう。妹もそうだし、私もそうだし。（略）貯蓄について教えてくれたのは、とてもありがたいのですが、あまりにもそうなのは（＝制限するのは）…。私が結婚して子どもを産むと、そうやって節約したり、そのようにはしないと思います。そして、私が考えるには…（子どもと）本当にたくさん会話をするつもりです。（略）（親には）自分の意見が言えないじゃないですか。子どもの頃から会話も少なくて、「これをしなさい」と言われると、それをしなければならないということで、気後れする部分もあります。

　Hは、自分の収入の一部を母親に強制的に渡さなければならない状況について、自分の将来の「結婚資金」のためであると理解して、親の行為を受け入れていた。しかし、「貯蓄について教えてくれた」母親に対する感謝の気持ちの一方で、親に「自分の意見が言えない」ことへのもどかしさや、親の命令に従わなければならない関係性に「気後れする」感情も述べていた。つまり彼女は、就職することで親から経済的に分離し、親子が互いに大人として関係性を築いていくことを期待していたが、自らの意思が排除された状態で、金銭管理という親からの制限が続くことに違和感を抱いていたと考えられる。

　一方、Hの母親の場合、娘の就職に対して、経済的自立への期待よりも、結婚のために資金を確保する目的の方がより強く認識されていた。それゆえ娘の収入の管理は、娘に任せるのではなく、母親が自ら行うべきであると考

えていたのである。次は、娘の収入の管理の主体についてのHの母親の語り
である。

> Hの母親：給料をもらったら、毎月私に持ってくるようにさせました。「一旦、
> 毎月50万ウォン[3]ずつ持ってきて、残りは自分で使いなさい」と。（略）それで、
> 私が持って、あの子の名前で積み立て貯金をしてあげました。それで、私が管理
> して…。（略）もう、自分で稼いだので、（お金がある程度）通帳に入っているの
> で、今は好きなように使いなさいと。（略）嫁に行く時にそれを使えるでしょう。
> （略）今は管理していません。もう賢くなったし、もう嫁に行く歳になったので、
> 今は自分でやれるでしょう。（略）今は何に使っても、もう嫁に行く分は貯めて
> おいたので。

　Hの母親は、娘が就職した後、「給料をもらったら、毎月私に持ってくる
ようにさせ」ており、そのお金を「私が管理して」、娘の結婚資金のための
「積み立て貯金をしてあげ」たと説明していた。そして現在は、「もう嫁に行
く分は貯めておいた」ため、「今は管理していません」と述べていた。この
ように、Hの母親が娘の金銭管理を代わりに行った理由は、Hの家族構成か
ら理解することができる。つまり、きょうだいの人数が多いHの家族におい
て、親が全員の子どもの結婚資金を準備することは極めて難しいため、子ど
も自身が結婚するための資金を稼ぐことが、成人移行期における重要な自立
課題であると考えられる。それゆえHの母親は、娘の就職について、親から
の経済的自立という側面よりも、結婚資金を貯められる収入の獲得という側
面をより大きく認識していたと考えられる。
　一方、Hの父親の場合、他の娘家族の事例と同様に、娘の就職についての
関与は見られなかった。次は、Hの父親の語りである。

3　HがHの母親に渡す金額について、Hは70万ウォン、Hの母親は50万ウォンと述べており、金
　額の相違が見られた。

Hの父親：（短大を卒業して）歯科医院にずっと通っていたよ。（略）家内の体が悪くて病院に入院している間は、（職場から）出ていたけど、また（仕事に）通っているみたいだよ。（略）（お金は）母親にあげるけど、まぁ、（Hが）勤めた時だけ。ずっと（仕事には）通っていなかったので…。それ、もう…通帳管理は、自分でやっているんじゃないかな。

　Hの父親は、娘の就職について、状況を把握している程度であり、娘の就職に対する親の考えや娘の経済的自立への期待などは言及されなかった。また、娘の金銭管理についても、母親との関係の中で行われるものであると認識しており、娘の就職への関与は、母親が中心になっていることがうかがえる。

3.3. 節約するための親との同居

　Hの家族の場合、娘の大学進学や就職については、親からの積極的な関与が見られなかったが、娘の離家については、両親とも強い反対の意思を表していた。次は、Hの父親とHの母親の語りである。

Hの父親：（家を）出ちゃいけないでしょう、（略）それは絶対に。どこに出て行くというの？（略）（親と）一緒に暮らしてから、結婚して出なきゃ。

Hの母親：親のそばで甘えてもいいでしょう。親が一番甘い相手じゃない。それで、（家を）出て行くと、また自分で生活しなければいけないからね。

　Hの父親は、娘の結婚前の離家について、「絶対に」、「出ちゃいけない」と強い反対の意思を示し、娘が離家するのは、「結婚して出なきゃ」と述べていた。またHの母親も、娘が結婚するまでは「親のそばで甘えてもいい」と、結婚前の娘との同居を肯定していた。つまり、Hの父親と母親にとって娘の離家は、結婚と同時に行われるライフイベントとして認識されていると

第6章　親―娘関係と自立をめぐる親子の戦略　195

考えられる。

　一方、Hは、親と物理的に分離することを強く望んでおり、反対する親を
説得して友達と2人で暮らし始めたが、母親の看病のために再び親と同居す
るようになった。現在、Hは、母親の病状も回復して再就職もできたため、
再び離家を望んでいるが実行に移さない理由について、次のように語ってい
た。

　　　H：「早く大きくなって、独立しなきゃ」と思っていたんですよ。（略）（家を）
　　　出て暮らしたかったです。（略）（親が）厳しいから駄目だと、許可をしてくれな
　　　いと思ったけど、うまく説得しました。（略）はじめは本当に良かったんです。
　　　私は1人で生活するのが好きなので、本当に嬉しかったです。（略）母親が病気
　　　になって、（離家を）やめて実家に戻りましたが、しばらくは慣れなかったです。
　　　（離家した時は）1人で自由にいて、遅く帰っても何も言われないし。そういう
　　　のが良かったので、最初は「あぁ、また出たい、独立したい」と思いましたが、
　　　それができないのが…。（略）だけど、今は（略）母親が作ってくれるご飯を食
　　　べて…、まぁ、だから、私が出てみたら、経済的にたくさんかかるのですよ。全
　　　部買わなければならないですよね。電気料金とか、そういったものをすべて（自
　　　ら）払わなければならないので、そういった支出がとても大きかったです。（実）
　　　家にいるとそういうことがないですよね。だから、そういった支出の面において、
　　　経済的な負担がないからいいです。今も独立したい気持ちはありますが…。

　Hは、「また出たい、独立したい」という気持ちを抱きながら親と同居し
ている理由について、「母親が作ってくれるご飯を食べ」るといった生活面
での都合の良さ、そして、生活するために必要な支出などの「経済的な負担
がない」ためであると説明していた。つまりHは、親と離れて暮らすことで
「遅く帰っても何も言われない」などの自由を満喫できる代わりに、食事や
家事といった身の回りのこと、そして生活に必要な費用を「すべて（自ら）
払わなければならない」責任が発生することを経験していた。それゆえ、親
からの分離よりも、生活面や経済面における負担を減らすことができる親と

の同居を選択していたのだと考えられる。特にHの場合、毎月、収入の一定額を親に送らなければならなかったため、自らの収入だけで生活のやりくりをするには、経済的な負担が大きかったことが予測できる。このようにHは、親との同居がもたらす利益を認識した上で、戦略的に親との同居を選択していたのである。

3.4. 親から自立するための結婚の受容

Hの両親の場合、娘の成人移行期のライフイベントについて、「就職＝結婚資金の獲得」、そして、「離家＝結婚」というふうに認識していることから分かるように、結婚が娘の自立におけるもっとも重要な課題であると考えていた。Hの母親とHの父親は、Hの結婚についての希望を次のように語っていた。

> Hの母親：早く嫁に行きなさいという話はたくさんしているのよ。（略）以前は、（嫁に）行かないと言ったけど、最近は行くって（笑）。もう31歳だから若くないでしょう？　だから、早く今年にでも（結婚）させると、私はずっと言っているけど…。まぁ、良い相手が出てきたらすぐさせなきゃ。（略）早くさせてこそ、私の気持ちが楽になるでしょう。（略）良い男性に出会って、結婚して幸せに生きること、それだけで他の望みはないですよね。

> Hの父親：今年や来年までには、まぁ、あの子に適当な、（略）100％合う人はいないだろうけど、自分が良いと言ったら（結婚）させようと。（略）まぁ、年齢がもう十分になったので、適当な人に出会って、まぁ、結婚…。もう歳をとっているから、早く結婚をさせるのが、それが望みですよね。（略）早く結婚、もう…今年や来年には、もっと歳をとる前に良い人に出会って、早く結婚することだけを望んでいますね。まぁ、他には（望みは）ありません。

Hの父親とHの母親は、娘の大学進学や就職の選択とは対照的に、娘の結婚に関しては、「早く結婚することだけを望んでい」ると、親の強い希望を

表明していた。つまりHの両親は、娘に対して結婚を通じた自立を成人移行期に達成すべきもっとも重要な自立の課題として認識していた。また、このようなHの親の考えは、「良い男性に出会って、結婚して幸せに生きること」というように、愛情による家族形成といった近代家族規範に基づいて説明されていた。

　一方、Hは、親が提示している結婚による自立の達成を自らの自立の課題として受け入れていた。Hは、現在、結婚したいと思う理由について次のように語っていた。

> H：去年までは、結婚の考えはなかったんですよ。それで、ただ離家して、1人で暮らしたいと考えていましたが、今年になってから、結婚するべきだという気持ちがパッと生まれました。母親と父親があまりにも（結婚を）望んでいるし。もちろん、母親と父親がむりやり結婚をさせようとするから、しなければならないということではないけれど…。親もとても（結婚）するのを望んでいて、私もしなきゃ、したいと思います。（略）うん、私の夢が、今は良妻賢母です。夫の内助をして、家事をすることも好きだから、家のことをやって、子どもに良い教育というか、大事に育てるような。

　Hは、今年になってから、「結婚するべきだ」と意識するようになった理由について、「母親と父親があまりにも（結婚を）望んでいる」という親の希望を挙げていた。そして彼女は、結婚から期待される自立の役割について、「夫の内助」、「子どもに良い教育」、「家事」といった、情緒面や生活面におけるサポートから説明していた。つまりHは、自らの結婚について、「良妻賢母」像から親が提示する近代家族規範を受容していると考えられるのである。

4．小括

　以上、3つの家族の事例から、娘の成人移行期のライフイベントをめぐる

親子の意思決定過程を検討した。親は、娘の自立に対して大学進学と就職を通じた自立への達成を期待していた。しかし、その期待は、「女性として」将来の安定を保証する限定的なものであった。一方、娘は、大学専攻や職業の選択において、意思決定における親の優位性によって自らの希望を断念したり、時には目標を修正しなければならなかった。また、韓国社会の就職困難な状況において、親は娘に就職よりも結婚による自立を勧めることで、娘の将来の経済的安定を確保しようとしており、娘自身も親が提示する結婚による自立を受容する側面が存在した。このような娘の成人移行期のライフイベントにおける親のジェンダー規範の提示と、娘の受容という構造は、若者の自立における男女差をより強化しているのであると考えられる。

第2節　娘の自立をめぐる親子の戦略

　第1節では、娘の成人移行期のライフイベントをめぐる親子の意思決定過程を検討し、娘の就職に対する親の限定的な期待、結婚による自立の勧め、そして、親の意思が優先された意思決定の実態を確認することができた。本節では、娘の意思決定における親の優位性が成り立つ親子関係に注目し、娘の自立をめぐって親子がどのような相互行為もしくは戦略を用いているのかについて検討を行う。

1．親の戦略

　先述の事例において、親は成人移行期の娘に対して、男性同様に大学での勉学や就職を通じた自立を望みながら、その一方では、女性として限定された職業に就くことを期待していた。さらに親は、経済不況による就職困難な状況の中で、娘の就職よりも結婚による自立の達成を先行させようとする傾向が見られた。このような娘の自立に対する親の矛盾する態度は、親の脱ジェンダー化とジェンダー規範の共存という観点から理解することができる。

つまり親は、時代の変化による女性の社会進出や男女平等意識を理解しながらも、家族や親扶養への義務を期待できない娘に対して、息子とは異なる自立への戦略を持っていたと言える。そして、このような親の戦略は、愛情に基づく近代家族規範、孝規範、親の犠牲を強調することで正当化されていたのである。

1.1. 脱ジェンダー化とジェンダー規範の共存

1.1.1. 娘の教育と就職に対する脱ジェンダー化

　対象者の親は、成人移行期の娘について、男性同様に大学進学、就職、結婚という経験をすることを期待していた。韓国の女性における大学進学率の高さからも分かるように、娘の大学進学への親の関心は、息子を持つ親と同様に非常に高く、家族全体の重要なイベントとして認識されていた。特に、娘の教育に対する母親の高い関心は、韓国社会における親世代の貧困経験、そして母親が経験してきた教育機会への不平等さに起因するものであると考えられる。Ⅰの母親は、娘への教育に対してお金を惜しまない理由について次のように語っていた。

　　Ⅰの母親：昔、田舎で育ってて（略）（Ⅰの）父親も、私も、あまり勉強することはできなかったので。勉強することが、とても、その時代は難しい時代だったので。食べて生きることだけで大変だったので…。いつも心に残っていて、今もそれを考えるとちょっと悔しいです。その、昔は、長男だけに勉強をさせたじゃないですか。それで、私はそれが本当に悔しかったんです。それで、自分の子どもだけはちゃんと勉強させたいと…。

　Ⅰの母親は、「食べて生きることだけで大変」だった時代に、「長男だけに勉強をさせた」せいで、自分は「あまり勉強することはできなかった」ことが「本当に悔しかった」ため、「自分の子どもだけはちゃんと勉強させたい」と娘の教育に対する気持ちを述べていた。つまりⅠの母親は、ジェンダー規

範によって教育を受けられなかった自らの経験から、娘の教育のために積極的にサポートすることで、脱ジェンダー化を実現しようとしていたと考えられる。

また、娘の教育に対する母親の高い関心は、娘の就職と社会進出への期待にもつながっていた。つまり娘の母親の多くは、大学を卒業した娘の就職を応援し、就職できるまで経済面・精神面・生活面での積極的なサポートを続けていたのである。ただし、息子の就職においては、社会的地位や経済力に対する親の高い期待が見られたのに対して、娘の就職については、高い社会的地位や経済水準への親の期待はあまり見られなかった。次は、Ｉの母親とＦの母親の語りである。

> Ｉの母親：昔みたいに、「就職できないと結婚すれば良い」という時代ではないですよね、今の時代は。女性もたくさん勉強をするので、自分を磨くために働かなければならないと思います。そして、専門的な職業を持つのは、とても良いことだと思います。

> Ｆの母親：本人が今、経済的に自立できていないけど、（略）自分が勉強をしたいなら、勉強して目的を達成できればそれで良いですよね。それ（＝経済的自立）についてはあまり考えていません。

Ｉの母親は、今の時代では、「女性もたくさん勉強をするので、自分を磨くために働かなければならない」と述べ、娘の就職を通じた自己実現への期待を表していた。またＦの母親も、娘が就職のために勉強を続けている状況について、娘の「目的を達成できればそれで良い」のであって、「それ（＝経済的自立）についてはあまり考えてい」ないと説明していた。つまり親は、娘の教育や就職に対して、経済的自立よりも、自己実現の達成を期待しており、これは、自ら達成できなかった親（特に、母親）の夢を娘の人生を通じて実現させたいという、親の希望が強く働いているのだと考えられる。

1.1.2. 親扶養に対するジェンダー規範

　娘家族の親は、成人移行期の娘に対して、男性同様のライフイベントを経験することを期待していたが、その一方で、将来の親子関係については、子どもの性別によって異なる期待を抱く傾向が見られた。特に、親扶養については、息子と娘に対する親の意識の相違が明確に現れたのである。まず、息子がいるHの母親とGの父親の場合、子どもに対する親扶養への期待について、次のように語っていた。

　　Hの母親：これから年を取ると、まぁ、息子と一緒に住むでしょう。年を取って、力がなくなると仕方ないでしょう。息子と一緒に住まなきゃ、息子の所に入らなきゃ。（略）息子がいるから、息子は心強いですよね。昔から、息子の家にいると心が落ち着くけど、娘の家にいると心が落ち着かないと言うじゃない。

　　Gの父親：当然、息子と一緒に住むでしょうね。まだ私たちの国では、娘よりも息子と一緒に住むことになっているからね。（略）仕方がなくなったら、息子に言うべきだと思います。まずは息子が先で、その次に、状況がままならなかったら、まぁ、娘に頼むこともあると思うけど。

　一方で、息子がいないFの父親、Iの父親、Jの母親の場合、子どもによる親扶養は想定していないと、次のように語っていた。

　　Fの父親：韓国社会では、嫁に出した子どもは他人だから、私の考えでは、そういう（＝扶養してもらう）つもりは全くなくて。

　　Iの父親：子どもに世話になることはできません。うちはみんな娘だから、そういうことは考えていません。

　　Jの母親：どんなことがあっても、子どもには迷惑にならないようにと考えています。（略）子どもに負担をかけてはいけないでしょう。息子ならともかく娘には。

上記の事例から、親は息子に対して親扶養を期待している反面、娘に対しては親扶養を求めていないことが読み取れる。このように子どもの性別によって異なる親子の関係性は、子どもの自立に対する親の戦略にも影響を与えていると考えられる。つまり、息子の社会的地位や経済力の獲得は今後の家族の繁栄や親自身の老後に直接かかわるために、親は息子の就職により積極的に関与して援助を行う。その一方、親扶養への義務が期待されない娘の場合、親の期待や関与の程度が柔軟性を持つようになるのだと考えられる。

また、このような息子に対する親扶養への期待は、息子家族の親の語りよりも、男きょうだいを持つ娘家族の親の事例でより明確に浮かび上がっていた。それは、息子の親が、直接に息子に対する親扶養への期待を述べるより、娘の親の方が、娘に関するインタビューを行う中で、間接的に他の息子についての期待を語りやすかったのではないかと思われる。

1.2. ジェンダー規範に基づく親の戦略の正当化
成人移行期の娘に対する親の意思の優位性は、親側が様々な規範や論理を用いることで正当化される傾向が見られた。ここでは、近代家族規範、孝規範、親の義務感と犠牲の3つの側面から分析を行う。

1.2.1. 愛情による近代家族規範の提示
親は、娘に対して、限定されながらも就職を通じた自立を期待していたが、経済不況による就職困難という現実に直面することで、優先する自立の課題を就職から結婚へと変更する場合が存在した。そして、このような親の主張は、娘に愛情による近代家族規範を提示することで説得力を得ていたのである。次は、Ｆの母親、Ｇの母親、Ｉの母親の語りである。

　　Ｆの母親：結婚すると、家庭を、家計を切り盛りしなければならないし、子どもが生まれて、子育てをして、そのようになるのが自立でしょうね。

Gの母親：良い男性に出会って、良い結婚をして幸せに生きると、それが親としては一番の望みで、自立でしょう。

Iの母親：親の立場では、それ（＝結婚）が一番だと思います。うん…就職も重要だけど、良い男性に出会って、まぁ、お金持ちの男性に出会うというよりも、平凡だけど自分を大事にしてくれて、お互いに愛し合える男性に出会って、幸せに生きて欲しいという気持ちです。それ以外に願うことはありません。ただ良い夫に出会って、子どもを産んで、幸せに生きてくれればいい、というのがいつもの願いです。

　上記の語りで、母親らは、娘の結婚について語る際に、娘が「お互いに愛し合える男性に出会って」、「子どもを産んで」、そして「幸せに生きる」のが、親にとっての一番の自立であると述べていた。つまり親は、就職を達成できない娘に対して、就職を通じた自己実現よりも、愛情を基盤とする近代家族の形成こそが女性としての自立であると提示することで、娘の自立を達成させようとしているのだと考えられる。

1.2.2. 孝規範の強調
　一方、娘家族の親は、娘について語る際に、息子家族の親と同様に親孝行の規範を強調する傾向が見られた。次は、Fの母親、Gの母親、Hの母親の語りである。

Fの母親：性格が優しくて、おとなしくて、親の言うことによく従って、とにかく優しかったです。今まで問題など起こしたことは一切なかったし、特に心配をかけたことも全くなくてね。自分のことに一所懸命で…、親の言うことを良く聞いてくれて、そして、穏やかでしたよ。

Gの母親：優しかったです、うちの子は。（略）悩ませることはなかったです。

Hの母親：私の子は本当に優しかったです。親を心配させるとかそういったこともなく、また、親の言うことによく従ってくれて、そうだったのです。優しい子です。

母親らは、娘について説明する際に、「優しい」、「おとなし」い、「穏やか」という性格の面のみならず、「親の言うことによく従って」、親を「悩ませることはな」い、「親を心配させ」ない、というように親への従順さを強調していた。つまり、「親に従う＝良い子」という親側が提示する孝規範は、娘が親の希望に反する意思決定を行う際に障害として働く可能性が考えられる。

1.2.3. 親の義務感と犠牲の強調

また、娘の意思決定における親の優位性は、娘の人生に対する親の義務感と子どものための親の犠牲という形で正当化される場合が存在した。Ｉの父親は、娘の人生に対する親としての義務感について、次のように語っていた。

Ｉの父親：親として子どもに最善を尽くして、（略）後で私の力が無くなっても「私は父親、母親から全部やってもらった」と言って欲しいという気持ちなのです。（略）「親（の援助）が足りなくて、親が援助してくれなかったから、私の人生が駄目になった」とだけは言われたくないんです。

Ｉの父親は、娘の人生に対して、「親が援助してくれなかったから、私の人生が駄目になった」と娘に言われないために、「親として子どもに最善を尽くして」いると、親としての義務感を述べていた。つまり、家族から十分に援助を受けられなかった親自身の経験が、親として娘を援助しなければならないという義務感につながっていたと考えられる。また、このような親の義務感は、子どものための親の犠牲として強調される傾向も見られた。次は、Ｆの母親、Ｇの母親、Ｉの母親の語りである。

Ｆの母親：私達の時代は、とにかく子どものために献身しなければならないと、この考えが常に頭の中にあるから、そうやって生きてきて。

Ｇの母親：親が犠牲になっても、（略）後ろでサポートしてあげて、子どもがうまくいくことだけを願っているでしょう。韓国の母親はみんな。

Ｉの母親：私が子どもの頃、お腹をすかしていた時代、私が貧しかった時代のことを考えると、（略）「子どもにはあんな苦労をさせたくない」という考えがあるので、自分が食べたいものも我慢して、子どもを世話して。

　彼女らは、娘との関係性を述べる際に、娘を「後ろでサポートしてあげ」るために、親自身は「献身」、「犠牲」、「我慢」しなければならなかったと、親の犠牲を強調する言葉をしばしば用いていた。つまり親は、娘の人生における親の意思の優位性は、娘の幸福のための行為であると説明することで、自らの行為を正当化していたのである。

2．娘の戦略

　第1節の事例において、成人移行期の娘は、大学専攻、就職、結婚といったライフイベントでの場面において、親の意思の優位性に葛藤しながら、時には限定された大学専攻や職業の選択、結婚による自立といった親が提示するジェンダー規範を受容する姿が見られた。その一方で、娘には、自立困難な現状を乗り越えるために、意思決定における親の優位性を積極的に用いる戦略的な側面も存在したのである。

2.1．ジェンダー規範による親の意思の受容
2.1.1．孝規範による受容
　前述の事例において、娘は、親の意思によって自分の大学専攻の希望をあきらめざるを得ない状況に葛藤を抱いていた。Ｆは、親の反対で希望した

「舞踊学科」ではなく「英文学科」に進学し、Gは、教師になってほしいという親の希望を受け入れて「教員養成大学」に進学し、Hは、親からの援助の欠如により、「社会体育学科」ではなく歯科衛生学科に進学することになった。彼女たちは、「やりたいこと」を通じた自己実現への希望と親の意思との葛藤について、次のように語っていた。

> F：その当時は、寂しい気持ちもたくさんあって…。私がやりたいことなのに、私が本当にやりたいと思ったことを初めて見つけたのに、親が反対するから…。はい…（バレエをあきらめると）決めるのがとても辛かったです。

> G：母親が本当に頑固で、私よりも強いのです。（略）私は勝てません、だめですね。母親が意地を張ると半端じゃないです。優しいけど…すごく頑固で（略）その干渉が。

> H：母親と父親が、うん…とても権威的だというか…。話をしても理解してくれないから、（略）私がやることについて、いつも否定的に見るから話したくないですよね。（略）だから、運動とかも…私が習いたいことを言うと、「あなたの意思じゃなくて、あなたの周りの人、友達が言うことに惑わされて、一緒にやりたいだけ」だと。（略）だけど、私は本当に自分の意思を持ってやろうとするのに、いつもこんなふうだったから。

　語りの中でF、G、Hは、人生の様々な選択の場面において、「私が本当にやりたいと思ったこと」を、「母親が本当に頑固で」、または「理解してくれない」せいで、自ら望む意思決定ができなかったことが「辛かった」と述べていた。つまり彼女たちは、高等教育や就職を通じて自己実現することを期待していたが、親の希望が優先されることで自己実現への困難を経験していた。しかし彼女らは、このような親の意思の優位性を、最終的には子どものための親の愛として受け入れていた。次は、F、G、Hの語りである。

F：私のために、親が経済的にたくさんサポートしてくれて、(略) 生活の面でも親がたくさん配慮してくれて、(略) 全部ケアをしてくれるから。

G：(母親は) 若い時に苦労をたくさんしたので、(略) いつも母親が (子どもを) たくさん愛してくれて、(略) 心配する気持ちだと思います。

H：それは、私達に対する関心で、愛の表現だけど、表現の仕方が違うだけだと思います。

　F、G、Hは、自分の人生への親の制限や関与について、親は「私のために」、「たくさん愛してくれて」、娘を「心配する気持ち」、「私達に対する関心」、「愛の表現」であると解釈していた。また、子どものための親の「サポート」、「配慮」、「ケア」、「苦労」といった言葉から分かるように、娘は親が提示した子どものための親の犠牲のレトリックから親の態度を理解しようとしていた。つまり、孝規範や子どものための親の犠牲というレトリックは、娘が親の意思の優位性を受け入れる際の論理となっていたのである。

2.1.2. 近代家族規範による受容

　また、娘が就職困難を経験したり、就職しても 1 人で生きるほどの経済力を持っていない場合、親が提示する愛情を基盤にした結婚を女性の自立として受容する側面が見られた。Hは、結婚を自立として考える理由について、次のように語っていた。

H：この間、家族と一緒に遊びに行きましたが、兄の、今まで見たことのなかった、子どもと一緒に遊んでいるその姿がとても素敵に見えました。その時、「あ、これだ」と (笑)。兄と義理の姉と子どもたちは、こうやって 1 つの家族になるのでしょうね。それを見ながら「私もああやって、子どもと愛する人と一緒にいたい」と思って。今は結婚して…。

208

H：うん、私の夢が、今は良妻賢母です。夫の内助をして、家事をすることも好きだから、家のことをやって、子どもに良い教育というか、大事に育てるような。

Hは、自らの結婚について、「子どもと愛する人と一緒に」なり、「夫の内助をして」、「子どもに良い教育」をすることであると説明していた。つまり、娘の自立は「良い男性に出会って、結婚して幸せに生きること」であるという、Hの母親が提示した近代家族規範は、娘の「良妻賢母」になるという考えへと受け継がれていたと考えられる。

2.1.3. 息子に対する扶養規範の受容

一方、息子に対する親の扶養規範は、娘の語りからも確認することができる。娘は、結婚後の親との関係性について、親が想定している息子の扶養規範を受け入れる形で考えていた。次は、親への扶養に対する、HとFの語りである。

H：うちは、兄が（親を）とても大事にしているので。たぶん兄が…、私が言う前に、兄が先に（扶養）すると思います。（略）だけど、兄がするべきだけど、もしも兄ができないなら、まぁ、夫と相談して、夫が良いと言うなら、（私が扶養）するでしょうね。

F：普通、韓国では、（娘は）結婚すると…夫について行くでしょう。男性が女性の家に入る場合はほとんどないから。（略）両親はシルバータウン（＝有料老人ホーム）に入りたいと言っています。（略）夫と相談して、親と近くに住みながら親を扶養することはできるけど。

今後の親の扶養について、男きょうだいがいるHは、「兄がするべき」であるが、それが困難な場合は、「夫と相談して、夫が良いと言う」条件の上で、自分で親の扶養を行うと述べていた。また、男きょうだいがいないFの

場合、「韓国では、（娘は）結婚すると…夫について行く」ために、息子と同じような扶養はできないことを説明していた。このような彼女たちの語りは、娘に対する親の認識とも一致しており、親への扶養を自ら達成しなければならない自立としては考慮されていなかった。つまり、娘における扶養規範の弱さに娘自身も同調することで、経済的自立に対する娘の義務感が減少するだけではなく、ジェンダー規範に基づく結婚の受容をより強化しているのだと考えられる。

2.2. 自立するための娘の戦略

2.2.1. 親への経済的依存による葛藤

就職よりも結婚による自立を先に達成して欲しいという親の提案を受け入れる娘の態度は、ジェンダー規範のみならず、親子関係の経済的な側面から考える必要がある。つまり、就職困難による娘の親への依存の長期化は、成人移行期にある娘が親と対等な親子関係を築くことの障害となっている。大学を卒業した後、大学院に進学し、現在に至るまで就職のための勉強を続けているＦの場合、親への経済的依存について次のように語っていた。

> Ｆ：大きくなって、もう結婚する年齢になったのに、未だに家を離れることができなくて、勉強を続けていて。また、安定した職場で働いて収入があるわけではないので、いつも（親に）申し訳ない気持ちが大きいんです。

Ｆは、就職が決まらず、経済力の獲得や結婚を達成できない現在の状況について、「いつも（親に）申し訳ない気持ち」であると述べていた。このような親への経済的依存の罪悪感は、結果として意思決定における親の優位性を強化させていたのである。さらに、就職しても１人で生活できるほどの経済力を確保できない不安定な状況によって、娘は経済的責任は男性が担い、女性は情緒的なケアを行うという近代家族規範に基づく結婚を受け入れやす

くなるのだと考えられる。

2.2.2. 自立の困難を乗り越えるための戦略的受容

このような近年の若者が置かれた厳しい社会状況を理解した上で、娘は自立困難な現状を乗り越えるために親の意思を戦略的に受け入れているのであった。つまり娘は、就職による経済的自立が達成できないために、さらには親に経済的に依存し続ける悪循環から逃がれるために、親が提示する「自立＝結婚」を親から自立する手段としているのである。Hは、近代家族規範に基づいた結婚を望んでいたが、自立の方法として結婚を選択する理由について、次のように語っていた。

> H：（仕事は）辞めたいです。はい、うん…そういう部分もあります。結婚して…、結婚を理由に仕事を辞めて、家のことだけをすると…。私は、うん…共働きができなければ結婚しない主義だったのですが、もう年もちょっと取っているし。だから、うん…もし経済的なあれ（＝余裕）があれば、職業生活はしたくないです。

Hは、結婚による自立を望む親の意思を受け入れる理由には、「経済的なあれ（＝余裕）があれば、職業生活はしたくない」という気持ちが存在すると述べていた。つまり、職業生活の大変さや就職をしても1人で生活できるほどの経済的自立ができない現実を経験していた彼女は、男性は経済的に家族を支え、女性は情緒的な役割を果たすといった、結婚における性別役割分業規範を戦略的に受容することで、自立が困難な現状を乗り越えようとしていたのだと考えられる。

3．小括

以上の分析から、娘に対する親の限定された就職の期待、そして結婚によ

る自立の要求は、親が抱いている脱ジェンダー化とジェンダー規範の共存の結果として理解することができる。つまり親は、息子のみならず、娘も高等教育に進み、就職による社会進出を果たすことで、自身が叶えられなかった夢を娘の人生を通じて実現することを期待していた。その一方で、韓国の家族規範として根強く残っている息子による家の継承や親扶養への期待は、娘の経済的自立が家族や親にとって絶対的に達成すべき課題ではないという認識をもたらしていた。そのため娘は、親に女性として限定された形での就職が期待され、就職が困難な状況においては、就職に先立つ、結婚による自立が求められていたのである。そして、このような親の戦略は、愛情に基づく近代家族規範、孝規範、親の犠牲によって正当化されていた。

　一方、娘は、親が提示する限定された就職や結婚による自立を、親への孝規範、近代家族規範、息子の扶養規範に沿って受容していた。しかし、娘が親の意思を受け入れる背景には、親への依存が長期化する状況の中で、自立が困難な現状を乗り越えるためという戦略的な側面も存在したのである。このような娘の自立をめぐる親子の戦略は、娘の成人移行期のライフイベントにおける親の意思の優位性と、娘の自立におけるジェンダー規範をより強化させる結果にもつながっていたのである。

第3節　結論

　本章では、娘の成人移行期のライフイベントにおける親子の意思決定過程と娘の自立をめぐる親子の戦略について検討した結果、以下のような知見が得られた。

　第1に、娘の自立における脱ジェンダー化とジェンダー規範の共存と、そうした論理に対する親子の戦略的な運用である。事例で紹介された、ジェンダー規範によって教育の機会が与えられなかった母親の場合、娘への教育や社会進出に対する高い期待を持っていた。その一方で、多くの親は、家の継

続や親への扶養義務は息子の役割であり、娘には期待できないという認識も同時に抱いていた。それゆえ、親が娘の自立に求めるのは、家族や親の扶養を前提にしない就職と、夫への経済的依存を前提にした結婚であると考えられる。そして、このような親の戦略は、近代家族規範によって論理づけられていた。つまり親は、男性による扶養というジェンダー規範を表面化させるより、愛情に基づく家族形成の重要性、結婚後の就職の可能性を提示することで、娘が考える脱ジェンダー化との葛藤を避けていたと言える。

　一方、娘も、親が提示する結婚を受容する論理として近代家族規範を用いていた。つまり娘は、自分の中で共存している脱ジェンダー化とジェンダー規範との葛藤を解消するために、親が提示する愛情を基盤とする近代家族形成の論理を用いて、自らの行為を正当化していたと考えられる。

　第2に、経済不況という社会状況によって、娘の自立における親子のジェンダー規範がより強化されたことである。娘は、息子の事例と同様に、成人移行期のライフイベントの選択において、何らかの形で外貨金融危機の影響を受けていた。特に女性の場合、相対的に経済的安定性が保証されにくい職業や地位に就く可能性が高く、さらに、経済不況への影響を受けやすいと考えられる。それゆえ親は、娘が女性として安定した職業を目指した方が経済的自立への可能性が高いと判断していたと考えられる。さらに、娘の就職困難な状況が長期化することで、親は娘に配偶者による経済的扶養を前提にした結婚を先に達成すべきだと勧めることで、娘の経済的安定を確保しようとしていた。また、娘が就職している場合でも、賃金の低さのゆえに、男性の経済力は結婚における重要な条件であった。

　また娘も、親と同様に、経済不況による就職困難という状況の中で、経済的安定をより求めるようになり、女性として安定した職業や男性の経済的扶養を前提とする結婚を選択しやすくなる可能性が見られた。さらに、将来への不安や親への依存の長期化による罪悪感により、彼女らは親から早く自立する方法として、ジェンダー規範に基づく親の意思を受け入れやすくなって

いたのだと考えられる。

　第3に、娘の親との同居と自立の関係である。娘を持つ親は、息子の親よりも子どもの離家に対して「結婚するまでは親と一緒にいるべき」という認識を強く持つ傾向が見られた。また、娘も親と一緒に住むことで得られる生活面での余裕や経済的利益を認識しており、親との同居を戦略的に受容する姿も見られた。ケース・スタディ分析では取り上げなかったが、親との同居に葛藤を感じているIやJの場合においても、最終的には経済的な側面から親との同居を受け入れていたのである。

　第4に、娘の自立に対する父親と母親の関係性の相違である。娘家族では、娘の成人移行期のライフイベントにおいて、母親と娘が中心になって意思決定が行われていた。多くの父親は、娘の人生の選択について「娘の意思に任せる」と語っていたが、実際は、娘の状況について母親から間接的に伝えてもらう場合が多かった。つまり父親よりも母親の意思が、娘の自立の選択に大きく影響していたと考えられる。また、息子家族の場合、父親と母親が役割を分担して息子の自立の達成に関わっていたのに対して、娘家族の場合、母親が娘の大学進学や職業の選択、情緒面や生活面でのサポートのすべてを行っており、母娘の密接な関係性が確認できた。

　結果として、成人移行期の娘の自立において、就職困難な社会状況、親子の戦略、母娘の密接さによって、親の意思の優位性とジェンダー規範が強化されていたと言える。

　なお、娘の成人移行期のライフイベントにおける親子の意思決定と親子の戦略について、F、G、Hのみ、［表6-2］でまとめた。

[表6－2] 娘の成人移行期における親子の意思決定と戦略

区分		大学専攻	就職	親子の同居	結婚	親子の戦略
F家族	親	母親：親の意思 父親：娘の意思	母親：親の意思 父親：娘の意思	親子の意思	親の意思	・結婚による自立 ・親の夢の実現
	娘	娘の意思	娘の意思	親子の意思	娘の意思	・孝規範の受容 ・息子の扶養規範の受容 ・戦略的受容
G家族	親	娘の意思	娘の意思	親子の意思	親の意思	・結婚による自立 ・親の夢の実現
	娘	親子の意思	親の意思 →娘の意思	親子の意思	親の意思	・孝規範の受容 ・戦略的受容
H家族	親	娘の意思	娘の意思	親子の意思	親の意思	・結婚による自立
	娘	娘の意思 (支援の欠如)	娘の意思	親子の意思	親子の意思	・孝規範の受容 ・近代家族規範の受容 ・息子の扶養規範の受容 ・戦略的受容

終　章

第1節　分析のまとめ

　本書では、韓国の成人移行期における若者の自立と親子関係との関連を明らかにすることを目的として、3つの研究課題を設定した。以下は、ぞれぞれの研究課題に対して得られた知見のまとめである。

　第1に、「韓国の若者は、成人移行期に経験する様々なライフイベントを通じて、自立をどのように認識しているのか」という研究課題に答えるために、第4章で、フォーカス・グループ・インタビューを用いた分析を行った。その結果、韓国の若者の自立意識には、個人主義と家族主義、脱ジェンダー化とジェンダー規範といったお互い相反する論理が共存していることが確認された。つまり韓国の若者は、自らの自立に対して、自己実現としての就職への期待、ライフイベントの選択における自己決定といった個人を中心とした自立意識を持ちながら、その一方で、親子の情緒的つながり、孝規範や親への扶養規範といった家族を単位とする自立意識も同時に抱いていた。

　また彼・彼女らは、男女が同じように、就職、離家、結婚といったライフイベントを通じて、経済的・精神的・生活的自立の達成を目指すべきだという脱ジェンダー化に基づく自立認識を示していた。しかし、その自立の内容においては、男女の認識の相違が見られた。つまり男性の場合、個人のみならず、親や新しく形成される家族への経済的扶養までを経済的自立として認識していた。その反面、女性の場合、経済的自立は個人に限定され、親や新しい家族に対しては、経済的援助よりも情緒的・生活的援助を自立の課題として見なす傾向が存在した。さらに、このような若者の相反する自立意識は、

実際の成人移行期のライフイベントをめぐる親子関係の中で、修正・変更されていた。特に男性の対象者は、職業の選択において親からのプレッシャーを強く感じており、女性の対象者は、離家による親子の情緒的関係をめぐる困難を経験するなど、男女によって自立をめぐる親子関係に相違が見られた。

　第2に、「韓国の親が、成人移行期の子どものライフイベントをめぐる意思決定にどのような影響を与えているのか」という研究課題について、第5章と第6章で、息子／娘、その父親、母親のマッチング・インタビューのデータを用いて分析を行った。その結果、親は子どもの性別によって異なる自立への期待を持っており、その親の期待は、大学進学、就職、離家、結婚といった子どものライフイベントにおける親の意思の優位性によって、子どもの意思決定に影響を与えていることが確認された。

　具体的には、息子家族の場合（第5章）、親は息子に対して、高い社会的地位や経済力が得られる就職による経済的自立を期待していた。それゆえ親は、息子の大学専攻や職業の選択、軍入隊の方法や時期の選択、結婚の選択にまで、様々な意思決定に積極的に関わり、息子は自らの希望よりも親の希望を尊重した意思決定を行っていた。しかし、親が期待した自立を達成できなかった場合、息子は自分の希望も親の希望も叶えられないという挫折感を味わい、親も息子の人生を駄目にしたという罪悪感で苦しんでいた。また、親が希望する自立を達成した場合も、息子の意思決定における親からの影響力が継続することで、息子は自らの自立を肯定的に捉えられない場合も存在した。

　また、娘家族の場合（第6章）、親は娘に対して、男性同様に、大学に進学して就職することで、社会に進出し、自己実現を達成することを期待していた。しかし、親が娘に求める就職は、高い社会的地位や経済力の獲得より、女性としての限定が置かれた上での安定した職業であった。そのため親は、娘のライフイベントにおいて、女性として限定された大学専攻や就職を勧めており、娘が就職できない場合は、就職に先だって結婚による自立を求めていた。そして、このような娘に対する親の限定的な自立への期待は、意思決

定における親の優位性によって、娘の意思決定に反映されていたのである。つまり、子どもの自立に対する親のジェンダー規範は、親子関係における親の意思の優位性によって、子どものライフイベントにおける意思決定に影響を与えていたと言えよう。

　第3に、「韓国の親子関係において、成人移行期の子どもの自立をめぐってどのような親子の戦略が用いられているのか」という研究課題について、引き続き第5章と第6章で息子／娘、その父親、母親のマッチング・インタビューのデータを用いて分析を行った。その結果、意思決定における親の優位性と息子・娘の受容という行為の背景には、子どもの自立をめぐる親の戦略と息子・娘の戦略が存在し、それらの戦略は、韓国社会に内在した様々な規範を用いることで正当化されていたことが明らかになった。

　具体的には、息子家族の場合（第5章）、息子の自立に対して、社会的地位や経済力が得られる就職の達成を求める親の意思の背景には、息子個人としての幸福のみならず、息子による家の繁栄や継続、息子による親の扶養、叶えられなかった親の夢の実現といった家族主義的規範による戦略性が存在した。さらに、このような親の戦略は、親のアドバイスの必要性や子どものための親の犠牲というレトリックによって正当化されていた。また息子は、親が提示した社会的地位や経済力が得られる就職という自立の課題に対して、孝規範、息子に対する親の扶養といった家族主義的規範に基づいて受容していたのである。

　また、娘家族の場合（第6章）、娘の自立に対して、親（特に、母親）は、ジェンダー規範によって叶えられなかった自らの夢を、娘の教育や就職を通じて実現させようとする脱ジェンダー化と、娘には親扶養が期待できないというジェンダー規範、この2つの認識を共存させていた。それゆえ親は、娘の大学進学や就職に対して積極的に援助する一方で、就職が困難な社会状況においては、娘に就職よりも結婚を通じて自立することで、経済的な安定を確保することを求めていた。そして、このような親の戦略は、愛情を基盤に

する近代家族規範、孝規範、子どものための親の犠牲という論理で説明され
ていた。一方、娘は、親が提示する限定された就職や結婚による自立に対し
て、自らの意思とのズレに葛藤を感じながらも、孝規範や近代家族規範に従
って親の意思を受容していたのである。

このような息子・娘による親の意思の受容には、親からの自立を達成する
ために必要な援助を得るため、自立困難な現状を乗り越えるためという、経
済的合理性に基づいた戦略的な側面も存在した。さらに、外貨金融危機以降
の韓国社会における経済不況によって、彼・彼女らは親への依存の長期化と
いった困難に直面することになり、親子の戦略がより強化される方向につな
がるのであった。

以上の知見から、韓国の若者の自立における、親の意思の優位性と子ども
の受容、家族主義的規範、ジェンダー規範という特徴は、韓国の親子関係に
おける文化的規範のみならず、親子の戦略的行為に基づくものとして理解す
ることができるのである。以上、本書における知見をまとめたのが［図終-
1］、［図終-2］である。

第2節　結論と今後の課題

最後に、本書の分析で得られた知見から、結論と今後の課題を述べる。

1．主体性を持つ個人としての親子の戦略

本書で確認された韓国の成人移行期の親子関係では、親が子どもの将来に
対する強い義務感から、成人移行期の子どもに対して様々な援助を行ってお
り、その一方、成人移行期の子どもの意思決定に積極的に関与していた。ま
た、子ども側も親の希望に従った意思決定を行いながら、親からのケアや援
助を受容していたのである。つまり韓国の親子関係には、家族主義的な親子
関係の特徴がもっとも顕著に現れていると言えるだろう。

終章 219

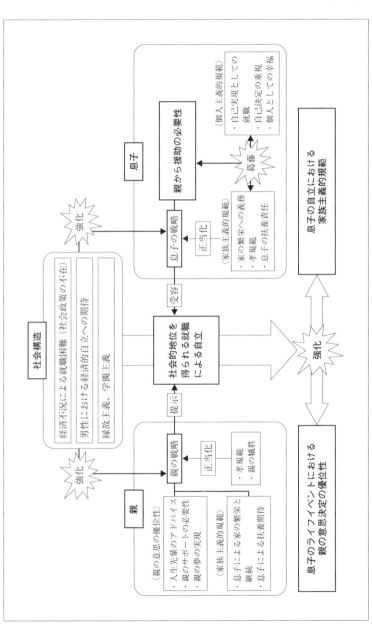

[図終－1] 成人移行期の自立をめぐる親－息子関係と親子の戦略構造

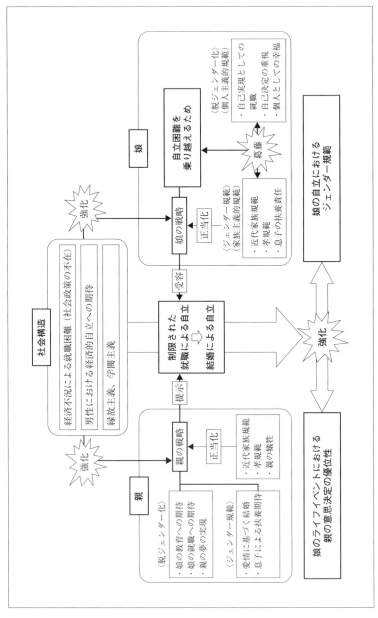

[図終-2] 成人移行期の自立をめぐる親-娘関係と親子の戦略構造

しかし、このような韓国の親子関係における家族主義的な特徴には、規範・文化の受容という側面だけでは説明できない、親子の戦略的な選択という主体性も確認された。つまり親子は、韓国の家族主義的な規範を内面化するだけではなく、成人移行期という親子の新しい関係性に向けて、時に葛藤しつつ、その葛藤を乗り越えるために交渉を行うなど、能動的な選択を行っていたのである。彼らの戦略には、家族の繁栄や維持といった家族集団として共通の目的による「家族戦略」のみならず、子どもの人生を通じた親の夢の実現や子どもによる扶養の期待といった「親の戦略」、親のサポートを利用する行為としての「子どもの戦略」も存在した。つまり彼らは、制限された社会状況において、主体性を持った個人として、家族主義という規範を戦略的に運用していたと解釈することができる。さらに、韓国社会における若者の就職困難という状況の中では、若者が自立するために家族や親からのサポートが必要不可欠であるため、彼・彼女らが成人移行期をうまく乗り越えるために行う戦略的行為は、「生存戦略」とも呼べるだろう。

もちろん、家族主義的規範を資源として用いた韓国の親子の戦略が、必ずしも良い結果に結びついているとは言い難い。本書で紹介された事例では、成人移行期にある若者の多くが、親の家族主義的な自立意識と、自らが考える自立意識との間で葛藤を経験していた。しかし、彼・彼女らが自立困難な状況を解決する手段として、親の意思を戦略的に受容したことで、実は親子関係における葛藤が表面化されにくくなった側面も存在する。また、親の意思の戦略的受容が、必ずしも子どもの自立の達成につながるとも言えない。現在、韓国の若者が経験している自立の困難の中には、若者が成人になっても親の意思を受容し続けることで、いつまでも親の影響から離れることができなくなっていることも問題になっている。さらに、子どもが親の期待していた就職や結婚を実現できなかった場合、彼・彼女らの成人期への移行はますます困難になるという悪循環に陥ってしまうのである。

2．韓国の親子関係における孝規範

　韓国の成人移行期の親子関係において、親の意思の優位性という特徴は、韓国の家族や親子関係に根強く存在する孝規範の側面から理解することができる。本書で分析した事例では、親の意思によって成人移行期の子どものライフイベントが選択される行為に対して、親は自らの行為を「子どものための親の犠牲」という論理によって、その正当性を主張していた。つまり親は、親と子が「一体」であると認識しており、子どもの人生を親の人生の延長線として理解していたのである。そのため、子どもの人生に対する親の関与は懸念される行為ではなく、むしろ「慈」、「愛」という意味を持っていたと考えられる。このような親子「一体」の認識は、年齢層が高い親により顕著に現れていた。しかし若い世代の親の中では、自身の親との関係で築かれていった「一体」意識と、子どもを個別の存在として認識すべきだという意識が混在することで、親子関係において言葉と実際の行為が矛盾する場合も存在した。

　また成人子は、親子を独立した個人として認識する個人主義的傾向が親よりも強く現れていたが、その一方で、完全な親子の分離ができない側面も存在した。つまり、西洋教育を受けてきた彼・彼女らは、親子関係において個人主義的志向を持ちながら、「親を敬うべき」、「親を大事にすべき」という孝規範を意識することで、親の意思に反する行為に罪悪感を抱いていたのである。

　このように、韓国の親子における個人主義と家族主義、孝規範が共存する状況は、今後の韓国の親子関係に様々な問題をもたらす可能性があると言えるだろう。

3．若者の自立におけるジェンダー差

　本書における対象者の親は、息子・娘ともに大学への進学と、就職をもっ

とも重要な自立の課題として認識していた。しかし、その一方で、息子に対しては、弁護士、エンジニア、大企業での社員といった社会的に高い地位で、高収入を期待できる専門職に就くことを期待しており、娘に対しては、教師、公務員、看護師といった比較的安定した、家庭と仕事を両立できる職業を求めていた。つまり親は、息子には「男性として」の職業、娘には「女性として」の職業を使い分けて考えていたと思われる。これは、韓国の家族における息子と娘の役割の相違から理解することができる。というのは、娘の場合、結婚をきっかけに「嫁に出た他人」として家から分離されると思われているが、息子の場合（特に、長男）は、家の祭祀を受け継ぎ、跡を継ぐことで、新しい家族を形成しても親子が同一家族としてつながっていると認識されているのである。そのため、親にとって家の繁栄や維持、親の扶養が期待できる息子の自立が非常に重要な課題となり、その実現が親の中で目指されていたと考えられる。それは、男きょうだいがいない長女において、男きょうだいがいる家族よりも、娘の就職に対する親の期待がより強い傾向が見られたことからも推察することができる。

　また対象者の息子・娘たちは、ジェンダー化された親の期待を正確に理解しており、その上で親の意思を受容していた。つまり息子の場合、人生における親の影響力について、親が生きている間は「一生続くもの」として受け止めており、それは結婚しても親子が同一家族としてつながる「直系家族」を想定しているためであると解釈できる。それゆえ彼らは、親からのサポートの中には、家族を単位とする戦略的な側面が含まれていることを認識しているがゆえに、今後の親の扶養に対する責任までを自立の範囲として考えていたと思われる。一方、娘の場合、意思決定における親の優位性について、「結婚するまで」と限定性を持つものとして考える傾向が見られた。つまり娘は、結婚を契機に親から分離され、新しい家族を形成する「夫婦家族」になるか、もしくは「夫の定位家族」に属することを想定しているのだと解釈できる。そのため、娘は自分がやりたいことを反対する親に対して、息子に

224

比べて柔軟に対応することができ、また、親への扶養義務からも相対的に自由であると考えられる。このように、親のジェンダー化された自立と子どもの親の意思の受容は、親子の合理的な戦略的行為として理解することができる。

4．経済不況による家族の保守化傾向

　最後に、対象者の親子関係で見られる重要な特徴は、若者の就職困難によって子どもの自立に対する親のジェンダー規範がより明確になったことである。つまり、娘の就職に対して親が持つ期待は、男性同様の社会進出でありながら、女性として限定された職業の選択であるように、彼らが抱いているジェンダー規範は曖昧な形で示されていた。しかし、就職困難という社会状況によって、親が子どもに提示する自立の内容は、「息子＝就職」、「娘＝結婚」というように、ジェンダー化された傾向がより明確に現れるようになったのである。これは、経済危機による家族主義の強化（성〔Sung〕1998；백〔Baek〕2001）の側面から理解することができる。若年層の失業者が年々増加する中で、若者の基本的な生活を保障したり、雇用問題を改善する社会施策は乏しいままであり、若者は生活の全般を親に依存せざるを得ない状況に置かれているのである。その結果、彼・彼女らは、親に長期間にわたって経済的に依存していることに罪悪感を抱き、自己決定における親の意思の優位性がより強化されるという悪循環に陥っているのである。しかし、現在の若者の就職困難という状況は、親が経済不況を経験した社会とはその原因や構造が異なるため、親が経済的な援助を続けるだけでは、若者の自立の困難は改善されない。それゆえ、韓国における若者の自立と親子関係の問題を改善させるには、成人移行期にある若者が自立するにあたって、家族や親に頼らない新たな社会の仕組みが構想されるべきなのである。

5．今後の課題

　本書で韓国の若者を対象にして得た知見は、日本の若者の自立研究に対しても貢献が可能であると考えられる。まず、若者の親子関係における家族主義や孝規範といった韓国の文化的特徴は、若者の様々な自立の場面において困難をもたらす原因になっていた。そこで、韓国と日本の文化的な特徴を明確にすることで、欧米の自立概念とは異なる新しい自立の枠組みが提示できるだろう。そうした作業を経ることで、若者の親子関係と社会構造というミクロとマクロの視点を架橋し、現代の若者がおかれている社会的現実をより立体的に浮かび上がらせることができる。その際、日本における若者の自立困難な状況に関して、ジェンダー的な視点を積極的に取り入れることで、より実り豊かな研究へと発展していく可能性があると考えられる。

　最後に、本書の限界について述べよう。第1に、分析に用いた調査データの限定性である。本書の分析で用いた2つの調査は、ソウルと京畿道に居住する成人未婚男女やその父親、母親を対象にしており、韓国の若者の自立の特徴として一般化するには、注意が必要である。また、第4章の分析で用いたFGI調査では、対象者の性別および親子の居住状況別にグループを分けて調査を行ったが、対象者の学歴、就労状況といった、他の条件が統制されていなかったため、明確に男女差や親との同／別居による差として特徴づけるには限界が存在した。そして、対象者同士のより活発な意見交換を期待して知人同士を中心にグループを設定したことで、むしろグループ間の偏りをもたらした可能性も考えられる。第5章と第6章の分析で用いた、成人未婚男女とその父親・母親のマッチング・インタビュー調査においても、いくつかの問題点が指摘できる。親子のマッチング・インタビューの場合、成人未婚子、父親、母親の全員が調査に同意した家族のみが対象になっているため、インタビューを承諾した時点で、親子関係が良好であるか、もしくは、親子の葛藤が解決できる範囲の家族が対象になっている可能性が存在する。また、

対象者の親は、子どもに対する教育への投資や経済的な援助が可能な中流階層であり、韓国の経済不況の中で、子どもに経済的支援を続けられるほど比較的に安定した経済力を持っていたことは考慮されるべきである。さらに息子の場合、対象者の5人全員が長男であり、長男以外の息子家族よりも強い家族主義的な規範に直面していた可能性がある。一方、娘の場合、5人のうち、出生順位が長女と次女、末子、男きょうだいがある事例、女きょうだいのみの事例など、息子の事例よりも多様なバリエーションが存在した。

第2に、方法論における課題が指摘できる。本書では、成人未婚子の青年期から成人期への移行過程で遭遇するライフイベントについて、親子の回想に基づいてインタビューを行っている。そのため、対象者がある出来事について語る際、意識的、もしくは、無意識的に内容の編集、操作、誇張などが行われた可能性がある。よって本書では、出来事における事実の可否よりも当事者の認識や説明の論理構造に重点を置いて分析を行っているが、同時に、客観的な事実それ自体の分析もまた重要であろう。

これらの限界を踏まえて、以下のことを今後の課題にしたい。第1に、より多様な家族に対するインタビュー調査が必要とされる。本書では、韓国のソウルや京畿道に居住する中流階層の大卒者という限定された対象者の自立と親子の戦略について分析した。しかし、他の階層、高卒者、あるいは、地方の親子関係では、異なった形での親子の戦略が存在する可能性がある。本書で提示した親子の戦略構造は、より多様な家族の事例と比較されることによって、韓国社会全体を反映した若者の自立の構造として発展させることが可能になり、さらに量的調査を通じて、そのモデルを一般化することも可能になるだろう。

第2には、本書で行った成人未婚男女、父親、母親の3者マッチング・インタビュー調査を日本の家族を対象に実施し、日本の親子関係との比較研究を行う必要性である。このような若者研究における日韓比較を通じて、既存の西洋文化の自立の概念では説明できなかったアジア文化圏における自立の

特徴を明確にしていくことが可能になると考えられる。また、韓国の男性の場合、徴兵制による軍入隊経験が自立意識や親子関係に影響するなど、成人移行期における重要なライフイベントとして認識されていた。それゆえ、徴兵制がない日本の男性とは、大学卒業の時期や就職時期などが異なっており、このことが日韓で異なる自立のプロセスを形成させていると予測される。その類似点や相違点に注目した分析を行うことが課題となるだろう。

文　　献

안병철〔An, Byung Chol〕, 2000, 「경제적 고통과 가족 갈등〔経済的困難と家族の
葛藤〕」『사회와 문화〔社会と文化〕』11：165-83.

Anderson, Michael, 1980, *Approaches to the History of the Western Family 1500-1914*, London: Macmillan.（＝1988, 北本正章訳『家族の構造・機能・感情』海鳴社.）

安藤由美, 2001, 「成人期への移行出来事のタイミングと順序——出生コーホート間
比較にみる連続性と変化」加藤彰彦編『家族生活についての全国調査（NFR98）
報告書 No. 2-1 家族形成のダイナミクス』日本家族社会学会・全国家族調査
（NFR）研究会, 1-42.

Aronson, Pamela J., Jeylan T. Mortimer, Carol Zierman and Michael Hacker, 1996,
"Generational Differences in Early Work Experiences and Evaluations," Jeylan
T. Mortimer and Michael D. Finch eds., *Adolescents, Work, and Family: An Intergenerational Developmental Analysis*, Califonia: Sage, 25-62.

배호중〔Bae, Ho Joong〕, 2014, 「대학생의 군입대 시점 분석——대학 입학성적에
따른 차이를 중심으로〔大学生の軍入隊時点分析——大学入学成績による差異を
中心に〕」『한국군사회복지학〔韓国軍社会福祉学〕』7(2)：5-26.

백진아〔Baek, Jin A〕, 2001, 「경제위기에 따른 가족생활의 변화와 가족주의〔経済
危機による家族生活の変化と家族主義〕」『사회발전연구〔社会発展研究〕』7：
27-50.

Bourdieu, Pierre, 1972, "Les Stratégies matrimoniales dans le système de reproduction," Annales. Economies, sociétés, civilisations, 27ᵉ année, N. 4-5, 1105-27.（＝
1976, Elborg Foster and Patricia M. Ranum, trans., "Marriage Strategies as
Strategies of Social Reproduction," Robert Forster and Orest Ranum eds., *Family and Society*, Maryland: Johns Hopkins University Press, 117-44.）

차승은・한경혜〔Cha, Seung Eun・Han, Gyoung Hae〕, 1999, 「청년기 자녀의 경제
적 자립도 및 분거 경험이 독립성에 미치는 영향〔青年期の子どもの経済的自立
度および別居経験が独立性に与える影響〕」『한국가족관계학회지〔韓国家族関係
学会誌〕』4(2)：131-51.

장지선〔Chang, Ji Sun〕, 2005, 「대학생의 진로정체감과 부모에 대한 심리적 독립
및 애착과의 관계〔大学生の進路停滞感と親に対する心理的独立および愛着との

関係〕」『학생생활연구〔学生生活研究〕』10：137-54.

장경섭〔Chang, Kyong Sup〕, 1994,「한국 가족의 이념과 실제〔韓国家族の理念と実際〕」『철학과 현실〔哲学と現実〕』22（秋）：51-66.

千年よしみ・阿部彩, 2000,「フォーカス・グループ・ディスカッションの手法と課題——ケース・スタディを通じて」『人口問題研究』56(3)：56-69.

조혜자・방희정〔Cho, Hye Ja・Bang, Hee Jeong〕, 1998,「사회 경제적 변화가 가족에게 미치는 영향〔社会経済的変化が家族に及ぼす影響〕」『한국심리학회지：여성〔韓国心理学会誌：女性〕』3(1)：1-15.

조혜정〔Cho, Hye Jung〕, 1985,「한국의 사회변동과 가족주의〔韓国の社会変動と家族主義〕」『한국문화인류학〔韓国文化人類学〕』17：81-98.

조순경〔Cho, Soon Kyung〕, 1998,「『민주적 시장경제』와 유교적 가부장제〔『民主的市場経済』と儒教的家父長制〕」『경제와 사회〔経済と社会〕』38：169-88.

최재석〔Choi, Jae Suk〕,〔1976〕1994,『한국인의 사회적 성격 제3판〔韓国人の社会的性格 第3版〕』현음사〔玄音社〕.

최상진〔Choi, Sang Jin〕, 1994,「한국인 심정심리학〔韓国人の心情心理学〕」『사회과학연구〔社会科学研究〕』7：213-37.

정은희〔Chung, Eun Hee〕, 1993,『부모로부터의 독립과 대학생활적응과의 상관연구〔親からの独立と大学生活適応との相関研究〕』연세대학교대학원 석사학위논문〔延世大学校大学院 修士学位論文〕.

Clausen, John A., 1986, *The Life Course: A Sociological Perspective*, New Jersey: Prentice-Hall.（＝1987, 佐藤慶幸・小島茂訳『ライフコースの社会学』早稲田大学出版部.）

Elder, Glen H. Jr., 1974, *Children of the Great Depression: Social Change in Life Experience*, Chicago: The University of Chicago Press.（＝〔1986〕1991, 本田時雄・川浦康至ほか訳『新版 大恐慌の子どもたち——社会変動と人間発達』明石書店.）

Erikson, Erik H.,〔1950〕1963, *Childhood and Society*, 2nd ed., New York: Norton & Company.（＝1977, 仁科弥生訳『幼児期と社会1』みすず書房. 1980, 仁科弥生訳『幼児期と社会2』みすず書房.）

Flick, Uwe, 1995, *Qualitative Forschung*, Reinbek bei Hamburg: Rowohlt.（＝2002, 小田博志・山本則子・春日常・宮地尚子訳『質的研究入門——「人間の科学」のための方法論』春秋社.）

福田節也, 2007,「ジェンダーシステムと女性の結婚選択（2）——日本における『女

性の経済的自立仮説』の検証」『季刊家計経済研究』76：54-62.

福島みのり，2006，「大学院進学とポスト青年期の関連性についての考察――高学歴世代の『実存の危機』をめぐって」『現代韓国朝鮮研究』6：66-78.

――――，2007，「韓国社会における高学歴化と生存戦略――大学院に進学する若者たち」『現代の理論』13：164-75.

玄田有史，2001，『仕事のなかの曖昧な不安――揺れる若年の現在』中央公論新社.

Goldscheider, Frances. K. and Julie Davanzo, 1986, "Semiautonomy and Leaving Home in Early Adulthood," *Social Forces*, 65(1)：187-201.

함인희〔Hahm, In Hee〕，1999，「『IMF 위기』로 인한 중산층 해체 논의의 비판적 고찰――신문 기사의 내용분석을 중심으로〔『IMF 危機』による中産層解体の議論の批判的考察――新聞記事の内容分析を中心に〕」『사회과학연구논총〔社会科学研究論叢〕』3：123-49.

浜日出夫，1995，「エスノメソドロジーと『羅生門問題』」『社会学ジャーナル』20：103-12.

――――，2006，「羅生門問題――エスノメソドロジーの理論的含意」富永健一編『理論社会学の可能性――客観主義から主観主義まで』新曜社，271-89.

한경혜〔Han, Gyoung Hae〕，1990，「산업화와 결혼 연령 변화에 관한 이론적 고찰――『가족전략』의 관점에서〔産業化と結婚年齢の変化に関する理論的考察――『家族戦略』の視点から〕」『한국사회학〔韓国社会学〕』24（冬）：103-20.

――――，1991，「세대관계 측면에서 본 Life Course 전이와 역연쇄전이의 시기――결혼연령을 중심으로〔世代関係からみた Life Course 移行と逆連鎖移行の時期――結婚年齢を中心に〕」『한국노년학〔韓国老年学〕』11(1)：36-49.

――――，1993a，「사회적 시간과 한국 남성의 결혼연령의 역사적 변화――생애과정 관점과 구술생활사 방법의 연계〔社会的時間と韓国男性の結婚年齢の歴史的変化――生涯過程の観点と口述生活史方法の連携〕」『한국사회학〔韓国社会学〕』27（冬）：295-317.

――――，1993b，「한국 남성의 성인기로의 전이 유형의 변화〔韓国男性の成人期への移行類型の変化〕」『사회와 역사〔社会と歴史〕』39：121-71.

한남제〔Han, Nam Jae〕，1994，「한국의 산업화와 가족기능의 변화〔韓国の産業化と家族機能の変化〕」『한국청소년연구〔韓国青少年研究〕』16（春）：23-33.

한남제・김현주・장현섭・김동일・김초강〔Han, Nam Jae・Kim, Hyun Ju・Chang, Hyun Sup・Kim, Dong Il・Kim, Cho Gang〕，1994，『한국가족관계의 문제――방황하는 자녀, 소외된 노인〔韓国家族関係の問題――さまよう子ども，疎外さ

れた老人〕』다산출판사〔茶山出版社〕.

Hareven, Tamara K., 1982, *Family Time and Industrial Time*, New York: Cambridge University Press. (＝2001, 正岡寛司監訳・安藤由美ほか訳『家族時間と産業時間「新装版」』早稲田大学出版部.)

병무청〔兵務庁〕, 2016, 「학군군간부후보생（ROTC）〔学軍軍幹部候補生（ROTC）〕」병무청홈페이지〔兵務庁ホームページ〕, (2018年8月26日取得, https://www.mma.go.kr/contents.do?mc＝mma0000782).

————, 2018a, 「입영신청 절차 및 복무기간〔入営申請手続きおよび服務期間〕」병무청홈페이지〔兵務庁ホームページ〕, (2018年8月26日取得, https://www.mma.go.kr/contents.do?mc＝mma0000728).

————, 2018b, 「전문연구, 산업기능요원〔専門研究, 産業技能要員〕」병무청홈페이지〔兵務庁ホームページ〕, (2018年8月26日取得, http://www.mma.go.kr/contents.do?mc＝mma0000760).

Hoffman, Jeffrey A., 1984, "Psychological Separation of Late Adolescents from their Parents," *Journal of Counseling Psychology*, 31(2)：170-8.

本田由紀・内藤朝雄・後藤和智, 2006, 『「ニート」って言うな！』光文社.

황경숙〔Hwang, Kyung Sook〕, 2000, 「IMF 사태와 한국사회변화〔IMF 事態と韓国社会の変化〕」『시민교육연구〔市民教育研究〕』30：355-78.

Incorvaia, Antonio and Alessandro Rimassa, 2006, *Generazione Mille Euro*, Milano: RCS Libri S.p.A. (＝2007, アンフィニジャパン・プロジェクト訳『僕らは、ワーキング・プー』世界文化社.)

乾彰夫, 2002, 「変わる若者の生活環境とライフスタイル――『戦後型青年期』の解体・再編と若者のなかの困難」『生活経営学研究』37：3-7.

乾彰夫編, 2006, 『不安定を生きる若者たち――日英比較フリーター・ニート・失業』大月書店.

石坂浩一・福島みのり編, ［2000］2014, 『エリア・スタディーズ6　現代韓国を知るための60章 第2版』明石書店.

岩上真珠, 1999, 「20代、30代未婚者の親との同別居構造――第11回出生動向基本調査独身者調査より」『人口問題研究』55(4)：1-15.

————, 2003, 『ライフコースとジェンダーで読む家族』有斐閣.

————, 2010, 「未婚期の長期化と若者の自立」岩上真珠編『〈若者と親〉の社会学――未婚期の自立を考える』青弓社, 7-21.

岩上真珠編, 1996, 『30代の家族と親子関係』社会調査実習報告書, 明星大学人文学

部社会学科.

―――編, 1998, 『成人期への移行と親子関係』社会調査実習報告書, 明星大学人
文学部社会学科.

―――編, 1999, 『30代の離家・結婚・親子関係――1960年代コーホートの選択』
社会調査実習報告書, 明星大学人文学部社会学科.

―――編, 2005, 『少子・高齢化社会における成人親子関係のライフコース的研究
――20代-50代調査：1991-2001年』平成13-16年度科学研究費補助金研究成果報
告書, 聖心女子大学.

―――編, 2010, 『〈若者と親〉の社会学――未婚期の自立を考える』青弓社.

岩上真珠・宮本みち子編, 2003a, 『20代未婚者の仕事・結婚・親子関係――「成人期
への移行」に関する調査研究 Part I 』2001年未婚20代府中調査報告書, ポスト
青年期研究会.

―――編, 2003b, 『20代未婚者の仕事・結婚・親子関係――「成人期への移行」
に関する調査研究 Part II 』2002年未婚20代松本調査報告書, ポスト青年期研究
会.

―――編, 2004, 『親からみた20代未婚者の仕事・結婚・親子関係――「成人期へ
の移行」に関する調査研究 Part III 』2003年府中・松本50代調査報告書, ポスト
青年期研究会.

岩田正美, 2008, 『社会的排除――参加の欠如・不確かな帰属』有斐閣.

Jones, Gill and Claire Wallace, 1992, *Youth, Family and Citizenship*, Buckingham:
Open University Press. (＝[1996]2002, 宮本みち子監訳・鈴木宏訳『第2版
若者はなぜ大人になれないのか――家族・国家・シティズンシップ』新評論.)

강문희・이광자・송보경〔Kang, Moon Hee・Rhee, Kwang Ga・Song, Bo Kyung〕,
1998, 「IMF 이후의 가족 생활 형태의 변화〔IMF 以後の家族生活形態の変化〕」
『여성연구논총〔女性研究論叢〕』13：5-32.

카와이노리코〔河合紀子〕, 2000, 『한국에 있어서의 고학력화 현상――대학원 진학
기회시장과 노동시장과의 관계를 중심으로〔韓国における高学歴化現象――大学
院進学機会市場と労働市場との関係を中心に〕』서울대학교대학원 석사학위논문
〔ソウル大学校大学院 修士学位論文〕.

川喜田二郎, 1967, 『発想法』中央公論新社.

―――, 1970, 『続・発想法』中央公論新社.

Keniston, Kenneth, 1970, "Youth: a 'New' Stage in Life," *The American Scholar*, 39
(4)：631-54.

금재호〔Keum, Jae Ho〕, 2007, 「청년실업의 현황과 원인 및 대책〔青年失業の現況と原因および対策〕」『사회과학논총〔社会科学論叢〕』9：27-54.

김은영〔Kim, Eun Young〕, 1993, 『대학생의 심리적 독립과 사회적 적응에 관한 연구〔大学生の心理的独立と社会的適応に関する研究〕』이화여자대학교대학원 석사학위논문〔梨花女子大学校大学院 修士学位論文〕.

김혜영〔Kim, Hea Young〕, 2003, 「한국의 가족주의와 여성 인권〔韓国の家族主義と女性の人権〕」『아시아여성연구〔アジア女性研究〕』42：9-46.

金鉉善, 2018, 「韓国の伝貰権における法律上の内容——債権的伝貰との比較を中心に」『広島法学』41(4)：66-120.

김경근〔Kim, Kyung Keun〕, 2003, 「한국사회의 교육열과 청년실업〔韓国社会の教育熱と青年失業〕」『교육학연구〔教育学研究〕』41(4)：87-105.

김수임・김창대〔Kim, Soo Im・Kim, Chang Dai〕, 2009, 「애착과 심리적 독립이 진로발달 및 선택에 미치는 영향에 관한 국내 연구의 동향〔愛着と心理的独立がキャリアの展開および選択に与える影響に関する国内研究の動向〕」『상담학연구〔相談学研究〕』10(3)：1573-91.

김은진・천성문〔Kim, Un Jin・Cheon, Seong Moon〕, 2001, 「부모에 대한 갈등적 독립과 애착이 대학생의 진로결정수준에 미치는 영향——자아 정체감 수준을 매개로〔親に対する葛藤的独立と愛着が大学生の進路決定水準に与える影響——自己アイデンティティの水準を媒介に〕」『한국동서정신과학회지〔韓国東西精神科学会誌〕』4(1)：129-46.

木下栄二, 1996, 「親子関係研究の展開と課題」野々山久也・袖井孝子・篠崎正美編『家族社会学研究シリーズ① いま家族に何が起こっているのか——家族社会学のパラダイム転換をめぐって』ミネルヴァ書房, 136-58.

北村安樹子, 2002, 「成人未婚者の離家と親子関係 (2) ——単身成人未婚者の親子関係」『LDI REPORT』140：4-28.

小林多寿子, 1994, 「『経験の物語』と『複合的自叙伝』——ライフヒストリーの重ね合わせをめぐって」井上忠司・祖田修・福井勝義編『文化の地平線——人類学からの挑戦』世界思想社, 70-90.

国立社会保障・人口問題研究所, 2001, 『世帯内単身者に関する実態調査結果の概要』.

고용노동부〔雇用労働部〕, 1990, 『직종별임금실태조사보고서〔職種別賃金実態調査報告書〕』.

————, 1995, 『임금구조기본통계조사보고서〔賃金構造基本統計調査報告書〕』.

————, 『고용형태별근무실태조사보고서〔雇用形態別勤務実態調査報告書〕』.

文　　献　　235

권미애・김태현〔Kwon, Mi Ae・Kim, Tae Hyun〕, 2004, 「30대 미혼성인자녀가 지각한 부모―자녀분화, 표현된 정서가 자녀의 심리적 우울에 미치는 영향〔30代未婚成人子が自覚した親―子の分化、表現された情緒が子どもの心理的憂鬱感に与える影響〕」『한국가정관리학회지〔韓国家庭管理学会誌〕』22(5)：197-210.

교육부・한국교육개발원〔教育部・韓国教育開発院〕, 『교육통계연보〔教育統計年報〕』.

―――, 2015, 『2015간추린 교육통계〔2015概要教育統計〕』.

이효선〔Lee, Hyo Sun〕, 2003, 「청년실업의 사회학적 의미와 정책 대응〔青年失業の社会学的意味と政策の対応〕」『사회과학연구〔社会科学研究〕』16：1-21.

이진하・최연실〔Lee, Jin Ha・Choi, Youn Shil〕, 2004, 「미혼여성이 지각한 가족체계에 따른 심리적 독립성에 관한 연구〔未婚女性が自覚した家族体系による心理的独立に関する研究〕」『학생생활연구〔学生生活研究〕』85-108.

―――, 2006, 「미혼여성의 부모로부터의 심리적 독립에 미치는 가족체계의 영향〔未婚女性の親からの心理的独立に与える家族体系の影響〕」『한국가정관리학회지〔韓国家庭管理学会誌〕』24(4)：75-92.

이기학・송현정・임희경・전윤경〔Lee, Ki Hak・Song, Hyeon Jeong・Lim, Hee Kyung・Jeon, Yoon Kyung〕, 2004, 「부모로부터의 심리적독립과 자기주장성이 진로태도성숙에 미치는 영향에 대한 남녀 차이 연구〔親からの心理的独立と自己主張性が進路態度の成熟に与える影響に関する男女差の研究〕」『한국심리학회지：여성〔韓国心理学会誌：女性〕』9(2)：53-65.

이미정〔Lee, Mi Jeong〕, 1998, 「가족 내에서의 성차별적 교육투자〔家族内における性差別的な教育投資〕」『한국사회학〔韓国社会学〕』32（春）：63-97.

이성용〔Lee, Sung Yong〕, 2006, 「가족주의와 효〔家族主義と孝〕」『한국인구학〔韓国人口学〕』29(2)：215-40.

이영분・이용우・최희정・이화영〔Lee, Young Bun・Lee, Yong Woo・Choi, Hee Jung・Lee, Wha Young〕, 2011, 「한국사회의 부모의존 독신성인에 대한 탐색적 연구〔韓国社会における親に依存した未婚成人に関する探索的研究〕」『한국가족복지학〔韓国家族福祉学〕』31：5-30.

Lewis, Oscar, 1959, *Five Families: Mexican Case Studies in the Culture of Poverty*, New York: Basic Books.（＝2003, 高山智博・染谷臣道・宮本勝訳『貧困の文化』筑摩書房.）

正岡寛司, 1993, 「ライフコースにおける親子関係の発達的変化」森岡清美監修・石原邦雄・佐竹洋人・堤マサエ・望月嵩編『家族社会学の展開』培風館, 65-79.

─────，2001，「交換論的アプローチ」野々山久也・清水浩昭編『家族社会学研究
シリーズ⑤　家族社会学の分析視角──社会学的アプローチの応用と課題』ミネ
ルヴァ書房，264-80.

正岡寛司・藤見純子・池岡義孝・大久保孝治・安藤由美・嶋崎尚子編，1990，『人間
総合研究センター研究シリーズ 2　昭和期を生きた人びと──ライフコースのコ
ーホート分析』早稲田大学人間総合研究センター.

正岡寛司・藤見純子・嶋崎尚子・西野理子編，1997，『人間総合研究センター研究シ
リーズ 5　大学卒業、そしてそれから Commencement, and Beyond「からだ・こ
ころ・つながりの発達研究」報告書』，早稲田大学人間総合研究センター.

宮本みち子，1992，「なぜ未婚青年親子の世代間関係を問題にするのか」『季刊家計経
済研究』15：12-6.

─────，1993，「未婚青年親子の世代間関係と家族──経済的分離と情緒的絆を通
じて」『家族研究年報』18：2-20.

─────，1995，「『脱青年期』の出現にみる少子社会の親子のゆくえ」『季刊家計経
済研究』27：31-40.

─────，1999，「『長い非婚期』時代の家族再構築に向けて──子ども中心家族の危
機．非婚時代の親子の自立と共生の課題」日本家政学会編『変動する家族──子
ども・ジェンダー・高齢者』建帛社，281-96.

─────，2000，「晩婚・非婚世代の直面するもの──『パラサイト・シングル』の
隘路」『季刊家計経済研究』47：28-35.

─────，2002，『若者が「社会的弱者」に転落する』洋泉社.

─────，2004，『ポスト青年期と親子戦略──大人になる意味と形の変容』勁草書
房.

宮本みち子・岩上真珠・山田昌弘，1997，『未婚化社会の親子関係』有斐閣.

宮本みち子・岩上真珠・山田昌弘・米村千代，1994，『「脱青年期」の出現と親子関係
──経済・行動・情緒・規範のゆくえ』平成 3 ・ 4 年度調査研究報告，家計経済
研究所.

森岡清美・青井和夫編，〔1987〕1991，『現代日本人のライフコース』日本学術振興会.

옥경희〔Ok, Kyung Hee〕，1998，「자녀독립기 남녀의 생활자립 정도와 자아분화
〔独立期にある男女の生活自立の程度と自我の分化〕」『學生生活研究〔学生生活
研究〕』5：27-46.

大橋照枝，1993，『未婚化の社会学』日本放送出版協会.

박민자〔Park, Min Ja〕，2003，「혼인의 의미에서의 남녀차이──대학생을 중심으로

〔婚姻の意味における男女差——大学生を中心に〕」『가족과문화〔家族と文化〕』15(2)：3-32.

박영신・김의철〔Park, Young Shin・Kim, Ui Chol〕，2003，「한국 청소년의 성취동기와 학업성취에 대한 부모－자녀관계의 영향——토착심리학적 접근〔韓国の青少年の達成動機と学業達成に関する親－子関係の影響——土着心理学的アプローチ〕」『청소년학연구〔青少年学研究〕』10(1)：139-65.

片茂永〔Pyeon, Moo Yeong〕編，2010，『韓国の社会と文化』岩田書院.

연합뉴스〔連合ニュース〕，2016，「신입사원 평균연령 男29.5세，女27.1세『잡코리아』〔新入社員平均年齢男29.5歳，女27.1歳『ジョブコリア』〕2016.5.20.」，(2018年6月20日取得，http://www.yonhapnews.co.kr/bulletin/2016/05/20/0200000000AKR20160520147300848.HTML).

佐藤郁哉，2002，『フィールドワークの技法——問いを育てる、仮説をきたえる』新曜社.

생활자원개발연구소〔生活資源開発研究所〕，2005，「남녀대학생의 부모와의 관계 만족・갈등이 심리적 독립에 미치는 영향〔男女大学生の親との関係満足・葛藤が心理的独立に与える影響〕」『생활자원개발연구〔生活資源開発研究〕』7：1-21.

신수진〔Shin, Soo Jin〕，1998，「한국의 가족주의 전통——근본사상과 정착과정에 관한 문헌고찰〔韓国の家族主義の伝統——基本思想と定着過程に関する文献検討〕」『한국가족관계학회지〔韓国家族関係学会誌〕』3(1)：127-52.

손승영〔Sohn, Seong Young〕，2007，「한국 청소년의 가족 내 사회화 과정——가족주의의 영향과 한국가족의 특수성〔韓国の青少年の家族内社会化過程——家族主義の影響と韓国家族の特殊性〕」『동덕여성연구〔同徳女性研究〕』12：123-39.

서선희〔Suh, Sun Hee〕，1995，「가족중심주의에 대한 유교적 해석〔家族中心主義に対する儒教的解釈〕」『가족학논집〔家族学論集〕』7：21-44.

————，2003，「한국 사회에서『가족중심주의』의 의미와 그 변화〔韓国社会における『家族中心主義』の意味とその変化〕」『한국가정관리학회지〔韓国家庭管理学会誌〕』21(4)：93-101.

성시정〔Sung, Si Jung〕，1998，「IMF 시대 가족주의 담론의 등장과 성 정체성의 위기〔IMF 時代における家族主義イデオロギーの登場と性アイデンティティの危機〕」『여성학연구〔女性学研究〕』8(1)：75-91.

社会政策学会編，2005，『若者——長期化する移行期と社会政策 社会政策学会誌第13号』法律文化社.

田渕六郎，1999a，「家族戦略と現代家族の変容」庄司興吉編『共生社会の文化戦略』

梓出版社，43-67.

─────，1999b，「『家族戦略』研究の可能性──概念上の問題を中心に」『人文学報』300：87-117.

武石恵美子，2002，「若年者を取り巻く雇用の現状」『生活経営学研究』37：15-20.

田中慶子，2003，「『パラサイト・シングル』仮説の検証── NFRJ98データの分析から」『家族関係学』22：95-104.

田中恒子，2002，「青年期の自立と居住状況」『生活経営学研究』37：21-6.

寺崎康博，2000，「成人同居に見る世帯の生活保障機能」国立社会保障・人口問題研究所編『家族・世帯の変容と生活保障機能』東京大学出版会，27-55.

통계청〔統計庁〕，『경제활동인구연보〔経済活動人口年報〕』.

─────，「경제활동인구조사〔経済活動人口調査〕」，（2018年9月1日取得，http://kosis.kr/statisticsList/statisticsListIndex.do?menuId＝M_01_01&vwcd＝MT_ZTITLE&parmTabId＝M_01_01）.

─────，「국민총소득（1인당）〔国民総所得（1人当たり）〕」，（2018年9月1日取得，http://www.index.go.kr/unify/idx-info.do?idxCd＝4023）.

─────，「국내총생산 및 경제성장률〔国内総生産および経済成長率〕」，（2018年9月1日取得，http://www.index.go.kr/potal/stts/idxMain/selectPoSttsIdxSearch.do?idx_cd＝2736）.

─────，『인구동태연보（혼인，이혼편）〔人口動態年報（婚姻、離婚編）〕』.

─────，「합계출산율〔合計出生率〕」，（2018年9月2日取得，http://www.index.go.kr/potal/main/EachDtlPageDetail.do?idx_cd＝1428）.

─────，「통계표준용어 및 지표〔統計標準用語および指標〕」，（2018年9月2日取得，http://kostat.go.kr/understand/info/info_lge/1/index.action?bmode＝languge&keyWord＝0）.

─────，2015，「지역별 인구 및 인구밀도〔地域別人口および人口密度〕」，（2018年9月2日取得，http://www.index.go.kr/potal/main/EachDtlPageDetail.do?idx_cd＝1007）.

上野千鶴子，1991，「ファミリィ・アイデンティティのゆくえ──新しい家族幻想」上野千鶴子ほか編『シリーズ変貌する家族1 家族の社会史』岩波書店，1-38. （再録：上野千鶴子，1994，「ファミリィ・アイデンティティのゆくえ」『近代家族の成立と終焉』岩波書店，3-42.）

馬越徹，［1989］1993，『現代アジアの教育──その伝統と革新 訂正版』東信堂.

Vaughn, Sharon, Jeanne S. Schumm and Jane M. Sinagub, 1996, *Focus Group Inter-*

views in Education and Psychology, California: Sage.（＝1999，井下理監訳・田部井潤・柴原宣幸ほか訳『グループ・インタビューの技法』慶應義塾大学出版会.）

Waite, Linda J., Frances K. Goldscheider and Christina Witsberger, 1986, "Nonfamily Living and the Erosion of Traditional Family Orientations among Young Adults," *American Sociological review*, 51(4)：541-54.

우석훈・박권일〔Woo, Suck Hun・Park, Kwon Il〕，2007，『88만원세대──절망의 시대에 쓰는 희망의 경제학〔88万ウォン世代──絶望の時代に書く希望の経済学〕』레디앙〔レディアン〕.（＝2009，金友子・金聖一・朴昌明訳『韓国ワーキングプア88万ウォン世代──絶望の時代に向けた希望の経済学』明石書店.）

山田昌弘，1986，「家族定義論の検討──家族分析のレベル設定」『ソシオロゴス』10：52-62.

────，1992，「『家族であること』のリアリティ」好井裕明編『エスノメソドロジーの現実』世界思想社，151-66.

────，1996，『結婚の社会学──未婚化・晩婚化はつづくのか』丸善.

────，1999，『パラサイト・シングルの時代』筑摩書房.

山田昌弘・白河桃子，2008，『「婚活」時代』ディスカヴァー・トゥエンティワン.

米村千代，2008，「ポスト青年期の親子関係意識──『良好さ』と『自立』の関係」『人文研究』37：127-50.

尹鈴喜，2007，「成人未婚者の自立に影響を与える要因分析──韓国の場合」『家族社会学研究』19(1)：7-17.

巻末資料　各調査における質問紙

1．調査Ⅰ：韓国における若者の自立意識に関する調査

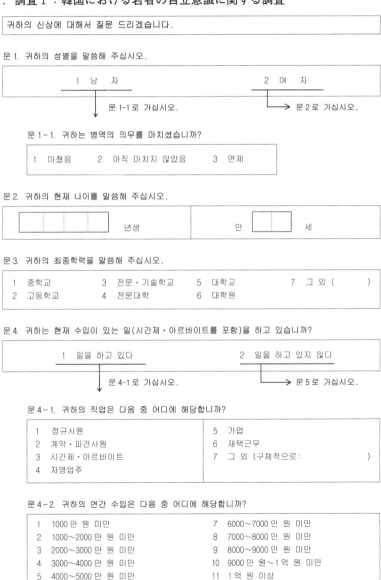

문 5. 귀하의 현재 생활수준은 다음 중 어디에 해당합니까?

1 상	2 중 상	3 중	4 중 하	5 하

문 6. 귀하의 현재 거주지역은 다음 중 어디에 해당합니까?

1 서울특별시	2 경기도	3 그 외 (구체적으로:)

문 7. 귀하의 형제/자매는 몇 명입니까? 해당하는 곳에 인원 수를 적어 주십시오.
　　　해당하는 형제/자매가 없는 경우에는 [0] 이라고 적어 주십시오.

a) 형/오빠	b) 누나/언니	c) 남동생	d) 여동생
人	人	人	人

문 8. 귀하의 부모님은 생존해 계십니까?

1 두 분 다 생존해 계신다	4 두 분 다 돌아가셨다
2 아버지만 생존해 계신다	5 그 외 (구체적으로:)
3 어머니만 생존해 계신다	

문 9. 귀하의 부모님의 현재 생활 수준은 다음 중 어디에 해당합니까?

1 상	2 중 상	3 중	4 중 하	5 하

문 10. 귀하의 부모님의 현재 거주지역은 다음 중 어디에 해당합니까?

1 서울특별시	2 경기도	3 그 외 (구체적으로:)

◎설문에 응답해 주셔서 대단히 감사합니다.

あなたの状況についてうかがいます。

問1. あなたの性別を教えてください。

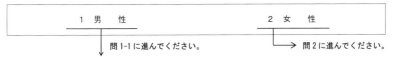

問1-1. あなたは兵役の義務を終えましたか？

| 1 | 終えた | 2 | まだ終えていない | 3 | 免除 |

問2. 現在、あなたはおいくつですか？

|　　　|年生まれ　　　満|　　　|歳|

問3. あなたが最後に通った学校を教えてください。

| 1 | 中学校 | 3 | 専門・技術学校 | 5 | 大学 | 7 | その他（　　　　） |
| 2 | 高等学校 | 4 | 短期大学 | 6 | 大学院 |

問4. 現在、あなたは収入を伴う仕事（パート・アルバイトを含む）をしていますか？

問4-1. あなたの仕事は、次のどれに当てはまりますか？

1	正規社員	5	家業
2	契約・派遣社員	6	在宅ワーク
3	パート・アルバイト	7	その他（具体的に：　　　　　）
4	自営業主

問4-2. あなたの年収は、次のどれに当てはまりますか？

1	1000万ウォン未満	7	6000～7000万ウォン未満
2	1000～2000万ウォン未満	8	7000～8000万ウォン未満
3	2000～3000万ウォン未満	9	8000～9000万ウォン未満
4	3000～4000万ウォン未満	10	9000～1億ウォン未満
5	4000～5000万ウォン未満	11	1億ウォン以上
6	5000～6000万ウォン未満		

244

問5. 現在、あなたの生活水準は、次のどれに当てはまりますか?

| 1 上 | 2 中の上 | 3 中 | 4 中の下 | 5 下 |

問6. 現在、あなたが住んでいる地域は、次のどれに当てはまりますか?

| 1 ソウル特別市 | 2 京畿道 | 3 その他（具体的に:　　　　　　）|

問7. あなたのきょうだいは何人ですか?当てはまるところにその人数を書いてください。
　　　当てはまるきょうだいがいない場合は、[0] と書いてください。

| a) 兄 | b) 姉 | c) 弟 | d) 妹 |
| 人 | 人 | 人 | 人 |

問8. あなたの親はご健在ですか?

1 両親とも健在である	4 両親とも亡くなった
2 父親のみ健在である	5 その他（具体的に:　　　　　）
3 母親のみ健在である	

問9. 現在、あなたの親の生活水準は、次のどれに当てはまりますか?

| 1 上 | 2 中の上 | 3 中 | 4 中の下 | 5 下 |

問10. 現在、あなたの親が住んでいる地域は、次のどれに当てはまりますか?

| 1 ソウル特別市 | 2 京畿道 | 3 その他（具体的に:　　　　　　）|

◎質問にお答えいただきありがとうございました。

巻末資料　各調査における質問紙　　245

2．調査Ⅱ：韓国における若者の自立と親子関係に関する調査

2.1．成人未婚子への質問紙

◆　귀하의 신상에 대해서 질문 드리겠습니다.(성인미혼자녀)

문 1. 귀하의 성별을 말씀해 주십시오.

　　　　1) 남 자　　　　　　　　　　　　2) 여 자

　　　　↓　문 1-1 로 가십시오.　　　　　→　문 2로 가십시오.

문 1-1. 귀하는 병역의 의무를 마치셨습니까?

　　1) 마쳤음　　　　2) 아직 마치지 않았음　　　　3) 면제

문 1-2. 병역을 마치신 분께서는 군복무 기간을 기입해 주십시오.

　　□□□□ 년 □ 월 부터　　□□□□ 년 □ 월 까지

문 2. 귀하의 현재 나이를 말씀해 주십시오.

　　□□□□ 년생　　　　만 □□ 세

문 3. 귀하가 현재 함께 살고 있는 가족에 ○를 표시해 주십시오.

　　1) 아버지　　　　　　　　　　　7) 형제・자매
　　2) 어머니　　　　　　　　　　　8) 형제・자매의 가족
　　3) 친할아버지　　　　　　　　　9) 친가쪽의 친척
　　4) 친할머니　　　　　　　　　　10) 외가쪽의 친척
　　5) 외할아버지　　　　　　　　　11) 그 외 (구체적으로:　　　　　　)
　　6) 외할머니

문 4. 귀하의 형제/자매는 몇 명입니까? 해당하는 곳에 인원 수를 적어 주십시오.
　　　해당하는 형제/자매가 없는 경우에는 [0] 이라고 적어 주십시오.

　　1) 형/오빠 □ 명　　　　3) 남동생 □ 명

　　2) 누나/언니 □ 명　　　　4) 여동생 □ 명

246

문 5. 귀하의 최종학력을 말씀해 주십시오.
　　　(중퇴인 경우에도 진학한 학력을 말씀해 주십시오.)

1) 초등학교 (국민학교)	4) 전문·기술학교	7) 대학원 (석사과정)
2) 중학교	5) 전문대학 (2·3년제)	8) 대학원 (박사과정)
3) 고등학교	6) 대학교	9) 그 외 (　　　　)

문 5-1. 귀하가 마지막으로 학교를 졸업하신 연도와 당시의 나이를 기입해 주십시오.

				년			만			세

문 6. 귀하는 현재 수입이 있는 일(시간제·아르바이트를 포함)을 하고 있습니까?

1) 현재 일을 하고 있다	⎫
2) 이전에는 일을 하였으나 지금은 일을 하고 있지 않다 (퇴직 등)	⎬ 문 6-1로 가십시오.
3) 지금까지 일을 해 본 적이 없다	⎫
4) 그 외 (구체적으로:　　　　　　　　　　　)	⎬ 문 7로 가십시오.

문 6-1. 귀하가 일하는 직종은 다음 중 어디에 해당합니까?
　　　　(현재 직업이 없으신 분은 과거의 직업을 말씀해 주십시오.)

1) 전문직 (의사, 변호사, 간호사, 교원 등)

2) 관리직 (회사·단체의 부장이상, 관공서의 과장이상 등)

3) 사무직 (일반사무 등)

4) 판매직 (판매점원 등)

5) 보안직 (경찰관, 경비원 등)

6) 서비스직 (이·미용사 등)

7) 기술직·생산공정·운송통신사업자 (제조·가공관련, 워드프로세서 작업자, 운전기사 등)

8) 농림어업종사자

9) 그 외 (구체적으로:　　　　　　　　　　　　　　　　　)

문 6-2. 귀하의 종사상의 지위는 다음 중 어디에 해당합니까?

1) 기업·단체의 임원	5) 시간제·아르바이트
2) 민간기업의 정규사원	6) 자영업주·가족종사자
3) 관공서의 정직원	7) 재택근무
4) 임시·파견·계약사원	8) 그 외 (구체적으로:　　　　)

巻末資料　各調査における質問紙　247

문 6-3. 귀하의 연간 수입은 다음 중 어디에 해당합니까?

1) 1000 만원 미만
2) 1000~2000 만원 미만
3) 2000~3000 만원 미만
4) 3000~4000 만원 미만
5) 4000~5000 만원 미만
6) 5000~6000 만원 미만
7) 6000~7000 만원 미만
8) 7000~8000 만원 미만
9) 8000~9000 만원 미만
10) 9000 만원 이상

문 6-4. 귀하가 처음으로 취업하신 연도와 당시의 나이를 기입해 주십시오.

년　　　　　만　　세

문 7. 귀하의 가정에서 생활비(관리비, 식비 등)는 누가 부담하고 있습니까?

1) 부모가 전액 부담하고 있다
2) 부모가 거의 부담하고, 자녀가 어느정도 생활비를 내고 있다
3) 부모와 자녀가 반반씩 부담하고 있다
4) 자녀가 거의 부담하고, 부모가 어느정도 생활비를 내고 있다
5) 자녀가 전액 부담하고 있다
6) 그 외 (구체적으로:　　　　　　　　　　　　　　)

문 7-1. 본인이 부담하는 생활비의 금액을 적어 주십시오. 한달에 ＿＿＿＿＿＿ 만원

문 7-2. 본인이 부담하는 생활비는 어떻게 사용되고 있습니까?

1) 전부 생활비로 쓰이고 있다
2) 어느정도 생활비로 쓰고, 나머지는 본인을 위해서 저축하고 있다
3) 전부 본인을 위해서 저축하고 있다
4) 어떻게 쓰이는 지 모른다
5) 그 외 (구체적으로:　　　　　　　　　　　　　　)

문 8. 귀하의 가정에서 가사일(청소, 빨래, 식사준비 등)은 어떻게 분담하고 있습니까?

1) 부모가 전부 담당하고 있다
2) 부모가 거의 담당하고, 자녀가 어느정도 도와주고 있다
3) 부모와 자녀가 반반씩 분담하고 있다
4) 자녀가 거의 담당하고, 부모가 어느정도 도와주고 있다
5) 자녀가 전부 담당하고 있다.
6) 그 외 (구체적으로:　　　　　　　　　　　　　　)

문 9. 귀하는 귀하의 부모님과 어느정도 대화를 하십니까?

(1) 아버지와

1) 매우 자주 대화를 한다
2) 자주 대화를 한다
3) 보통이다
4) 그다지 대화를 하지 않는다
5) 전혀 대화를 하지 않는다
6) 잘 모르겠다

(2) 어머니와

1) 매우 자주 대화를 한다
2) 자주 대화를 한다
3) 보통이다
4) 그다지 대화를 하지 않는다
5) 전혀 대화를 하지 않는다
6) 잘 모르겠다

문 10. 귀하와 귀하의 부모님과의 관계는 다음 중 어디에 해당합니까?

(1) 아버지와

1) 매우 좋은 편이다
2) 좋은 편이다
3) 보통이다
4) 그다지 좋지 않다
5) 매우 좋지 않다
6) 잘 모르겠다

(2) 어머니와

1) 매우 좋은 편이다
2) 좋은 편이다
3) 보통이다
4) 그다지 좋지 않다
5) 매우 좋지 않다
6) 잘 모르겠다

문 11. 귀하의 현재 생활수준은 다음 중 어디에 해당합니까?

1) 상   2) 중 상   3) 중   4) 중 하   5) 하

문 12. 귀하의 현재 거주지역은 다음 중 어디에 해당합니까?

1) 서울특별시   2) 경기도   3) 그 외 (구체적으로:)

문 13. 마지막으로 귀하의 성명, 주소, 전화번호, 이메일을 기입해 주십시오.

(연락처를 적어 주시면 나중에 인터뷰 결과를 보내 드리겠습니다.)

◆성 명: _____

◆주 소: _____

◆전화번호: _____

◆이메일: _____

◎설문에 응답해 주셔서 대단히 감사합니다.

巻末資料　各調査における質問紙　　249

◆ あなたの状況についてうかがいます。（成人未婚子）

問1.　あなたの性別を教えてください。

1）男　性	2）女　性

↓ 問1-1 に進んでください。　　　　　　　→ 問2に進んでください。

問1-1.　あなたは兵役の義務を終えましたか？

1）終えた　　　　2）まだ終えていない　　　　3）免除

問1-2.　兵役を終えた方は、兵役に従事した期間を教えてください。

|　|　|　|　| 年 |　| 月から |　|　|　|　| 年 |　| 月まで |

問2.　現在、あなたはおいくつですか？

|　|　|　|　| 年生まれ | 満 |　|　| 歳 |

問3.　現在、あなたと一緒に暮らしている家族の方に○をつけてください。

1）父親	7）兄弟・姉妹
2）母親	8）兄弟・姉妹の家族
3）父方の祖父	9）父方の親戚
4）父方の祖母	10）母方の親戚
5）母方の祖父	11）その他（具体的に：　　　　　　）
6）母方の祖母	

問4.　あなたのきょうだいは何人ですか？当てはまるところにその人数を書いてください。
　　　当てはまるきょうだいがいない場合は、［０］と書いてください。

1）兄		人	3）弟		人
2）姉		人	4）妹		人

問5. あなたが最後に通った学校を教えてください。
　　（中退した場合でも、最後に進学した学校を書いてください。）

1）小学校	4）専門・技術学校	7）大学院（修士課程）
2）中学校	5）短期大学（2・3年制）	8）大学院（博士課程）
3）高等学校	6）大学	9）その他（　　　　）

問5-1. あなたが最後に通った学校を卒業した年と当時の年齢を教えてください。

　　　　□□□□ 年　　　　　　満 □□ 歳

問6. 現在、あなたは収入を伴う仕事（パート・アルバイトを含む）をしていますか？

1）現在、働いている	
2）以前は働いたが、今は働いていない（退職など）	問6-1に進んでください。
3）今まで働いたことない	
4）その他（具体的に：　　　　　　　　　　）	問7に進んでください。

問6-1. あなたが働いている職種は、次のどれに当てはまりますか？
　　　　（現在、働いていない方は、過去の職業について答えてください。）

1）専門職（医者、弁護士、看護師、教員など）
2）管理職（会社・団体の部長以上、官公庁の課長以上など）
3）事務職（一般事務など）
4）販売職（販売店員など）
5）保安職（警察官、警備員など）
6）サービス職（理・美容師など）
7）技術職・生産工程・運送通信事業者（製造・加工関連、ワープロ作業者、運転手など）
8）農林漁業作業者
9）その他（具体的に：　　　　　　　　　　　　　　　　　　　）

問6-2. あなたの職業上の地位は、次のどれに当てはまりますか？

1）企業・団体の役員	5）パート・アルバイト
2）民間の正規社員	6）自営業主・家族従事者
3）官公庁の正規職員	7）在宅ワーク
4）臨時・派遣・契約社員	8）その他（具体的に：　　　　　）

巻末資料　各調査における質問紙　251

問6−3.　あなたの年収は、次のどれに当てはまりますか？

1）1000 万ウォン未満
2）1000〜2000 万ウォン未満
3）2000〜3000 万ウォン未満
4）3000〜4000 万ウォン未満
5）4000〜5000 万ウォン未満
6）5000〜6000 万ウォン未満
7）6000〜7000 万ウォン未満
8）7000〜8000 万ウォン未満
9）8000〜9000 万ウォン未満
10）9000 万ウォン以上

問6−4.　あなたが最初に就職した年と当時の年齢を教えてください。

年　　　　　満　　　　歳

問7.　あなたのご家庭では、生活費（家賃、食費など）をどなたが負担していますか？

1）親が全額負担している
2）親が主に負担して、子どもが少し生活費を入れている
3）親子が半分ずつ負担している
4）子どもが主に負担して、親が少し生活費を入れている
5）子どもが全額負担している
6）その他（具体的に：　　　　　　　　　　　　）

問7−1.　あなたが負担する生活費の金額を書いてください。　月　＿＿＿＿＿＿＿　万ウォン

問7−2.　あなたが負担する生活費は、どのように使われていますか？

1）すべて生活費として使われている
2）ある程度は生活費に使って、残りは子どものために貯蓄されている
3）すべて子どものために貯蓄されている
4）どのように使われているか分からない
5）その他　（具体的に：　　　　　　　　　　　　　　）

問8.　あなたのご家庭では、家事（掃除、洗濯、料理など）をどのように分担していますか？

1）親が全部担当している
2）親が主に担当して、子どもが少し手伝っている
3）親子が半分ずつ分担している
4）子どもが主に担当して、親が少し手伝っている
5）子どもが全部担当している
6）その他　（具体的に：　　　　　　　　　　　）

問9. あなたはあなたの親とどれぐらい会話をしていますか？

(1) 父親とは

1) とてもよくする
2) よくする
3) 普通
4) あまりしない
5) 全くしない
6) 分からない

(2) 母親とは

1) とてもよくする
2) よくする
3) 普通
4) あまりしない
5) 全くしない
6) 分からない

問10. あなたとあなたの親との関係は、次のどれに当てはまりますか？

(1) 父親とは

1) とても良い
2) 良い
3) 普通
4) あまり良くない
5) 非常に良くない
6) 分からない

(2) 母親とは

1) とても良い
2) 良い
3) 普通
4) あまり良くない
5) 非常に良くない
6) 分からない

問11. 現在、あなたの生活水準は、次のどれに当てはまりますか？

| 1) 上 | 2) 中の上 | 3) 中 | 4) 中の下 | 5) 下 |

問12. 現在、あなたが住んでいる地域は、次のどれに当てはまりますか？

| 1) ソウル特別市 | 2) 京畿道 | 3) その他（具体的に： ） |

問13. 最後に、あなたのお名前、ご住所、電話番号、メールアドレスを教えてください。

（連絡先を記入してくださると、後ほどインタビューの結果をお送りいたします。）

◆お名前：＿＿＿＿＿＿＿＿＿＿＿＿＿＿＿＿＿＿＿＿＿＿

◆ご住所：＿＿＿＿＿＿＿＿＿＿＿＿＿＿＿＿＿＿＿＿＿＿

◆電話番号：＿＿＿＿＿＿＿＿＿＿＿＿＿＿＿＿＿＿＿＿

◆メールアドレス：＿＿＿＿＿＿＿＿＿＿＿＿＿＿＿＿＿

◎質問にお答えいただきありがとうございました。

巻末資料　各調査における質問紙　　253

2.2.　親への質問紙

◆ 귀하의 신상에 대해서 질문 드리겠습니다.(부모님)

문 1. 귀하의 성별을 말씀해 주십시오.

1) 남 자	2) 여 자

문 2. 귀하의 현재 나이를 말씀해 주십시오.

				년생	만			세

문 3. 귀하가 현재 함께 살고 있는 가족에 ○를 표시해 주십시오.

1) 배우자	7) 배우자의 아버지
2) 자녀	8) 배우자의 어머니
3) 귀하의 아버지	9) 배우자의 남자형제 또는 그 가족
4) 귀하의 어머니	10) 배우자의 여자형제 또는 그 가족
5) 귀하의 남자형제 또는 그 가족	11) 그 외 (구체적으로:　　　　　　)
6) 귀하의 여자형제 또는 그 가족	

문 4. 귀하의 자녀에 대해서 말씀해 주십시오.
　　　(해당하지 않은 곳에는 기입하지 않으셔도 됩니다.)

출생순위	성 별	연 령	동거여부
(1)첫 번째 자녀	1) 남자 2) 여자	만 　　 세	1) 같이 살고 있다 2) 따로 살고 있다 ┗ 이유(　　　　　)
(2)두 번째 자녀	1) 남자 2) 여자	만 　　 세	1) 같이 살고 있다 2) 따로 살고 있다 ┗ 이유(　　　　　)
(3)세 번째 자녀	1) 남자 2) 여자	만 　　 세	1) 같이 살고 있다 2) 따로 살고 있다 ┗ 이유(　　　　　)
(4)네 번째 자녀	1) 남자 2) 여자	만 　　 세	1) 같이 살고 있다 2) 따로 살고 있다 ┗ 이유(　　　　　)
(5)다섯 번째 자녀	1) 남자 2) 여자	만 　　 세	1) 같이 살고 있다 2) 따로 살고 있다 ┗ 이유(　　　　　)

문 5. 귀하의 최종학력을 말씀해 주십시오.
    (중퇴인 경우에도 진학한 학력을 말씀해 주십시오.)

1) 초등학교 (국민학교)	4) 전문·기술학교	7) 대학원 (석사과정)
2) 중학교	5) 전문대학 (2·3년제)	8) 대학원 (박사과정)
3) 고등학교	6) 대학교	9) 그 외 ( )

문 6. 귀하는 현재 수입이 있는 일(시간제·아르바이트를 포함)을 하고 있습니까?

문 6-1. 귀하가 일하는 직종은 다음 중 어디에 해당합니까?

   (현재 직업이 없으신 분은 과거의 직업을 말씀해 주십시오.)

   1) 전문직 (의사, 변호사, 간호사, 교원 등)
   2) 관리직 (회사·단체의 부장이상, 관공서의 과장이상 등)
   3) 사무직 (일반사무 등)
   4) 판매직 (판매점원 등)
   5) 보안직 (경찰관, 경비원 등)
   6) 서비스직 (이·미용사 등)
   7) 기술직·생산공정·운송통신사업자 (제조·가공관련, 워드프로세서 작업자, 운전기사 등)
   8) 농림어업종사자
   9) 그 외 (구체적으로:)

문 6-2. 귀하의 종사상의 지위는 다음 중 어디에 해당합니까?

1) 기업·단체의 임원	5) 시간제·아르바이트
2) 민간기업의 정규사원	6) 자영업주·가족종사자
3) 관공서의 정직원	7) 재택근무
4) 임시·파견·계약사원	8) 그 외 (구체적으로:)

문 6-3. 귀하의 연간 수입은 다음 중 어디에 해당합니까?

1) 1000 만원 미만	6) 5000~6000 만원 미만
2) 1000~2000 만원 미만	7) 6000~7000 만원 미만
3) 2000~3000 만원 미만	8) 7000~8000 만원 미만
4) 3000~4000 만원 미만	9) 8000~9000 만원 미만
5) 4000~5000 만원 미만	10) 9000 만원 이상

巻末資料　各調査における質問紙　　255

◆ 다음은 현재 함께 살고 있는 자녀와의 관계에 관한 질문입니다.

문 7. 귀하의 가정에서 생활비(관리비, 식비 등)는 누가 부담하고 있습니까?

1) 부모가 전액 부담하고 있다
2) 부모가 거의 부담하고, 자녀가 어느정도 생활비를 내고 있다
3) 부모와 자녀가 반반씩 부담하고 있다
4) 자녀가 거의 부담하고, 부모가 어느정도 생활비를 내고 있다
5) 자녀가 전액 부담하고 있다
6) 그 외 (구체적으로:)

문 7-1. 자녀가 부담하는 생활비의 금액을 적어 주십시오. 한달에 _____ 만원

문 7-2. 자녀가 부담하는 생활비는 어떻게 사용되고 있습니까?

1) 전부 생활비로 쓰이고 있다
2) 어느정도 생활비로 쓰고, 나머지는 자녀를 위해서 저축하고 있다
3) 전부 자녀를 위해서 저축하고 있다
4) 그 외 (구체적으로:)

문 8. 귀하의 가정에서 가사일(청소, 빨래, 식사준비 등)은 어떻게 분담하고 있습니까?

1) 부모가 전부 담당하고 있다
2) 부모가 거의 담당하고, 자녀가 어느정도 도와주고 있다
3) 부모와 자녀가 반반씩 분담하고 있다
4) 자녀가 거의 담당하고, 부모가 어느정도 도와주고 있다
5) 자녀가 전부 담당하고 있다.
6) 그 외 (구체적으로:)

문 9. 귀하는 귀하의 자녀와 어느정도 대화를 하십니까?

1) 매우 자주 대화를 한다   4) 그다지 대화를 하지 않는다
2) 자주 대화를 한다   5) 전혀 대화를 하지 않는다
3) 보통이다   6) 잘 모르겠다

문 10. 귀하와 귀하의 자녀와의 관계는 다음 중 어디에 해당합니까?

1) 매우 좋은 편이다   4) 그다지 좋지 않다
2) 좋은 편이다   5) 매우 좋지 않다
3) 보통이다   6) 잘 모르겠다

문 11. 귀하의 현재 생활수준은 다음 중 어디에 해당합니까?

| 1) 상 | 2) 중 상 | 3) 중 | 4) 중 하 | 5) 하 |

문 12. 귀하의 현재 거주지역은 다음 중 어디에 해당합니까?

| 1) 서울특별시 | 2) 경기도 (   ) | 3) 그 외 (구체적으로:) |

문 13. 마지막으로 귀하의 성명, 주소, 전화번호, 이메일을 기입해 주십시오.
　　　(연락처를 적어 주시면 나중에 인터뷰 결과를 보내 드리겠습니다.)

　◆성 명 : ＿＿＿＿＿＿＿＿＿＿＿＿＿＿＿＿＿＿＿＿＿＿＿＿

　◆주 소 : ＿＿＿＿＿＿＿＿＿＿＿＿＿＿＿＿＿＿＿＿＿＿＿＿

　◆전화번호 : ＿＿＿＿＿＿＿＿＿＿＿＿＿＿＿＿＿＿＿＿＿＿

　◆이메일 : ＿＿＿＿＿＿＿＿＿＿＿＿＿＿＿＿＿＿＿＿＿＿＿

◎설문에 응답해 주셔서 대단히 감사합니다.

巻末資料　各調査における質問紙　257

◆ あなたの状況についてうかがいます。（親）

問1.　あなたの性別を教えてください。

1）男　性	2）女　性

問2.　現在、あなたはおいくつですか？

			年生まれ	満			歳

問3.　現在、あなたと一緒に暮らしている家族の方に〇をつけてください。

1）配偶者

2）子ども

3）あなたの父親

4）あなたの母親

5）あなたの男きょうだい、またはその家族

6）あなたの女きょうだい、またはその家族

7）配偶者の父親

8）配偶者の母親

9）配偶者の男きょうだい、またはその家族

10）配偶者の女きょうだい、またはその家族

11）その他（具体的に：　　　　　　　　）

問4.　あなたの子どもについて教えてください。
　　　（当てはまらないところは、記入しなくても結構です。）

出生順位	性　別	年　齢	同/別居
(1) 1番目の子ども	1）男性 2）女性	満　　　歳	1）一緒に住んでいる 2）別に住んでいる └ 理由（　　　　　　）
(2) 2番目の子ども	1）男性 2）女性	満　　　歳	1）一緒に住んでいる 2）別に住んでいる └ 理由（　　　　　　）
(3) 3番目の子ども	1）男性 2）女性	満　　　歳	1）一緒に住んでいる 2）別に住んでいる └ 理由（　　　　　　）
(4) 4番目の子ども	1）男性 2）女性	満　　　歳	1）一緒に住んでいる 2）別に住んでいる └ 理由（　　　　　　）
(5) 5番目の子ども	1）男性 2）女性	満　　　歳	1）一緒に住んでいる 2）別に住んでいる └ 理由（　　　　　　）

問 5. あなたが最後に通った学校を教えてください。
（中退した場合でも、最後に進学した学校を書いてください。）

1) 小学校	4) 専門・技術学校	7) 大学院（修士課程）
2) 中学校	5) 短期大学（2・3年制）	8) 大学院（博士課程）
3) 高等学校	6) 大学	9) その他（　　　　）

問 6. 現在、あなたは収入を伴う仕事（パート・アルバイトを含む）をしていますか？

1) 現在、働いている

2) 以前は働いたが、今は働いていない（退職など）　　　　　　問 6-1 に進んでください。

3) 今まで働いたことない

4) その他（具体的に：　　　　　　　　　　　　　）　　　　　問 7 に進んでください。

問 6-1. あなたが働いている職種は、次のどれに当てはまりますか？
（現在、働いていない方は、過去の職業について答えてください。）

1) 専門職（医者、弁護士、看護師、教員など）

2) 管理職（会社・団体の部長以上、官公庁の課長以上など）

3) 事務職（一般事務など）

4) 販売職（販売店員など）

5) 保安職（警察官、警備員など）

6) サービス職（理・美容師など）

7) 技術職・生産工程・運送通信事業者（製造・加工関連、ワープロ作業者、運転手など）

8) 農林漁業作業者

9) その他（具体的に：　　　　　　　　　　　　　　　　　　　　　　）

問 6-2. あなたの職業上の地位は、次のどれに当てはまりますか？

1) 企業・団体の役員	5) パート・アルバイト
2) 民間の正規社員	6) 自営業主・家族従事者
3) 官公庁の正規職員	7) 在宅ワーク
4) 臨時・派遣・契約社員	8) その他（具体的に：　　　　）

問 6-3. あなたの年収は、次のどれに当てはまりますか？

1) 1000 万ウォン未満	6) 5000～6000 万ウォン未満
2) 1000～2000 万ウォン未満	7) 6000～7000 万ウォン未満
3) 2000～3000 万ウォン未満	8) 7000～8000 万ウォン未満
4) 3000～4000 万ウォン未満	9) 8000～9000 万ウォン未満
5) 4000～5000 万ウォン未満	10) 9000 万ウォン以上

巻末資料　各調査における質問紙　259

◆ 次は、現在一緒に暮らしている子どもとの関係についてうかがいます。

問7. あなたのご家庭では、生活費（家賃、食費など）をどなたが負担していますか？

1) 親が全額負担している
2) 親が主に負担して、子どもが少し生活費を入れている
3) 親子が半分ずつ負担している
4) 子どもが主に負担して、親が少し生活費を入れている
5) 子どもが全額負担している
6) その他（具体的に：　　　　　　　　　　）

問7-1. 子どもが負担する生活費の金額を書いてください。　月 _____ 万ウォン

問7-2. 子どもが負担する生活費は、どのように使われていますか？

1) すべて生活費として使われている
2) ある程度は生活費に使って、残りは子どものために貯蓄されている
3) すべて子どものために貯蓄されている
4) その他（具体的に：　　　　　　　　　　）

問8. あなたのご家庭では、家事（掃除、洗濯、料理など）をどのように分担していますか？

1) 親が全部担当している
2) 親が主に担当して、子どもが少し手伝っている
3) 親子が半分ずつ分担している
4) 子どもが主に担当して、親が少し手伝っている
5) 子どもが全部担当している
6) その他（具体的に：　　　　　　　　　　）

問9. あなたはあなたの子どもとどれぐらい会話をしていますか？

1) とてもよくする	4) あまりしない
2) よくする	5) 全くしない
3) 普通	6) 分からない

問10. あなたとあなたの子どもとの関係は、次のどれに当てはまりますか？

1) とても良い	4) あまり良くない
2) 良い	5) 非常に良くない
3) 普通	6) 分からない

問 11. 現在、あなたの生活水準は、次のどれに当てはまりますか？

| 1）上 | 2）中の上 | 3）中 | 4）中の下 | 5）下 |

問 12. 現在、あなたが住んでいる地域は、次のどれに当てはまりますか？

| 1）ソウル特別市 | 2）京畿道 | 3）その他（具体的に： ） |

問 13. 最後に、あなたのお名前、ご住所、電話番号、メールアドレスを教えてください。
（連絡先を記入してくださると、後ほどインタビューの結果をお送りいたします。）

◆お名前：

◆ご住所：

◆電話番号：

◆メールアドレス：

◎質問にお答えいただきありがとうございました。

あ と が き

　本書は、2012年3月に、お茶の水女子大学大学院人間文化研究科から博士号を授与された論文『韓国における成人移行期の親子関係と自立戦略——大卒の未婚男女とその父親・母親のインタビューから』を加筆・修正したものである。なお、本書における第4章、第5章、第6章は、下記の既発表論文をもとにしているが、いずれも大きく修正された内容となっている。

【第4章】
尹鈗喜，2008，「韓国における若者の『自立意識』と親子関係——韓国の親子関係と若者の自立への葛藤に注目して」『人間文化創成科学論叢』11：489-98.

【第5章】
尹鈗喜，2009，「韓国の親−息子関係における若者の自立の困難——父・母・息子のインタビュー・データの家族戦略論的分析」『PROCEEDINGS』08：49-57.

【第6章】
尹鈗喜，2010，「韓国の成人未婚女性の親子関係と自立困難の経験——母親・父親・娘のマッチング・データの分析から」『PROCEEDINGS』12：11-9.

　「自立とは何か」、そして、「どのように自立するのか」は、ほかならぬ自分自身に向けての問いであった。しかしながら、本書で言うところの、就職、離家、結婚といった成人移行期のライフイベントを果たした現在においても、家族、友人、同僚、そのほかの多くの人々に支えられて生きている自分が、経済的・精神的・生活的に自立した個人であるとは感じられないのが率直な心境である。結局、人間とは、常に他者と繋がり、助け合い、支え合いなが

ら生きていく存在であるのだと思う。だとすると、他者とどのように上手く
関わって行くのか、その関係性への探究が重要な課題になってくる。実際に、
私が長年にわたって向き合ってきたのは、「どのように他者に頼るのか」とい
う問いだったかもしれない。これからも研究および実生活の中で、他者と
の関わり方について、時には悩みながら、その答えを探し続けて行くのだろ
う。

　何ごとも自信を持って前向きに進めることが困難な私が、本書を出版する
ことができたのは、周囲の多くの方々に支えられてきたおかげである。この
場を借りて、感謝の気持ちを申し上げたい。

　まず、本書での調査に協力してくださった対象者の皆さんにお礼を申し上
げる。彼・彼女らが語るインタビューの内容は、どれも非常に豊かで魅力的
であり、韓国の若者が置かれたリアルな社会について、どの専門書にも劣ら
ぬほど多くのことを学ばせていただいた。特に、親子が自らの家族について
語ることは心的にも大きな負担になっていたはずだが、素晴らしいお話を聞
かせていただいたおかげで、本書を完成させることが可能になった。紙幅の
関係上、本書では取り上げられなかった対象者、対象者を紹介してくださっ
た調査協力者など、調査に関わった全ての方々にも感謝したい。これらの
方々に恩返しができるように今後も良い研究を進めていきたい。

　お茶の水女子大学大学院に在学中、指導教官であった石井クンツ昌子先生
は、私が積極的に研究を進められるように、常に力強く背中を押してくださ
った。現在、私が行っている研究・教育活動の多くは、先生から指導を受け
てきた結果である。また、研究生時代から長い間お世話になった藤崎宏子先
生からは、研究に真摯に向き合う姿勢を教えていただいた。これからも先生
の教えを胸に刻んで努力していくつもりである。

　博士論文の審査を引き受けてくださった宮本みち子先生、青木紀久代先生、
舘かおる先生からは、長期間に渡り丁寧なご指導を頂戴し、様々な視点から

知見を導き出す視座を与えていただいた。特に、宮本みち子先生には、日本の若者の家族関係および社会状況との比較を通じて鋭いご指摘をいただいた。

修士課程の恩師である牧野カツコ先生、研究生として受け入れてくださった袖井孝子先生は、まだ私が日本での生活に慣れず、勉強の進め方も身についていない頃に、家族社会学の面白さを教えてくださり、私が学問の世界に邁進するように導いていただいた。

1人1人お名前は挙げられないが、ゼミ、学会、研究会や勉強会、もしくはプライベートな場面で出会った多くの方々からも数え切れない支援を賜った。拙い内容にもかかわらず、いつも建設的なアドバイスや示唆をいただき、心から感謝したい。

島根県立大学で、韓国社会をより多面的に理解するためのチャンスを下さったのは、福原祐二先生である。質的調査の奥深さを教えてくださった坂部晶子先生とは、お会いするたびにいつも楽しい時間を過ごさせていただいた。同志社大学社会学部教育文化学科の先生たちには、恵まれた研究・職場環境を与えていただき、本書を出版することを可能にして下さった。

渥美国際交流奨学財団からは、博士論文を執筆する際に大きな財政的なサポートをいただいた。また本書は、平成30年度日本学術振興会科学研究費助成事業（科学研究費補助金）（研究成果公開促進費（学術図書 JP18HP5170））によって刊行されている。そして本書の出版は、風間書房の風間敬子さんのご尽力によって実現した。深く感謝の気持ちを申し上げたい。

最後に、いつも尽きせぬ信頼を抱いて、見守り続けてくれる家族に感謝の気持ちを伝えたい。中川敦は、私が研究者の道を諦めず現在に至るまで支えてくれた。これからも、ともに頑張っていきたい。

2019年1月

尹　鈴喜

【著者略歴】

尹　鈴喜（ゆん　じんひ）

お茶の水女子大学大学院人間文化研究科ジェンダー学際研究専攻博士
後期課程修了，博士（社会科学）。島根県立大学北東アジア地域研究
センター客員研究員，島根県立大学総合政策学部非常勤講師などを経
て，同志社大学社会学部教育文化学科准教授。

現代韓国を生きる若者の自立と親子の戦略
──文化と経済の中の親子関係──

2019年2月20日　初版第1刷発行

著　者　　尹　　　鈴　喜

発行者　　風　間　敬　子

発行所　　株式会社　風　間　書　房
〒101-0051　東京都千代田区神田神保町 1-34
電話 03(3291)5729　FAX 03(3291)5757
振替 00110-5-1853

印刷　太平印刷社　　製本　高地製本所

©2019　Jin-Hee Yoon　　　　　　　　NDC分類：367
ISBN978-4-7599-2267-7　　Printed in Japan
[JCOPY]〈(社)出版者著作権管理機構　委託出版物〉
本書の無断複製は，著作権法上での例外を除き禁じられています。複製さ
れる場合はそのつど事前に(社)出版者著作権管理機構（電話 03-5244-5088,
FAX 03-5244-5089, e-mail: info@jcopy.or.jp）の許諾を得てください。